高职体育与健康教程

邹 昆 宋金超 冉东阳 主 编

北京体育大学出版社

策划编辑： 李志诚　孙思学
责任编辑： 李志诚　陶　源
责任校对： 原子茜
版式设计： 华泰联合

图书在版编目 (CIP) 数据

高职体育与健康教程 / 邹昆，宋金超，冉东阳主编．-- 北京：北京体育大学出版社，2022.8（2024.8 重印）
ISBN 978-7-5644-3725-1

Ⅰ．①高… Ⅱ．①邹… ②宋… ③冉… Ⅲ．①体育 - 高等职业教育 - 教材②健康教育 - 高等职业教育 - 教材 Ⅳ．① G807.4 ② G717.9

中国版本图书馆 CIP 数据核字 (2022) 第 146069 号

高职体育与健康教程
GAOZHI TIYU YU JIANKANG JIAOCHENG
邹　昆　宋金超　冉东阳　主　编

出版发行： 北京体育大学出版社
地　　址： 北京市海淀区农大南路 1 号院 2 号楼 2 层办公 B-212
邮　　编： 100084
网　　址： http：//cbs.bsu.edu.cn
发 行 部： 010-62989320
邮 购 部： 北京体育大学出版社读者服务部 010-62989432
印　　刷： 河北鸿运腾达印刷有限公司
开　　本： 787mm × 1092mm　　1/16
成品尺寸： 185mm × 260mm
印　　张： 21.5
字　　数： 429 千字
版　　次： 2022 年 8 月第 1 版
印　　次： 2024 年 8 月第 3 次印刷
定　　价： 59.00 元

编委会

主　编： 邹　昆　宋金超　冉东阳

编　委： 宋　蕊　陈　啸　龙小松　杨雨诺

前　言

习近平总书记在党的二十大报告中对“青少年体育工作”做出重要论述，明确提出“加强青少年体育工作”的重要指示，并强调到 2035 年，我国发展的总体目标是建成教育强国、科技强国、人才强国、文化强国、体育强国、健康中国，国家文化软实力显著增强。体育健康促进作为开展青少年体育工作的重要内容，强调通过体育运动的手段达到健康的目的，强调体育健康促进中的基础性和实践性作用。

学校体育是教育的重要组成部分，是有组织、有计划、有目的的，它与德育、智育、美育、劳育相结合，是全面发展身体，增强体质，传授体育知识、技术和技能，培养学生良好的道德品质和顽强进取的拼搏精神的教育过程。大学体育作为高等学校教育的重要组成部分，是培养新时期全面发展的高素质人才的重要手段，是大学生树立终身锻炼思想和形成良好锻炼习惯的重要途径。作为学校体育的重要舞台，高等院校体育工作如何抓住机遇，促进学校体育工作快速、和谐地发展，已成为我国高等院校体育工作者面临的重大课题。教材建设历来都是高等院校工作的重点之一，是进行体育基本理论教育的重要理论依据。基于国务院批准的《学校体育工作条例》和教育部颁布的《全国普通高等学校体育课程教学指导纲要》的精神，以及教育部、国家体育总局颁布的《国家学生体质健康标准（2014 年修订）》《关于深化体教融合 促进青少年健康发展的意见》等对高等院校体育工作的指导思想、教学目标、课程建设、课程内容、教材改革的要求，我们组织编写了《高职体育与健康教程》这本具有鲜明特色的教材。

本教材以党的二十大精神为指引，强调体育在大学中的学科性，把握大学体育课程发展的时代特征，突出体育思政教育，以“素质教育”“终身体育”“健康第一”为指导思想，以培养大学生的健康体魄和体育能力为最终目标，激发大学生参与体育运动的主动性和积极性，拓展大学生对运动项目选择的自主性和灵活性。本教材共十二个项目，主要内容为体育理论概述、田径运动、球类运动、形体运动、武术与健身气功、格斗项目、户外运动、游泳运动、新兴体育项目——电子竞技、职业体能、健康管理、体育锻炼科学方法。

作为编者，我们希望本教材让学生既懂理论又会实践，在培养学生终身体育意识的同时，又能使自身的体育实践能力得到提高，从而达到大学体育教育的最终目标。

在编写过程中，我们参考和借鉴了大量的文献资料，并得到有关专家的指导和大力支持，在此表示衷心的感谢。

由于时间紧、水平有限，书中若有不妥之处，恳请广大师生批评指正，以便今后修订、完善。

目录
CONTENTS

项目一　体育理论概述

学习目标

1. 了解体育的产生与发展。
2. 了解体育的概念。
3. 了解体育的功能。

任务一　体育的产生与发展

体育作为人类文化的重要组成部分，是随着人类社会的发展而逐渐形成和发展起来的，体育产生与发展的根本动力是人类生存和社会发展的需要。在原始社会，原始人迫于谋生需要，要为寻找食物而跋山涉水，为杀伤猎物而掷石投棍，为追捕野兽而奔跑，为抗御自然侵袭而跋涉迁徙，为防备狩猎时被野兽伤害而进行格斗。显然，像走、跑、跳、投、攀、爬、格斗和游泳等身体运动，都是原始人求生存所必需的基本活动技能。到了原始社会后期，随着生产力的发展，为掠夺财产和奴隶而发生的冲突日益频繁，人们需要改善生产工具和狩猎技术，使之成为谋生手段且世代相传，同时人们还意识到必须提高谋生和防卫能力本身所需的智力和体力，于是成年人就把基本的生产劳动和日常生活的技能和本领传授给下一代。这是人类教学的萌芽，也是体育活动的萌芽——原始体育。

在原始时代，人们往往想通过预演劳动过程而在后来实际的劳动中取得成功，如人们在狩猎前演示狩猎活动，希望通过杀死或制服假扮的野兽而在以后实际的狩猎过程中取得成功。这种演示是体育的一种萌芽。此外，原始人在祭祀活动中，要做各种困难、复杂的姿势，如以虎为图腾的民族要做出虎跑腾跃的姿态。这些演示，同样也是体育的萌芽。在这种原始活动中，表现佼佼者受到众人的拥护而成为活动的带领者并有尊贵的社会地位，为了保护其地位，他们在活动中不断做出一般人难以做出的动作，或者以惊人的体力长时间连续舞蹈、跳跃，由此人们在原始活动中展开了体力和体能的竞赛，为了在竞赛中获胜，人们努力锻炼、提高自己的体力和体能。

随着社会生产力的发展，到奴隶制社会初期，战争开始频繁发生。生存还是死亡，做征服者还是奴隶，就看谁在一场竞争中是强者。要想成为强者，就必须在竞争中取胜。

因此，培养造就强壮机敏的身体，甚至超常的体力，就成为战争和社会的需要。人类自此首次提出了自觉造就身体的要求，并有组织地加以实施。例如，古希腊的斯巴达人，为了有健壮、敏捷的体质，他们的男子从7岁开始集中起来专门训练跑、跳、拳击、击剑、摔跤、投标枪、游泳、骑马、狩猎、行军和球戏。这些活动的直接目的就是造就健壮的身体，培养合格的武士。为了使母亲生出健壮的婴儿，斯巴达人要求青年女子参加各种身体锻炼，他们相信，健壮的母亲能生出健壮的婴儿。可见，斯巴达人已经自觉地来造就战争和社会所需要的体质，这鲜明地体现了古代体育的精神。

体育的发展与教育、军事、科学技术以及人们的宗教活动、休闲娱乐活动有着密切的关系。必须指出的是，体育在其整个历史发展过程中，受一定的政治经济所制约，并为一定的政治经济服务。体育的发展大致经过了以下3个时期：原始的体育萌芽时期、自觉从事体育时期、形成与完善体育制度时期。经过这3个时期，现代体育体系逐步形成，其中竞技体育的发展更是推动现代体育发展的主要动力。

任务二　体育理论的形成与发展

早在2000多年前，古希腊哲学家柏拉图的“和谐发展”教育思想中就明确提出了“以体操锻炼身体，以音乐陶冶心灵”的观点。尽管古希腊已经存在“体操”“竞技”“健康”等基本概念的语汇，当时的一些人也重视把体育方法运用到日常生活之中，但是，没有形成以理论研究为基础的体育原理。

文艺复兴时期，一批著名的人文主义思想家、教育家、体育家对体育的一些基本原理进行了研究，古茨茅斯在1818年出版了《德国体育概论》，法国体育创始人阿莫洛斯在1838年出版了《体育概论》，开始了独立论述体育的形式。20世纪初，威廉姆斯把杜威的学说运用于体育教育，形成了一套自然主义体育思想，于1927年出版了《体育原理》；德国体育理论家迪姆于1949年出版了《体育的本质和教学》；奥地利体育理论家格罗尔于1957年出版了《现代体育的概念及形成》；自20世纪初以来，日本高岛平三郎、石津城、佐佐木久吉、丹下保夫等分别出版了《体育原理》，阿部忍出版了《体育概论》。现代奥林匹克运动的复兴，促进了体育价值、体育功能、体育组织管理等体育基本原理的研究，顾拜旦的《体育颂》就是一篇具有代表性的佳作。正是这些先哲们总结了历史长河中积累起来的体育的思想智慧，才有日本、美国、德国、奥地利等国家的《体育原理》《体育概论》这类著作的诞生。

中国古代养生思想中关于体育原理的论述颇为丰富，《黄帝内经》全面地论述了人与自然、社会、自身、病理、病因等有关身心健康的原理。华佗从医学角度论述了体育的生理功能；明末清初教育家颜元从教育、社会的角度提出了“一身动则一身强，一国动则一国强，天下动则天下强”的思想，对当时的社会风气影响很深。

鸦片战争后，中国一些进步的知识分子在“强国强种”的思潮影响下，开始引进西方国家的体育术语、概念，促进了中国近代体育理论的发展。改良派的代表人物康有为、梁启超、谭嗣同、严复都提倡德、智、体三者全面发展。梁启超认为“德育、智育、体育三者，为教育上不可缺少之物”；严复根据进化论的原理，以及“体”“用”统一的思想，主张运动强身，强调力、智、德三者为强国之本。这是近代中国早期对体育价值的论述。

五四运动前夕，青年时期的毛泽东在《新青年》发表《体育之研究》一文，系统地论述了体育的本质、功能、地位和运动方法，是一篇十分珍贵的体育历史文献。五四运动时期，在欧美新教育思潮的影响下，竞技运动影响日益扩大，人们对体育的认识开始向“多元化”转变，体育概念也逐步发生变化。20 世纪 30 年代，体育基本原理的研究有了较快的发展，取得了较大的成果。

著名体育家袁敦礼、吴蕴瑞的《体育原理》，宋君复的《体育原理》，陈泳声的《体育概论》和王学政的《体育概论》等，对当时体育实践中的一些重大问题进行了较深入的探讨，如“土洋”体育的关系问题、体育是否走军事化道路问题、选手体育与普及体育的关系问题、民众体育问题等。然而，这些研究最终流于空泛的议论，对实践未产生多大的影响。20 世纪 30—40 年代，中国共产党领导下的革命根据地提出广泛开展群众体育的方针，在这一方针基础上形成的理论极大地促进了根据地体育的发展，“锻炼体魄，好打日本”鼓舞着广大军民参加体育运动，形成了体育为革命事业服务的理论，是中华人民共和国体育概论体系的重要组成部分。中华人民共和国成立后，为适应社会主义建设需要，党和政府提出了一系列发展群众体育运动的理论和方针、政策，这些都成为中国体育理论建设的指导思想和理论基础。《苏联体育教育理论》也成为 20 世纪 50 年代中国体育院系的体育理论教材。

20 世纪 50 年代末，中国组织力量编写体育理论教材，经过几年的努力，于 1961 年正式出版了中国第一部《体育理论》著作，作为体育院系的正式教材。20 世纪 80 年代初，心理学、社会学、伦理学、美学等学科的发展，现代管理学、行为科学、文化学、经济学及生物学、人文科学等学科理论和研究方法的引进，为体育科学理论的发展开拓了广阔的领域，提供了丰富的研究成果。正是在这种背景下，体育理论出现了高一层次上的分化。20 世纪 80 年代中期以来，体育概论、学校体育学、运动训练学、群众体育学先后从体育理论中分化出来，成为独立的学科，体育概论从此走上了独立发展的道路。1985 年，北京体育学院（现北京体育大学）编写了中国第一本《体育概论》专著；1986 年，由 8 所体育院校联合编写的《中国体育概论》问世；1989 年，体育学院通用教材《体育概论》出版；全国师范院校系统也出版了《体育概论》教材。

任务三 体育的概念与组成

一、体育的概念

体育是人类社会发展中，根据生产和生活的需要，遵循人体身心发展的规律，以身体练习为基本手段，为增强体质、提高运动技术水平、进行思想品德教育、丰富社会文化生活而进行的一种有目的、有意识、有组织的社会活动，是伴随人类社会的发展而逐步建立和发展起来的一个专门的学科领域。

二、体育的组成

（一）学校体育

学校体育是随着教育的发展而逐步形成体系的，是体育、学校教育的重要组成部分，是实施全民健身的基础。在欧洲，古希腊已将体育列为教育内容。特别是在封建领主割据的时代，军事体育是统治阶级的特殊需要，因而“骑士七艺”（骑马、游泳、投枪、击剑、打猎、下棋、吟诗）成为骑士教育的主要内容；18 世纪后期，普鲁士教育家 J.B. 巴泽多把卢梭的教育观点运用于德国，在其开办的泛爱学校中，比较突出体育与劳动的结合，学生每天读书 2 小时，体育和音乐 3 小时，在此基础上，形成了较早的学校体育体系。

中国的学校体育，起源于周代的“六艺”（礼、乐、射、御、书、数）。射、御中包含身体训练，礼、乐中的舞蹈也有锻炼身体的功效。学校体育主要在近代形成。1904 年清政府兴办学堂，在学堂中开设体操科，每周 2 ~ 3 课时；1923 年的学校课程纲要开始把体操科改为体育科，每周 2 ~ 3 学时。而学校体育体系的建立完善在 1949 年以后，1952 年体育处在教育部设立，管理全国的体育教学与教学大纲的修订；1956 年学校体育开始使用统一教学大纲、教材，明确了教学目的、任务；1979 年教育部制定了全国普通全日制高等学校《体育教学大纲》。

（二）竞技体育

竞技体育亦称竞技运动，本意是“离开工作”，即通过一些愉快轻松的身体活动使人转移对日常生活的艰辛和压力的注意力。18 世纪以后，竞技体育中出现了以强调胜负为目的、竞争激烈的身体活动。19 世纪末，以奥运会为代表的竞技体育提出了“更快、更高、更强”的口号，使现代竞技运动有着前所未有的竞争性、组织性，并与政治、经济、军事、文化、教育等领域密切结合，发挥着巨大的社会功效。

（三）社会体育

社会体育亦称大众体育，是以健身、娱乐、休闲、养生、医疗康复为目的的体育活动。社会体育开展的广泛性和社会化程度，取决于一个国家经济的发展、人们的生活水平、余暇以及社会环境等因素。从发展趋势看，社会体育作为现代体育发展的重要标志，无论是普及程度还是开展规模，都不亚于竞技体育，已成为现代体育运动的重要组成部分。

任务四 体育的功能

体育的功能

一、体育的健身功能

强身健体是体育本质的功能。体育以身体运动为基本表现形式，通过科学组合的身体锻炼给予各器官、系统以一定量和强度的刺激，促进身体在形态结构、生理机能等方面发生一系列适应性反应和变化，从而达到增强体质、增进健康的目的。

（一）体质与健康的概念

体质是有机体在遗传、变异和后天获得性的基础上所表现出来的形态结构、生理功能、身体素质、适应能力、心理因素等综合的、不断发展的、相对稳定的特征。

健康应是在身体上、精神上以及社会上保持健全的状态，不仅包括没有疾病和伤害，而且包括身体、精神方面能迅速、完全地适应社会的需要。

体质与健康的关系：健康是评价体质状况的基本条件，体质则是健康的物质基础。

（二）体育对促进健康的作用

1. 体育对身体健康的作用

身体健康包括正常的生长发育、生理机能和适应能力（对自然环境、社会环境）。

实践证明，科学、长期地坚持进行体育锻炼对中枢神经系统和内分泌系统能产生良好的刺激，能够促进新陈代谢，改善血液循环和呼吸功能，有利于青少年的生长发育和提高机体的抗病能力；可以延缓有机体适应能力的降低，推迟生物体各组织器官结构和功能所发生的退化性变化，使中老年人保持旺盛的精力。

2. 体育对精神健康的作用

1977 年，科学家提出了生物—心理—社会的三维健康观，强调在健康诊断中应包括社会环境引起的心理因素，并把良好的心理调节活动和精神卫生作为判断精神健康的基础。体育锻炼可以磨炼意志、催人奋进、协调人际关系、加强合作，从而排除个人性格和心理状态中不健康的因素，使人体在健康的和谐统一中变得欢乐、轻松、愉快。首先，体育运动能促进大脑的发育，改善机能，为人们从事智力活动打下良好的物质基础。其次，体育运动可以促进观察力、记忆力、想象力和思维能力等智力因素的发展。体育运动具有不同形式的对抗性，不论是个人还是集体项目，因其有不确定性特点，都可把表现为肢体对抗的外在形式引申为内在人脑间的智慧较量。例如，在体育教学中，通过观察法、对比法和示范法的运用，能有效地发展学生的观察能力；通过技术动作的练习，有利于促进学生记忆力、想象力的发展；通过教学比赛和各种体育游戏，可以潜移默化地发展学生思维的灵敏性与应变能力。

（三）体育对增强体质的作用

体质是健康的物质基础，科学的体育锻炼能改造人体器官系统；提高人体对外界的适应能力；发展速度、力量、耐力、灵敏、协调等素质；增强体质。

二、体育的教育功能

教育功能是体育基本的社会功能。就其作用的广泛性而言，它对人类社会产生的影响，是体育的其他社会功能无法比拟的，所以，人们高度重视体育在教育中的作用。

（一）体育在学校教育中的作用

马克思主义关于教育的经典论述，从来都把体育视为学校教育不可缺少的组成部分。因此，培养学生将来担任社会角色所必备的素质，以适应未来社会生活和工作的需要，是体育在学校发挥教育作用的主要使命。为达此目的，学校通过完整的体育教育过程对受教育者进行政治思想、意志品质、道德情操和发展身体的教育，使他们获得基本的体育理论知识，掌握必要的运动技能，学会科学锻炼身体的方法，提高运动实践能力并养成锻炼身体的习惯。在教学中，学校始终把培养什么样的人作为课程的首要内容。

学校体育对增强学生体质的作用是不言而喻的。随着《全民健身计划纲要》的深入开展，学校体育还需引进终身体育教育的思想，运用终身体育教育理论和方法，激发每个学生的体育兴趣，培养学生终身体育意识、习惯和能力，使学生走向社会后，不仅有一个强健的体魄，而且具有一定的体育素养，以适应现代生产方式和生活方式，提高生活质量，也使学校体育的功能最大限度地向全社会延伸。

现代教学论提出了三大任务：教育性任务、教养性任务、发展性任务。教育性任务是通过教学培养学生优良的品质、行为；教养性任务是使学生掌握体育文化、科学知识、技能，提高对体育的欣赏能力和文化素养；发展性任务是增强体质，发展体育能力以及观察、分析、思维、适应能力等。

学校体育以其丰富多彩的内容和形式，为培养学生的竞争意识和进取精神创造了良好的条件。例如，田径、体操、球类等项目，在集体注视下完成个人练习、整体练习；各种体育竞赛和体育表演或技评等，都是在同等条件下进行的。竞赛是体育运动的突出特点，运动者有尽快实现目标的心理动机，学校通过开展各种不同形式的体育竞赛能较好地动员学生全身心地投入竞赛或练习，有利于培养学生的竞争意识和进取精神。

（二）体育在社会教育中的作用

就社会教育体系而言，体育所独具的活动性、技艺性、竞技性、群聚性、国际性、礼仪性等特点，成为一种传播体育价值观的理想载体，在激发爱国热情、振奋民族精神、培养社会公德方面和教育人们要与社会保持一致性等方面都有积极的教育作用。因为竞赛的礼仪形式、激烈的竞争气氛、高超的表演技巧和比赛的胜负结果等因素，能在同伴与同伴之间、同伴与对手之间、观众与运动员之间产生极其复杂的情感交流，并激起人们的荣誉感、责任心、集体观念、民主意识和奋发向上的进取精神。这种通过体育实践诱发的社会教育因素，使体育的社会影响变得更加深刻，并产生不可低估的社会教育作用。如中国女排取得五连冠时，全国人民欢欣鼓舞，激励不少人在坎坷与逆境中奋起，女排精神影响了几代人。在北京奥运会上，中国运动员顽强拼搏，获得金牌总数世界第一位，使全国人民乃至海外中华儿女无不为之感到自豪。

三、体育的娱乐功能

体育从产生就带有游戏、娱乐的成分。古代音乐与舞蹈等身体活动紧密联系，体育和竞技的萌芽本身就蕴含娱乐的因素。原始人在狩猎之余，为宣泄情感而进行嬉戏活动，在后来的各种节日庆典、宗教仪式和表演中，都对人们起到娱乐作用。随着科学技术的进步和生产的现代化、办公自动化，劳动者工作时精神高度紧张，需要通过各种丰富多彩的体育娱乐与休闲运动来消除疲劳、愉悦身心、陶冶情操、满足人们的精神享受，同时，劳动时间缩短，余暇增多，又为人们的体育娱乐与休闲运动提供了机会。随着现代传媒技术的发展与普及，观赏各类运动竞赛与体育活动已成为人们休闲娱乐的主要内容。另外，人们在余暇参加各种体育活动，更增添了无穷的生活情趣，成为现代都市人娱乐的新时尚：跑步使人感到节奏鲜明，勇往直前；篮球使人配合默契，分享取胜的欢乐；游泳者搏击于碧水清波之中，其乐无穷；举步登高，万物尽收眼底，令人心旷神怡；远足旅行，空气新鲜，享受绿色的神韵……由于体育有诸多的娱乐功能，顾拜旦在他的《体育颂》中对体育的娱乐功能予以高度概括：“啊，体育，你就是乐趣！想起你，内心充满欢喜，血液循环加剧，思路更加开阔，条理更加清晰。你可使忧伤的人散心解闷，你可使快乐的人生活更加甜蜜。”

四、体育的军事功能

体育与军事相互联系，两者在发展过程中更是相互促进。

（一）军事对体育的历史性促进

在为应付战争而进行的军事训练中，诞生了若干流传至今的丰富的体育内容。公元前 2000 多年的埃及，出现了培养军官的专门学校，其训练的主要内容是赛跑、划船、游泳、摔跤、器械对打等。

在中国，奴隶制社会就有了田猎等军事训练制度，其主要课程内容是射、御等；近代北洋水师学堂也开设了击剑、拳击、哑铃、跳高、跳远、足球、游泳等项目。

（二）体育在军事训练中的作用

战争需要身体强健、勇猛顽强、技艺不凡而又吃苦耐劳的士兵，由于体育训练能有效增强人的体质、磨炼意志，因此体育便成为军事训练的重要手段。

五、体育的经济功能

体育对于人的体力发展具有直接的强化作用。体育虽不直接参加物质生产，不产出社会物质产品，但间接作用于物质生产过程所产生的经济效益是客观存在的、不可低估的。体育与经济之间的联系可以表现为体育的进步对经济发展水平的依赖与促进。随着劳动生产力水平的不断提高和科学化、机械自动化生产方式的运用，劳动时间与强度减少，人们的余暇不断增多。因此，余暇体育、户外运动、娱乐体育、健身活动不断发展，从而推动了体育消费，促进了体育产业和带动了经济的发展。第一，推动了运动器材、服装、饮料、医药等行业的发展。第二，在新的经济时期，健康的体育作为人类生存的机会进入市场，花钱买健康的观念使健康成为一种有限的资源，促使人们投入体育的市场。第三，体育的发展尤其是不同级别的体育比赛，需要建设不同标准的体育设施；带动交通、邮电、旅游、商业、饮食娱乐等服务业的发展；电视转播权、门票、体育彩票、邮票、纪念币、印刷宣传品以及广告等都为经济的发展起到推动的作用，从而开辟了广阔的体育市场。伴随着商品经济浪潮的冲击，奥运会也表现出鲜明的商业化倾向，奥运会对经济的促进作用也更加明显。

六、体育的政治功能

体育与政治的相互联系始终客观存在。任何时候、任何国家在带有方向性的问题上，都要求体育服从政治的需要，同时也充分利用体育对政治所具有的影响。

（1）古代社会，竞技与政治关系非常密切，竞技往往成为达到政治目的的一种手段。古希腊人利用恢复奥林匹克竞技会的机会，在伊利斯大国王依菲斯特的政治周旋下，终于确定了奥林匹克“神圣休战”公约，由此开始了体育为和平政治服务的先驱。

（2）体育在维护国家主权和民族尊严方面表现出鲜明的政治立场。政治的需要推动着体育的发展，体育竞赛可以改善和促进国家之间的关系，提高国家地位和威望，显示政治制度的优越性，振奋民族精神，创造安全的社会环境。

（3）体育为外交服务。利用体育可为本国外交政策服务，如唐朝与吐蕃的“马球”交往；中国的“乒乓外交”，促使中美关系正常化，为世界各国所称道。

（4）政治也影响和制约体育的发展。第 11 届奥运会在德国柏林举行，希特勒为了炫耀武力，不惜耗费巨资兴建了被称为“冠绝一时”的运动场地；为了标榜日耳曼人种的所谓“优秀”，他竟蛮横地拒绝为夺得 4 枚金牌的著名黑人运动员杰西·欧文斯颁奖。这些行为影响了体育的公平公正，制约了体育的发展。

任务五 现代社会与体育

全面理解现代社会与体育的关系，必须了解人类的“需要”理论，只有了解“需要”，才能全面理解体育的发展、进步，才能认识现代社会的体育需要。

一、现代社会需要体育

（一）现代社会与健康

世界卫生组织对人的健康所下的定义是：健康不仅指身体无疾病，还要有好的心理、生理状态以及社会适应能力。《现代汉语词典》（第 7 版）将健康定义为：（人体）发育良好，机理正常，有健全的心理和社会适应能力。从这两个权威性定义来看，健康不仅是躯体的健康，更重要的是心理健康。可以说，人的健康的一半是心理健康，即人在自然和社会环境中，遇到困难、挫折、突变等情况时，也能做到心理和谐、情绪稳定、精神饱满，从而正确地对待、处理和排除不利因素的影响。

（二）现代社会对人才的基本要求

世界经济的全球化和科学技术的迅猛发展，正日益深刻地改变着当今人类的生产方式和生活方式，以信息转移为特征的知识经济时代已经到来，知识、人才、民族的素质和国家的创新能力等要素已成为经济增长和社会发展的关键因素。当今世界各国的竞争，实际上是知识、人才的竞争。要想在竞争中抢占制高点，赢得主动权，最根本的就是要依靠高素质的劳动者和创新的人才。从现代社会的发展来看，对现代合格人才的基本要求可以归纳为以下几方面：①体质良好，体格健壮，适应能力强；②体能全面；③心理健康。

二、体育培养现代人的作用

在人类社会文明程度较低时，人类为基本生存和安全需要而发展自身身体能力；工业时代的到来，使综合性体力劳动过渡到片面性体力劳动，这一方面创造了近代体育，但另一方面也使人类体质逐渐弱化；信息时代的到来，开始由片面的体力劳动向脑力劳动转化，尽管人类医疗、卫生、环境、体育手段都得到了较好的发展，但是人们也逐渐意识到身体功能的弱化在加速。今天，人类已经进入信息化的知识经济时代，脑力劳动不可避免地占据了主导地位，人类比任何时候都需要体育，现代社会更需要体育。体育的作用主要表现在以下几个方面。

（一）体育能促进身心健康

新技术革命的浪潮席卷全球，新信息、新观念、新学科、新技术、新理论层出不穷，人类进入一个知识纵横交叉、一体化的科学时代，特别是信息技术、生物工程、微电子等技术的高速发展，带来了高层次、多系列和综合化的发展，信息量不断增长，更新周期加快，人类不断地适应变化和挑战。在这个过程中，人类要面临较大的精神压力，而参与体育运动能缓解这种压力。体育既是对过去生活的连续和弥补，又是对未来生活的准备和承接。体育是人类缓慢的生物进程与急速社会发展进程间的润滑剂，是追寻身心健康的有益方式。

（二）体育能促进智力发展

现代社会知识的更新越来越快，这就要求人们具有较强的学习能力。体育能提高大脑皮质反应的灵活性，具有激活脑细胞的功能，可以发展积极思维、良好记忆和集中注意力，而这些都是学习知识所必备的条件。随着科技的发展，从事脑力劳动的人不断增多已是现代社会发展的趋势。脑力劳动者机能特点是呼吸表浅、血液循环慢、新陈代谢低下、肌体肌肉活动量大大降低，但大脑神经系统却处于高强度工作状态，大脑疲劳的产生会使工作、学习能力下降。根据高级神经活动的负诱导规律，运动中枢的兴奋可以使思维、记忆中枢得到更完全的休息。运动生理学研究表明，科学的体育运动，能对大脑中枢神经系统和内分泌系统产生良好的刺激，促进人体新陈代谢，加速血液循环，提高心脏功能，改善大脑的供氧，从而消除大脑的疲劳，恢复和提高大脑的工作能力。

（三）体育能培养高尚的道德情操

体育运动是一种有一定约束力的社会活动，各种竞赛都有严格的规则，又是在裁判员的直接监督和教练员的教导下有组织地进行的，参与运动和比赛的人必须遵守这些准则，这也是对培养人们遵守社会生活准则和职业道德的强化。体育运动，特别是集体项目的运动，要求个人之间相互配合才能进行。例如，排球运动，通过一传、二传和攻手的密切配合才能在比赛中取得胜利；足球从守门员到前锋队员形成一个整体，团结协作才能赢得比赛。体育运动的这些特性，对培养人们的团结协作精神起到了一种强化作用。

项目二　田径运动

学习目标

1. 了解田径运动各项目特征。

2. 掌握田径运动各项目的技术特征。

任务一　走、跑、跨项目

一、竞走

（一）项目特征

竞走是田径运动中唯一对技术有特殊要求的运动项目。2007年最新田径规则中规范了竞走技术动作，更准确地规定了走与跑的动作界限，揭示了现代竞走技术的基本特征。

1. 高频竞走成绩飞跃

国内外发表的有关步长、步频的统计资料表明，从20世纪60年代到21世纪的今天，步长因素没有显著变化，步频增长却，十分惊人，即由过去的200步/分钟，提高到目前的210～220步/分钟。这种新技术的出现，使运动成绩大幅度提高，竞走纪录被不断刷新。那么，现在的步频指数是否已达顶点，未来的竞走技术将往什么方向发展？这是我们需要共同探讨的课题之一。在今后较长一段时间内，步频的发展仍占优势。其理由是步长受人体解剖结构，各关节灵活性、柔韧性及专项力量和后蹬角（后蹬角即运动员跑时蹬离地面瞬间，支撑腿纵轴与地面所成的倾斜角。腿的纵横是支撑压力点于髋关节的连线）等诸因素的限制，已没有多少潜力可挖。

2. 身体重心轨迹更趋直线性

在对国内外重大比赛的技术录像资料进行研究分析后不难看出，竞走运动员的身体重心位置发生了重大变化，即由过去的身体重心垂直瞬间最高，变为现在的垂直瞬间最低；由过去的双支撑瞬间最低，变为现在的双支撑瞬间最高。这一现象充分反映了现代竞走技术的特色。

为何会出现这一强烈反差？其是双支撑的短暂消失——腾空造成的。以往的技术分析多从静力学角度着眼与观察，似乎由于双支撑时两腿形成较大的分力角后，身体重心肯定会比单脚垂直支撑时低，因此强调垂直支撑时摆动腿的同侧髋关节和异侧肩关节下沉放松，以降低身体重心的垂直高度，使身体重心平稳移动。从运动学、动力学角度分析，当今的竞走技术特点是人眼不可见的腾空代替了双支撑阶段，其腾空位移的垂直距离为4～6厘米，水平位移的距离为10～25厘米。因此，身体重心在双支撑瞬间非但没有降低，反而升高了。从某种意义上讲，这一现象可减少水平速度损耗，提高身体重心轨迹的直线性。因为随着后蹬的结束和前支撑的开始，此时身体重心主要靠惯性前移，根据牛顿运动定律，体重正好向前方移动，从而增大了水平位移的速度。综上所述，在竞走技术训练中，为使身体重心趋于直线性移动，应尽量减少垂直位移和左右位移，以减少能量的损耗。

3. 保持适宜的着地角

现代竞走技术的又一特点是着地点距身体重心投影点的距离适宜。现代适宜的着地角（着地角即支撑脚着地瞬间，身体重心和着地点的连线与水平面的夹角）为70°，同以前的着地角73°相比有减小的趋势。通过运动生物力学分析，这种技术的微妙变化主要是竞走规则修改后，运动员必须直腿着地造成的。这不仅为迅速着地形成低摆动和保持高步频提供了良好的先决条件，而且有利于减小腾空时间，减少了能量消耗，更加符合运动学和动力学特征。当然，在一定范围内，适当增大着地角和减小后蹬角，对提高水平速度是有利的。着地角应根据运动员的个人技术特点，特别是身高、腿长和专项力量等参数来确定，如身材较高的运动员，前支撑角可稍大些；身材较矮的运动员，前支撑角可小些，以便于获得较理想的步长和步频。

4. 技术动作简捷、实效

现代竞走技术的动作结构体现了简单和实效性强的特点。同过去的技术相比，其减少了过大的髋部扭动等多余动作，提高了动作速率和效率。从以上几点可以看出，在学习和掌握先进的竞走技术的过程中，既要改进和完善局部动作，提高各环节的合理性、经济性和实效性，又要保持整体技术的协调自然，在技术外形上给人以舒畅和美的感受，这一点恰恰是竞走裁判员在判罚中注意观察的主要方面。

（二）技术原理

1. 竞走的周期划分

竞走是一项周期性地推动人体产生位移的运动。运动员一腿蹬离地面至另一腿着地，两腿交互迈步前进，身体始终与地面保持接触。这种单腿支撑与双腿支撑的重复交替是竞走周期性运动的特征。其复步由两个单腿支撑和两个双腿支撑组成（图2–1–1）；腿的动作周期分为支撑时期和摆动时期。

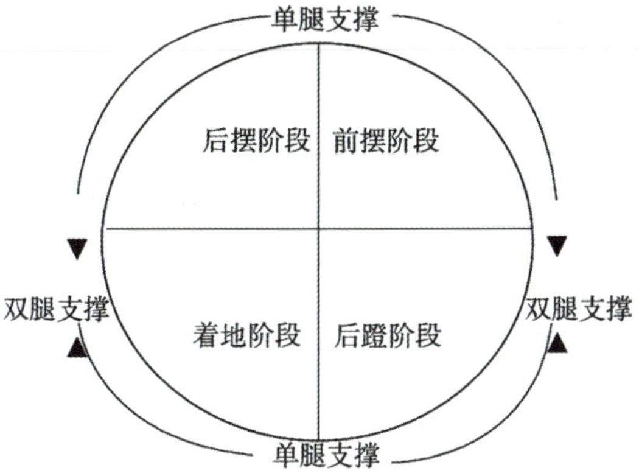

图 2-1-1

（1）支撑时期。

着地阶段：自脚跟着地时起，到身体垂直支撑时止为着地阶段。其目的是减少着地阻力，脚由滚动过渡到垂直阶段。动作：脚跟先着地，随身体重心滚动到全脚掌。支撑腿同侧骨盆和异侧肩稍高，以缓冲着地阻力。后蹬阶段：自身体垂直支撑时起，到支撑腿蹬离地面时止为后蹬阶段。其目的是获得推动身体向前的支撑反作用力。动作：蹬地腿伸展蹬地，摆动腿积极前摆，带动身体前移，骨盆沿垂直轴转动，带动髋向前送出。

（2）摆动时期。

前摆阶段：自支撑腿垂直支撑时起，到脚跟着地时止为前摆阶段。其目的是积极前摆带动身体重心前移。动作：当支撑腿处于垂直支撑时，摆动腿的骨盆稍下降，以大腿带动骨盆前摆，小腿积极先摆出，准备着地。后摆阶段：自支撑腿蹬离地面时起，到支撑腿垂直支撑时止为后摆阶段。其目的是配合支撑腿的蹬地动作，顺惯性向前摆动。动作：后摆时，足尖靠近地面，以髋带动大小腿向前移动。

2. 支撑反作用力——后蹬效果

支撑反作用力的水平分力决定于给地面施力的大小与施力的角度。水平分力对身体向前运动具有极其重要的作用。竞走运动员的后蹬角一般为 63° ～ 67° 。后蹬的效果取决于下列因素。

（1）蹬地的力量。

根据 $F = MV/T$ 的公式，如果在单位时间内后蹬的力量 F 越大，则人体向前移动的速度 V 越大。（F 为力量，M 为人体质量，V 为速度，T 为时间）

（2）蹬地的速度。

根据 $F = MV/T$ 的公式，如蹬地力量相同，则速度 V 与蹬地时间 T 成反比，即蹬地时间越短，获得的速度越快。

（3）蹬地的角度。

由于人体结构的特点，后蹬角会受到一定的限制。后蹬角过大会增加垂直分力，导致身体重心上下起伏过大和缩短步长。后蹬角过小，同样影响身体重心上下起伏，同时由于前支撑角的减小，会增加着地阻力。

（4）蹬地的方向。

后蹬用力的方向，应力求与前进方向一致。如果后蹬方向偏左或偏右，则会产生向左或向右的分力，影响身体重心移动的直线性，降低后蹬的效果。另外，腿着地瞬间支撑反作用力的方向是向后向上的，这样就产生了制动，使前支撑阶段中的走速降低。通过脚的迅速滚动缓冲着地动作能减小制动力。

3. 腿的动作

竞走时，两腿迈步交替自如，摆腿自然放松，脚跟领先在身体重心的投影线前着地，着地时支撑腿处于自然伸直状态，与地面形成 63°～67° 的夹角。脚掌的圆滑滚动，降低了着地时阻力，使身体重心平稳前移。竞走时，支撑腿从着地后至垂直瞬间的膝关节角度为 180°，髋关节沿矢状轴上下运动。进入后蹬阶段，髋关节的积极蹬伸和屈踝动作、异侧髋关节的积极前送和摆动腿的积极前摆，可以保证身体的加速并促进运动员身体向前运动。脚在蹬离地面后，保持低位置向前摆动，腿快速向前方运动。这一动作明显缩短了腿的摆动半径，减小了它的转动惯量，加大了腿的前摆速度，为提高竞走的步频创造了条件。

4. 骨盆、臂和躯干动作

竞走技术中最明显的动作是围绕垂直轴的转动。另外，在支撑腿垂直于地面时骨盆还有围绕矢状轴的转动。骨盆的这种复合性转动既能提高运动员身体的向前速度，又能有效地增大步长，也有利于支撑腿的后蹬和摆动腿的前摆。高速竞走时，手臂以肩为轴在前后方向做自然而有力的摆动，肩关节的动作幅度适当加大，有利于髋关节的转动。肘关节的角度变化：前摆时角度较小（65°～75°），垂直位时约 90°，后摆时角度变小（65°～75°）。前摆时手臂稍向内，后摆时手臂稍向外。竞走时躯干位置也有变化：在竞走的全过程中，躯干始终保持正直或微前倾，后蹬阶段时，躯干前倾较大；支撑腿垂直着地时，躯干前倾较小或正直。

二、跑

跑是人类的基本活动技能之一，它能使全身的肌肉有节律地收缩和松弛，是一种全身运动。跑包括短跑、中长跑和跨栏跑。

（一）短跑

短跑比赛项目包括60米、100米、200米、400米及4×100米接力跑和4×400米接力跑。短跑是发展动作速率和运动速度最有效的手段之一。短跑按技术动作的结构可分为起跑、起跑后的加速跑、途中跑和终点跑四个基本部分。

1. 起跑

起跑的任务是使人体摆脱静止状态，为起跑后的加速跑创造条件。按竞赛规则要求，短跑比赛中必须使用起跑器和采用蹲踞式起跑，并按发令员的口令、枪声进行起跑。

起跑器的安装通常使用“普通式”，前起跑器距离起跑线一脚半的距离，后起跑器距离前起跑器一脚半的距离，前后起跑器支撑面与地面分别成 45° 和 60° 左右，两起跑器的中轴线间隔距离为 15 ~ 20 厘米。

蹲踞式起跑包括各就位、预备和鸣枪三个阶段。

（1）各就位。

各就位时，两手撑地，两脚依次蹬在前后起跑器的抵足板上，后腿膝关节跪地，两臂回收伸直，两手间距稍宽于肩，身体重心适度前移使肩垂直于手部支撑点（图 2–1–2）。

图 2–1–2

（2）预备。

预备时，逐渐抬起臀部，使臀部高于肩 10 ~ 20 厘米，适度前移重心，集中注意力听枪声（图 2–1–3）。

扫码看动图（预备）

图 2–1–3

（3）鸣枪。

听到枪声瞬间，两手迅速推离地面，屈肘做有力地前后摆动，同时两脚快速用力蹬离起跑器，快速转入加速跑阶段（图 2-1-4）。

扫码看动图（后蹬启动）

图 2-1-4

2. 起跑后的加速跑

起跑后的加速跑的任务是使人体获得最大的加速度，进入最快的途中跑。通常加速跑的距离为 30 米左右，在此过程中，技术上注意逐渐抬起上体，逐渐加大步幅和加快步频，逐渐使两脚跑进的轨迹趋向于一条直线（图 2-1-5）。

扫码看动图（加速跑）

图 2-1-5

3. 途中跑

途中跑的任务是保持最高跑速和较长的高速跑程。途中跑技术是短跑过程中最重要和最关键的技术，途中跑支撑与腾空交替，一个单步的动作由着地、缓冲、后蹬、腾空所组成，两个单步构成一个复步。

现代短跑技术注重前摆腿高抬，积极送髋，强调脚掌的“扒地”技术，动作快速有力，蹬摆配合协调而富有弹性，强调跑的过程中保持动作的连续性和直线性（图 2-1-6）。

扫码看动图（途中跑）

图 2-1-6

4. 终点跑

终点跑是全程跑的最后一段， 任务是尽力保持最快的速度冲过终点。终点跑的技术与途中跑的技术基本相同，只是要求在离终点线 15~20 米时，尽量保持上体前倾角度，加快两臂摆动的速度和力量（图 2-1-7）。当跑到距离终点线一步时，上体急速前倾，用胸部或肩部撞终点线后沿的垂直面，并跑过终点，然后逐渐减慢跑速，但不要立即停止跑动。

图 2-1-7

—— 知识延伸 ——

短跑的运动特点与健身价值

短跑是短时间内持续高速跑的极限强度运动，它对下肢肌肉力量要求较大；运动强度极大，机体处于高度缺氧状况，氧债百分比高；依靠无氧代谢供能，要求运动员有较好的神经过程灵活性。

长期进行短跑练习，能较好地提高无氧代谢能力和机体抗缺氧能力，增强神经过程灵活性、神经肌肉协调性；能使心脏功能加强，表现为左心室壁肥厚，每搏输出量增加；另外，还可使下肢力量增加，速度素质提高。

（二）中长跑

中长跑包括中距离跑和长距离跑，中距离跑通常指 800 米、1500 米跑，是对速度耐力要求较高的项目。长距离跑通常指 3000 米及 3000 米以上距离跑的项目，它包括在跑道、公路上举行的长跑和越野跑。

中长跑各项目的完整技术均分为起跑、起跑后的加速跑、途中跑和终点跑。

中长跑的起跑采用站立式起跑（图 2-1-8），发令员的口令为“各就位”、鸣枪。途中跑是决定中长跑成绩的主要环节，跑时应强调轻松、省力、节奏稳定和连续性强，强调在获得一定匀速运动的基础上充分利用动作的惯性，尽可能减少体力的消耗。从跑步战术角度讲，冲刺速度快的运动员通常采用跟随跑方式，而速度耐力强的运动员常采用领跑方式。终点跑是临近终点的一段冲刺跑，终点冲刺的距离要根据项目、个人特点、训练水平、战术需要及比赛的具体情况而定。速度冲刺能力强的运动员往往在最后一个弯道突然加速，而耐力好的运动员多采用更长距离的冲刺跑。

①各就位

扫码看动图（各就位）

扫码看动图（起跑）

②起跑

图 2–1–8

（三）跨栏跑

跨栏跑是技术较为复杂的田径项目。跨栏跑比赛的项目有女子 100 米栏，男子 110 米栏，男子、女子 200 米栏和男子、女子 400 米栏等。每个项目都设十个栏架，但栏高和栏距不同。

跨栏跑比赛和短跑比赛一样，必须使用起跑器和蹲踞式起跑，起跑至第一栏起跨点一般采用 8 步起跨，起跑后上体抬起要比短跑时快。

跨栏跑技术分为过栏技术和栏间跑技术。

1. 过栏技术

跨越栏架的一步叫作跨栏步，包括起跨、过栏和下栏三个部分。

（1）起跨。

起跨点距栏架约 2 米，随跑速、身体条件和技术特点不同稍有变化，因为起跨点的远近会影响过栏。距栏过近会使起跨蹬地角加大，身体腾起过高，妨碍过栏动作；起点过远则削弱蹬地力量，造成过栏困难，甚至腿部碰栏。

起跨前应保持较高的跑速，最后一步用前脚掌或脚外侧先着地，随着身体重心向前运动，起跨腿的膝关节微屈进行缓冲，此时腰部保持正直，髋部前移。身体重心移过支撑点后，起跨腿蹬伸加速上体前移，同时起跨腿由体后向前摆动，大小腿随惯性在体后开始折叠，夹角较小，脚跟尽量靠近臀部，膝关节向前，迅速向栏上方摆动，膝关节摆到超过腰部高度的同时完成鞭打动作。

在两腿蹬摆配合完成起跨动作过程中，上体随之加大前倾，摆动腿异侧臂向前方摆出，肘关节达到肩的高度，另一臂屈肘摆至体侧，整个身体集中向前用力，平衡舒展，形成良好的“攻栏”姿势。（图 2–1–9）

扫码看动图（起跨）

图 2-1-9

（2）过栏。

过栏是指起跨结束，即从身体转入无支撑阶段起到摆动腿过栏后着地为止的动作。此时，起跨腿已离开地面，摆动腿继续向栏架前上方“攻”摆，起跨腿与摆动腿之间在栏架前形成一个大幅度的“空中劈叉”动作（两腿夹角在120° 左右）。当摆动腿移过栏时，大腿带动小腿积极下压。同时，起跨腿带动小腿，屈膝外展勾脚尖，膝高于踝，脚尖高于脚跟，大小腿收紧（夹角小于90° ），以膝领先经体侧向前提拉至胸前，两腿在空中形成一个协调有力的“剪绞”动作。与此同时，起跨腿同侧手臂向后弧形摆动。这个无支撑的腾空阶段，要特别注意上下肢动作协调配合、连贯和身体的平衡，尽量加快栏上的动作速度。（图 2-1-10）

扫码看动图（过栏）

图 2-1-10

（3）下栏。

当摆动腿过栏后，要积极下压形成“鞭打”动作。切栏而下后用前脚掌着地，踝关节缓冲，尽量保持膝、髋关节伸直，使着地点尽量靠近身体重心投影（图 2-1-11）。

起跨腿越过栏架后，应迅速提拉至胸前，小腿仍保持收起，准备跑出栏间第一步。此时，上体仍保持一定前倾，不要过早抬起，更不能后仰。摆动腿下栏的着地点离栏架在 1.50 米左右为宜，太远则产生制动，使动作停顿。

扫码看动图（下栏）

图 2–1–11

2. 栏间跑技术

栏间跑最好跑三步。这三步的长度各不相等，每步的步速和支撑、腾空时间的关系都有变化。栏间跑的技术主要是用前脚掌着地，保持较高的身体姿势跑，三步频率要快（图 2–1–12）。过第十栏后，应逐渐前倾躯干并迅速大步跑向终点。

扫码看动图（栏间三步跑）

图 2–1–12

—— 名人名言 ——

我每看运动会时常常这样想：优胜者固然可敬，但那虽然落后而仍非跑至终点不止的竞技者，和见了这样竞技者而肃然不笑的看客，乃正是中国将来的脊梁。

——鲁迅

—— 思政小课堂 ——

“95后”残奥冠军邓培程田径赛场上的“飞人”

2021年9月4日，在广东省肇庆市怀集县怀城镇一户人家的电视机前，邓培程的母亲在一片欢呼声中激动地抱住身边的亲友，流下了开心的眼泪。电视机的画面里，邓培程刚在东京残奥会男子100米T36级决赛中，以11秒85的成绩打破残奥会纪录并夺得金牌。

1996年出生的邓培程，患有先天性脑瘫，身体四肢不协调，但他从小热爱跑步，展现出很强的运动天赋。2008年的一天，电视里正播放北京残奥会田径比赛，正在上小学的邓培程被勇敢追梦的残疾人运动员震撼，他在心中埋下“奥运梦”的种子，之后他便开始利用课余时间练习跑步。

转眼十年过去，广东省残运会召开在即，肇庆正招募田径运动员，邓培程主动自荐参加比赛。那是他首次参加广东省残运会，便一举勇夺5金、打破3项省纪录。正是那次运动会，让教练胡正观发现了邓培程这个“好苗子”，并极力邀请他加入自己的训练团队。

2019年，邓培程正式成为一名残疾人运动员，走上与训练、比赛为伴的竞技体育之路，他也付出了远超常人的汗水与艰辛。

2021年1月，邓培程右脚踝不慎崴伤，出征东京残奥会前，脚伤还未完全恢复。赛前，队医还在为他治疗伤病，双腿绑满了黑色的肌贴。在那场夺金的百米决赛中，当邓培程爆发出最高速度时，腿脚伤病又被触发，赛后疼痛感再次袭来，他说：“拼尽全力，跑的过程中忘记痛了。”

从“野生训练”到残奥会上夺冠，身残志坚的邓培程在追梦的路上，全力以赴、奔跑不止。

（资料来源：人民网，2022年7月20日，有改动）

任务二 跳跃类项目

跳跃运动是指运用人体的能力（或借助一定的器材）越过一定的高度障碍或跃过一定的远度，是人体力量、速度、灵敏性的综合反映，技术要求高。

各类跳跃运动项目，按其动作过程的顺序和特征，分为助跑、起跳、腾空和落地（落垫）四个基本部分。

一、跳高

跳高是指人体通过快速助跑和有力起跳，采用合理的过杆姿势，使身体腾越过尽可能高的垂直障碍的运动项目。在跳高运动发展的一百多年里，曾出现过跨越式、剪式、滚式、俯卧式、背越式五种姿势。目前，在跳高竞技场上，背越式是最为流行的姿势。在学校体育教学中，跨越式跳高和背越式跳高经常被列为跳高项目的主要教学内容。这里仅介绍背越式跳高的基本技术。

背越式跳高的完整技术包括助跑、起跳、过杆和落垫四个部分。

（一）助跑

助跑的任务是使人体获得一定的鱼线速度和为起跳做好充分的准备。背越式跳高的助跑线大多采用“J”字形曲线。助跑的全过程，或者是一条近似抛物线，或者是一条直线与抛物线的结合。

背越式跳高采用 8~12 步助跑，有行进间起动和原地起动两种方式。无论采用哪一种起动方式，都要注意动作放松、保持速度与节奏的稳定。助跑的前段跑与普通加速跑相似。跑进时，身体重心高而平衡，上体适当前倾，后蹬充分有力，前摆积极抬腿，脚着地时靠近身体重心投影点，两臂配合大幅度地摆动。后段是弧线助跑 4~5 步，在弧线跑进时，身体逐步向内倾斜，加大外侧臂和腿的摆动幅度与节奏感，并自然加快步伐，最后一步最快。（图 2–2–1）

扫码看动图（助跑）

图 2–2–1

（二）起跳

起跳点一般在近端跳高架立柱向内约 100 厘米、距横杆投影线 60~100 厘米的地面。助跑倒数第二步摆动腿屈膝支撑下压时，身体保持向圆心方向倾斜的姿势。在摆动腿进行有力的后蹬和积极送髋的同时，起跳腿以髋带动大腿，沿助跑弧线的切线快速用起跳腿以脚跟外侧先着地，并迅速滚动至全脚掌着地，脚尖朝向弧线的切线方向起跳。起跳放脚时身体仍保持向圆心方向倾斜并稍后仰，此时前后摆动的两臂屈臂摆至躯干的两侧。

起跳脚着地后，起跳腿及时屈膝缓冲，身体逐渐由倾斜转为竖直，身体重心轨迹和脚行进的轨迹重合。待缓冲结束，摆动腿屈膝摆至大腿与起跳腿几乎平行时，摆动腿的大、小腿折叠最紧。然后摆动腿沿助跑弧线方向由前摆转为向上并稍向内摆动，同时起跳腿进行有力的蹬伸，两臂配合腿部动作积极摆动，提肩拔腰，使身体向上腾起。（图 2–2–2）

扫码看动图（起跳）

图 2–2–2

起跳时的摆臂方法有两种，一种是两臂同时向上摆动，另一种是摆动腿的同侧臂领先向上摆动。摆动腿和两臂摆到一定位置时要同时制动，这样有利于增加起跳蹬地力量，提高身体重心，产生身体在空中的旋转力和连接过杆动作。在保证动作幅度的前提下，起跳腿应积极蹬伸，快速完成起跳动作，缩短起跳时间。

（三）过杆和落垫

人体腾空后，逐渐转为背对横杆的姿势，摆动腿自然下放。头、肩部过杆后，及时仰头、收肩、展髋，两臂放于体侧，提臀挺髋，弯曲的两腿稍向外分开，小腿下垂，身体呈反弓形。然后肩部继续下沉，髋部上挺，使两膝上升。臀部过杆后，及时低头含胸，小腿上举，使整个身体依次越过横杆（图 2–2–3）。过杆后，肩、背部先落于海绵垫上（图 2–2–4）。

扫码看动图（过杆）

图 2–2–3

扫码看动图（落垫）

图 2-2-4

—— 小贴士 ——

决定跳高成绩的主要因素：运动学因素（腾起初速度、腾起角度）、动力学因素（下肢伸肌最大快速力量、下肢退让收缩能力）、身体形态（身高、下肢长）、心理因素（动机、焦虑水平）。

当前跳高运动的发展逐渐趋向于以速度为核心，其特征是“快”，即要求助跑速度快、起跳速度快、过杆速度快。

二、跳远

跳远也叫急行跳远，是指人体通过快速助跑和有力起跳，采用合理的空中姿势和动作，使身体尽可能腾跃较远水平距离的运动项目。跳远的完整技术包括助跑、起跳、腾空和落地四个部分。

（一）助跑

助跑是为了获得最大的水平速度，并为踏板和起跳做准备。（图 2-2-5）

（1）助跑的开始姿势有两种。一种是从静止状态开始，一般采用两腿微屈，两脚左右开立的“半蹲式”，或两脚前后分立的“站立式”从静止开始助跑，这种助跑方式第一步的速度和幅度易做到稳定，有利于提高助跑的准确性。另一种是行进间开始，先走几步或跑几步踏上起点后，开始加速跑，这种方法的助跑动作比较放松、自然。

（2）起动后的加速方式有两种。一种是积极加速方式，跑法是一开始就加速跑，步频始终较高，以增加步长来提高速度。另一种是平稳加速方式，跑法是开始阶段步频较慢，然后在逐渐加大步长或保持步长的同时提高步频。

扫码看动图（助跑）

图 2-2-5

（二）起跳

起跳时，运动员的身体重心向前移动 1 米左右的距离，向上约 25 厘米。完成起跳的时间为 0.1~0.3 秒。起跳瞬间，起跳腿屈膝前摆用全脚掌踏板，此时躯干呈正直姿势；随后身体迅速前移；当身体与地面垂直时，迅速充分地伸展起跳腿，摆动腿屈膝上摆至大腿约与地面平行；此外，躯干抬起，两臂弯曲上摆，完成起跳动作。（图 2-2-6）

扫码看动图（起跳）

图 2-2-6

（三）腾空和落地

在跳远技术的发展过程中，有蹲踞式、挺身式和走步式三种不同的空中姿势。走步式是现代跳远竞技场上最为流行的姿势。但是，由于其动作难度较高，要求人体腾空后有较长的滞空时间，所以在高校体育教学中一般不采用走步式，而采用蹲踞式和挺身式。

1. 蹲踞式

起跳腾空后，摆动腿继续高抬，两臂向前摆动，在跳跃起 1/3 ~ 1/2 时，起跳腿向前上方提举与摆动腿靠拢，形成空中蹲踞姿势，然后两腿屈膝进一步向胸部靠近，准备下落着地，落地前两臂由体前经体侧摆到体后，接着两腿膝关节伸直，小腿尽量前伸落地。（图 2–2–7）

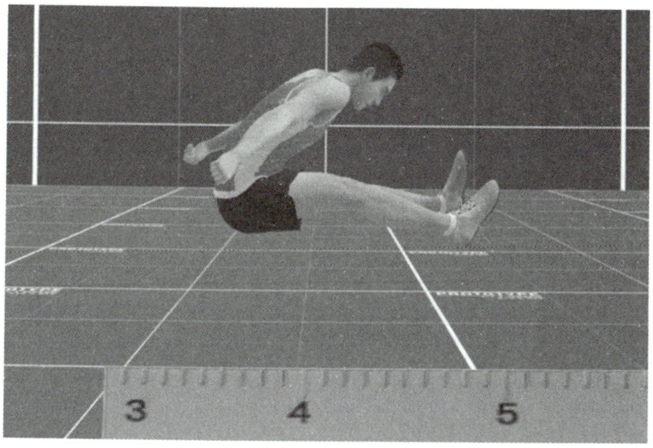

扫码看动图（蹲踞式）

图 2–2–7

2. 挺身式

起跳腾空后，起跳腿继续蹬伸留在体后，然后摆动腿展髋下放，与起跳腿靠拢，两臂外展，并挺胸、送髋使躯干呈反弓形，形成展体并拉开身体前部肌群，然后两腿同时前收举高。两臂开始时一前一后，随着摆动腿继续向后运动，继而收腹举腿，两臂上举，准备做落地动作，落地时注意举大腿、伸小腿。着地前尽量减小双腿与地面的夹角，以便脚的落点更靠近身体重心轨迹落点，增加跳跃距离。两脚着地后，应及时屈膝缓冲，头部迅速前移，两臂快速前摆，将臀部迅速移过落地点。（图 2–2–8）

扫码看动图（挺身式）

图 2–2–8

任务三　投掷类项目

投掷运动是人体运用自身的力量将器械投掷得尽可能远的运动，它可以有效地发展和提高人体的力量和动作速度。田径运动的投掷类有铅球、铁饼、标枪和链球四个项目。本书主要介绍推铅球和掷标枪。

一、推铅球

推铅球是一个速度力量性项目。投掷原理表明，铅球出手的初速度、出手角度决定了铅球飞行的远度。

推铅球的方法目前主要有两种，背向滑步推铅球和旋转推铅球。由于旋转推铅球对运动员的技术、身体素质要求高，故大多采用背向滑步推铅球。

完整的背向滑步推铅球技术可分为握、持铅球、预备姿势、滑步、最后用力、维持身体平衡五个部分。下面以右手推铅球为例，来具体讲解推铅球的步骤。

（一）握、持球

右手五指自然分开，将球置于食指、中指和无名指的指根，大拇指和小指扶球的两侧，以保持球的稳定（图 2–3–1）。握好球后，把球放在右锁骨内端上方处并紧贴颈部，掌心应向前上方，右肘约与肩同高，右臂自然放松。

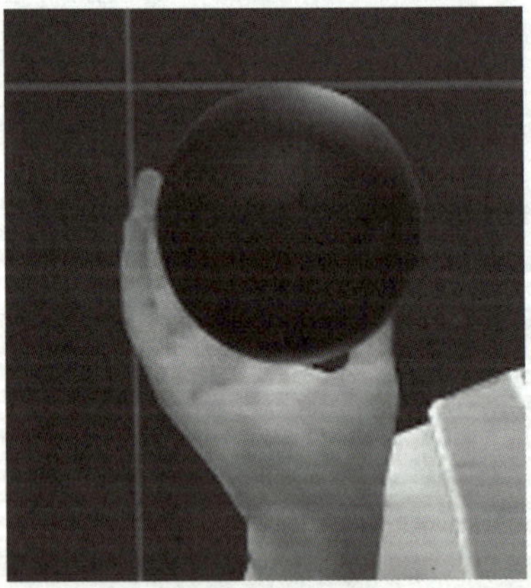

图 2–3–1

（二）预备姿势

背对投掷方向站在投掷圈内的后部，两脚前后开立，右脚尖靠近投掷圈内后缘，脚跟对着投掷方向。左脚在右脚后约一步远，前脚掌着地。身体重心落在右脚上，两眼平视前方（图 2–3–2）。

扫码看动图（预备姿势）

图 2-3-2

（三）滑步

滑步的任务是使投掷者和器械获得一定的预先速度，为最后用力创造有利的身体条件，也为发挥运动员全身的能力创造发力前的最佳身体姿势。滑步开始时，运动员的身体重心应尽量水平地向投掷方向快速运动，左腿以大腿带动小腿的形式向抵趾板方向踹出，左脚尽量沿地面滑动，左脚背朝下，当左脚经过投掷圈直径约 3/4 距离时有个外翻动作，左脚最后落在抵趾板中间略偏左处，左脚的纵轴与投掷方向构成 90°～100° 角。左腿踹出后，在侧面看整个身体从左脚到左肩成一直线。配合左腿的动作，右腿有个蹬伸动作，身体重心由右脚前掌过渡到脚后跟，右脚的动作似一滚动动作，滑步过程中右膝不要伸直，双腿的夹角要大，髋部动作要伸展，然后右小腿迅速内收，右脚稍内扣，落在圆心附近，右脚纵轴与投掷反方向夹角为 20°～45° 角（图 2-3-3）。

滑步过程中身体重心的移动要尽量平稳，努力做到沿地面平行运动，对于具有一定水平的运动员，开始滑步时可以要求其臀部向抵趾板方向（后下方）运动，这样有利于提高滑步速度和减少身体重心起伏。

扫码看动图（滑步）

图 2-3-3

（四）最后用力

最后用力阶段是推铅球技术的主要环节。在滑步即将结束，左脚积极着地的一刹那，右腿和髋向投掷方向蹬转发力，同时上体也迅速向投掷方向抬起，左臂也向投掷方向牵引，形成了推球的有利姿势。右腿的继续蹬转，右髋不断向投掷方向转动，头、胸对正投掷方向之后，左腿和右腿同时用力蹬地，右肩前送，右臂用力将铅球推出（图 2–3–4）。铅球出手时手腕、手指用力拋球，两腿蹬直。

铅球出手后，为了保持身体平衡，一般是两腿弯曲，降低身体重心，左脚和右脚及时协调交换位置。

扫码看动图（最后用力）

图 2–3–4

（五）维持身体平衡

铅球出手后，应及时交换两脚的位置，以保持身体平稳，防止犯规。

二、掷标枪

掷标枪是一项比较复杂的多轴性旋转项目，它是经过持枪助跑获得一定预先速度，通过爆发式的最后用力作用于标枪轴上，将标枪经肩上投出的一项运动，大体可分为握、持枪，持枪助跑，投掷步三个部分。下面以右手掷标枪为例，来具体讲解掷标枪的步骤。

（一）握、持枪

标枪的握法是将标枪线把斜放在掌心上，拇指和中指握在线把末端第一圈上沿，食指自然握在标枪上，无名指和小指握在线把上。

持枪多采用肩上持枪，右手持枪于右肩上方，稍高于头，枪尖略高于枪尾，持枪臂要放松（图 2–3–5）。

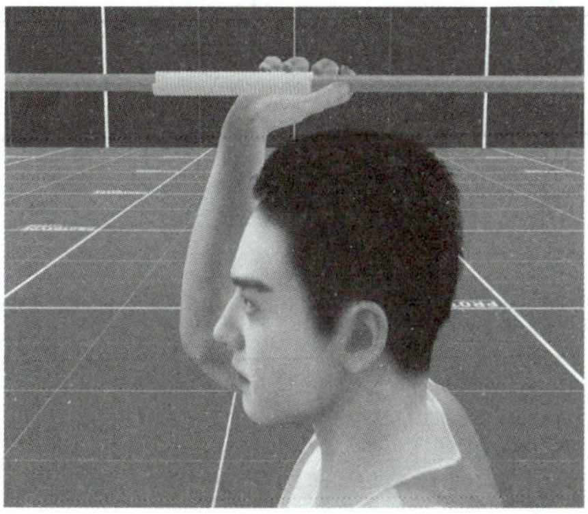

图 2-3-5

（二）持枪助跑

掷标枪的助跑的作用如同推铅球的滑步、掷铁饼的旋转一样，能使器械获得预先速度，并有利于控制好标枪的位置，为引枪和投掷创造良好的条件。

掷标枪的助跑由 2 个阶段组成：第一个阶段是预跑阶段，也就是持枪跑；第二个阶段是掷标枪特殊的助跑——投掷步阶段（图 2-3-6）。

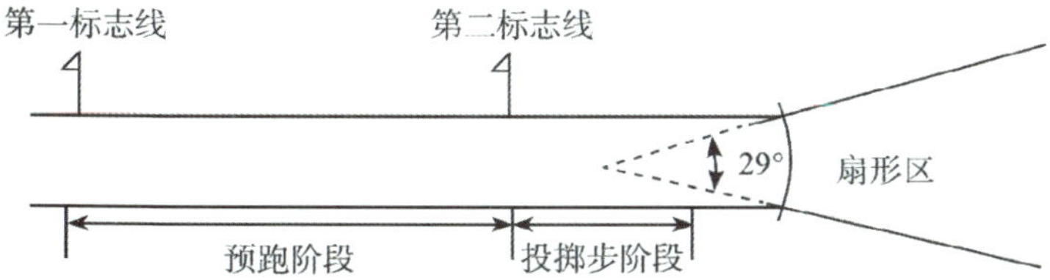

图 2-3-6

1. 预跑阶段

第一标志线到第二标志线为预跑阶段，通常跑 8~14 步。预跑阶段时，投掷臂持枪，上体稍前倾，用前脚掌着地；高抬大腿，蹬伸动作有力，动作轻快而富有弹性，并且跑步的节奏性要强；持枪臂和另一臂要与两腿动作协调配合；两眼平视，头部自然抬起（图 2-3-7）。

预跑应是逐渐加速的，步长要稳定。对初学者来说，预跑阶段的助跑速度要控制，随着技术熟练程度的提高，可逐步提高预跑的速度。

扫码看动图（预跑）

图 2-3-7

2. 投掷步阶段

投掷步是从第二标志线开始，到投掷弧这一段距离内的助跑，实际上是从预跑加速过渡到最后用力直至标枪出手这一系列的动作阶段。投掷步的任务是通过特殊的助跑技术，使下肢动作加快，在快速向前运动中完成引枪，为最后用力和出手创造良好条件。

投掷步有 2 种形式：一种是跳跃式的投掷步，另一种是跑步式的投掷步。投掷步通常跑 5~7 步，男子为 9~15 米，女子为 8~13 米。

当左脚踏上第二标志线时，开始投掷步。前两步时完成引枪动作。此时，右臂与肩轴在一条直线上，身体左侧正对投掷方向，眼看前方。获得一定加速度后，开始交叉步。右腿迅速前摆，用脚外侧后半部分先着地，同时左腿快速蹬地。此时躯干进一步向右转动，形成右肩轴与右髋轴交叉，左臂右摆至胸前，身体重心大部分落在右腿上。（图 2-3-8）

扫码看动图（交叉步）

图 2-3-8

（三）最后用力

最后用力是充分利用助跑速度所获得的动量作用于标枪，使枪在出手瞬间以最大的力和合理的角度掷出。右脚落地后，体重压在右腿上，左腿前摆伸出小腿，左脚用脚跟或脚内侧先着地，落在投掷方向线左侧 20 ~ 30 厘米处，并用力支撑。右腿用力的同时，右臂转肩翻肘正对投掷方向，形成满弓姿势。此后，右脚继续用力，胸部向前牵引，投掷臂大臂带动小臂，形成鞭打动作，最后手指“拨枪”，把枪从右肩上投出。标枪的出手角度为 30° ~ 36° 。（图 2-3-9）

扫码看动图（最后用力）

图 2-3-9

—— 小贴士 ——

在投掷项目中，常见损伤主要在肩部、腰部、膝关节、肘关节及腕关节，其中，肩肘以肌肉、肌腱的损伤为主，腰部以肌肉、韧带损伤为主，膝关节主要是十字韧带和半月板损伤较为常见。

预防运动损伤的措施：加强易伤部位的肌肉、韧带的弹性、韧性和力量训练；认真做好准备活动和整理活动，多采取一些促进机体恢复的措施，使机体不在过度疲劳的情况下进行投掷训练和比赛；训练负荷要逐渐提高，切忌跳跃式的上升，注意训练的系统性和连续性。

（四）保持身体平衡

标枪出手后，投掷者继续向前运动，为防止犯规，右脚应及时向前跨出 1 ~ 2 步，同时身体向左转，重心下降，保持身体平衡。

—思政小课堂—

苏炳添，1989 年 8 月 29 日出生于广东省中山市，中国男子田径队短跑运动员。2006 年 12 月，苏炳添第一次参加成人组比赛并在全国城市运动会上获得了 100 米第五名。2011 年 9 月 8 日，苏炳添夺得全国田径锦标赛男子 100 米冠军，并以 10 秒 16 打破了 13 年前周伟创造的全国纪录。2012 年 8 月 4 日，在伦敦奥运会上，苏炳添成为中国第一位晋级奥运会男子百米半决赛的短跑选手。2014 年 3 月 8 日，波兰索波特室内世锦赛，苏炳添成为第一个闯入世界级大赛短跑决赛圈的中国选手，并打破自己保持的全国纪录。2018 年 2 月 6 日，杜塞尔多夫室内 60 米比赛，苏炳添以 6 秒 43 夺冠再破亚洲纪录；3 月 3 日，伯明翰世界室内田径锦标赛男子 60 米决赛，以 6 秒 42 打破亚洲纪录的成绩摘得银牌。2019 年 2 月 16 日，苏炳添获得国际田联室内巡回赛伯明翰站男子 60 米决赛冠军。2019 年 2 月 21 日，国际田联室内巡回赛德国杜塞尔多夫站男子 60 米决赛，苏炳添以 6 秒 49 的成绩夺冠。2021 年 8 月 1 日，在东京奥运会男子 100 米半决赛中，苏炳添跑出 9 秒 83，成功闯入决赛并创造亚洲纪录，成为中国首位闯入奥运男子百米决赛的运动员。作为一个黄皮肤的亚洲人，苏炳添用不懈的努力和拼搏，为中国赢得了荣誉，激发着大学生“敢为人先、不断超越、奋勇拼搏、为国争光”的精神。

项目三　球类运动

学习目标

1. 了解球类运动的相关知识，并能运用基本技战术进行比赛。
2. 在球类运动学练中，发展协调、灵敏、耐力等身体素质，培养运动兴趣。
3. 在球类运动学、练、赛中，提高技战术能力，培养团结协作的集体主义精神。

任务一　足　球

足球运动是世界上开展广泛、影响较大的项目，其通过团体的配合展开相持与攻守战术的转换，体现出无限可能与魅力，因其魅力无与伦比而被誉为“世界第一运动”。足球运动有很强的锻炼和欣赏价值，经常参加能增强体质，发展运动能力，培养勇敢、顽强、机智、果断、团结协作的意志品质。足球的历史悠久，古代足球起源于中国。中国古代史籍将足球称为“蹴鞠”。“蹴”就是“踢”，“鞠”就是“球”。现代足球起源于英国。1846 年，英国剑桥大学为了适应本国各学校的足球比赛，制定了一个简单的规则，当时称为“剑桥大学规则”。1857 年，英国成立了第一个足球俱乐部。

一、足球基本技术

足球技术是指运动员在足球竞赛规则条件下，运用身体的有效部位合理完成各种动作方法的总称。

（一）踢球

踢球技术动作包括 5 个环节，即踢球前的助跑、支撑脚的选位、踢球腿的摆动、脚触球的部位和踢球后的随前动作。（图 3-1-1）

踢球

1. 踢球前的助跑

踢球前的助跑是为了获得身体向前移动的加速度及调整人与球的位置、方向的关系，选择适当的支撑脚的位置，为准确地踢球和增大踢球力量创造条件。适当的助跑要平稳而有节奏，助跑的最后一步要跨大一些，支撑脚落地是由脚跟过渡到脚掌的。最后一大步的支撑起到制动支撑和维持平衡的作用，为踢球腿的后摆和准确的踢球创造了稳固的平衡状态。

图 3-1-1

2. 支撑脚的选位

支撑脚的选位就是助跑最后一大步支撑脚落地点的选择。支撑脚的正确位置，应以能最大限度地摆腿和准确地触球为原则，当采用的踢球方法是直线助跑而支撑脚又必须在球的侧方时，支撑脚与球的距离应为 10 ～ 15 厘米；采用斜线助跑而支撑脚又必须在球的侧后方时，支撑脚应距球 15 ～ 20 厘米。如果是踢活动球，还应将球的滚动或飞行距离与摆腿时间估计准确，以保证踢球时支撑脚位置的准确。支撑脚位置选择是否准确，对踢球的准确性和出球的力量有很大的影响，应该通过反复练习，特别是通过踢活动球的练习，不断强化，才能较好地掌握动作要领。

3. 踢球腿的摆动

踢球力量主要来源于踢球腿的摆动，摆动的幅度越大，摆动速度越快，力量就越大，而且摆动的方向要正，要从后向前摆，应避免由外向里的弧线摆动。摆动不是匀速，应是加速摆动，特别是小腿爆发式的摆动是摆腿踢球的关键。

4. 脚触球的部位

脚与球的接触部位，也就是击球点影响着出球质量。各种踢球方法都要求踢球的后中部，作用力通过球的中心，使球沿直线飞行，才能做到踢球准确。支撑脚位置、踢球腿的摆动、脚形的控制以及身体的协调动作都影响着踢球的准确性。在教学中，教师应将踢球的准确性练习作为主要的教学内容之一。

5. 踢球后的随前动作

这个环节应是自然的，不必过分强调，否则会破坏踢球的动作结构，妨碍动作的掌握。

在上述 5 个环节中，支撑脚的选位、踢球腿的摆动、脚触球的部位是影响踢球技术的主要因素。踢球技术有脚内侧踢球、脚背内侧踢球、脚背正面踢球、脚背外侧踢球等。

（二）颠球

颠球的部位有脚背、脚内侧、脚外侧、大腿、头部、胸部、肩等。

1. 双脚正脚背颠球

脚向前上方摆动，用脚背击球，击球时踝关节固定，击球的下部。两脚可交替击球，也可一只脚支撑，另一只脚连续击球。击球时用力均匀，将球始终控制在身体周围。（图 3–1–2）

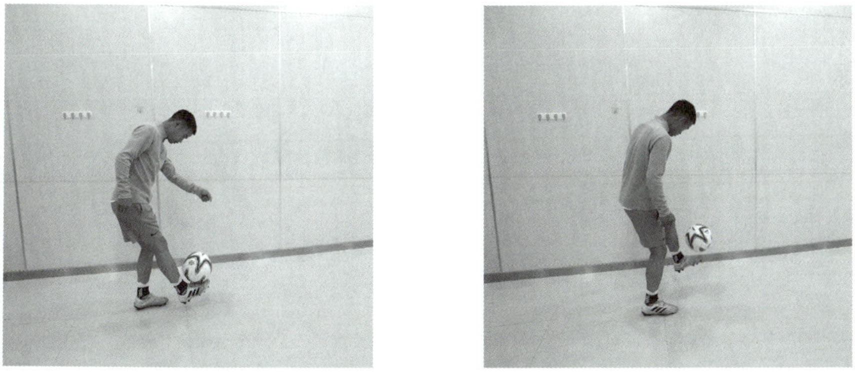

图 3–1–2

2. 双脚内侧、外侧颠球

抬腿屈膝，用脚的内侧或外侧击球的下部，两脚内侧或外侧交替击球。（图 3–1–3）

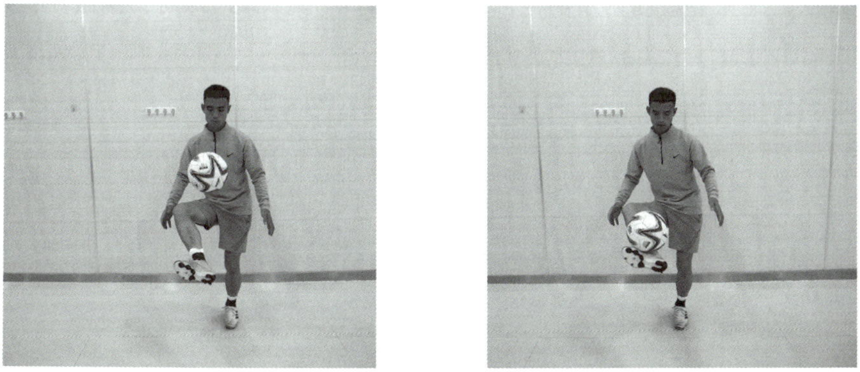

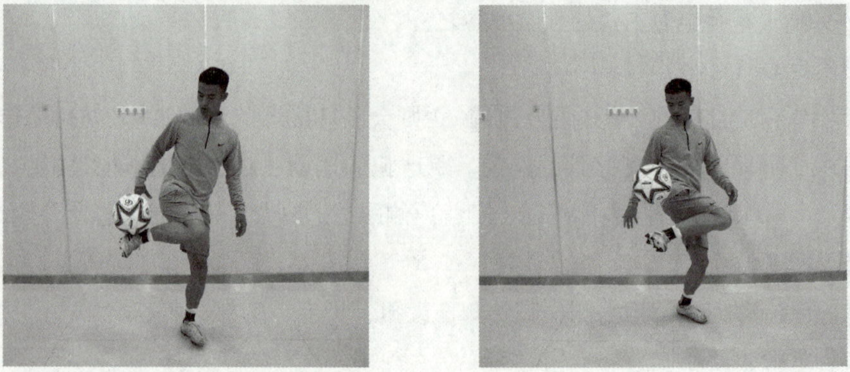

图 3-1-3

3. 大腿颠球

抬腿屈膝，用大腿的中前部位向上击球的下部，两腿可交替击球，也可一只脚做支撑，用另一侧的大腿连续击球。（图 3-1-4）

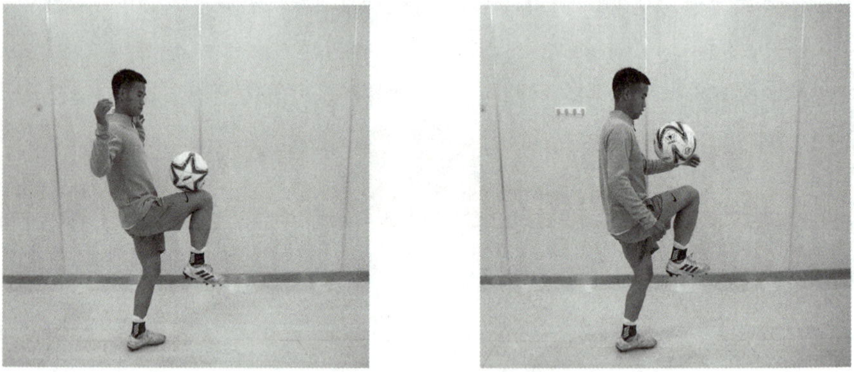

图 3-1-4

4. 头部颠球

两脚开立，膝关节微屈，用前额部位连续顶球的下部，顶球时，两眼注视球，两臂自然张开，以维持身体平衡。（图 3-1-5）

图 3-1-5

5. 肩部颠球

用双肩任意一边，由下而上击球中部（提肩动作）。（图 3–1–6）

图 3–1–6

6. 身体各部位连续颠球

根据上述单一颠球技术动作要领，身体各部位配合连续颠球，配合的部位越多，难度越大。

（三）接球

1. 接球技术动作结构分析

接球前，根据来球的运行路线、球的旋转和速度等情况，迅速准确判断落点，及时提前移动，使自己能处于做接球动作的最佳位置。可以根据临场情况和下一步动作恰当地选择接球部位及方法。一般接球时分别需要加力和减力（缓冲，卸掉来球的力量），根据来球力量的方向和接球实际需要，还可按照反射定律调整入射角，获取理想的反射角。

接球

2. 接球技术动作（主要介绍脚内侧接球技术动作）

（1）脚内侧接地滚球。

支撑腿脚尖正对来球，接球腿大腿外展，脚尖微翘，脚底基本与地面平行，接球时脚内侧正对来球并前迎，在脚内侧与球接触的一刹那迅速后撤，把球接在脚下。若需要将球接在侧面，支撑脚脚趾应向同侧斜倾，脚内侧与来球方向成一定角度触球，同时支撑脚以前脚掌为轴做适当的转动，身体向停球方向移动。接球时也可在触球时用下切力使球前进的力量部分转变为旋转力，将球接在脚下。（图 3–1–7）

图 3–1–7

（2）脚内侧接空中球。

与接地滚球大同小异，通过判断和移动在适当高度的接球点将接球腿抬起，使脚内侧部位对准来球的方向并前迎，脚在接触球的一瞬间后撤（缓冲动作），并将球接在所需的位置上。接球动作按触球部位分为脚底接球、胸部接球、头部接球、大腿接球等。（图 3-1-8）

图 3-1-8

（3）脚内侧接反弹球技术。

支撑脚在球的落点的侧前方（根据接球的方向不同，可以调整支撑脚的位置），膝关节屈曲稳固支撑身体重心，保证身体重心的平衡。上体稍向接球方向倾斜并稍前倾。接球脚提起，踝关节适当紧张（脚尖适当勾起，用脚内侧部位对准球的反弹路线）。当球落地反弹刚离地面时，用接球脚的脚内侧触压球的外侧中上部，将球接在支撑脚的附近位置以便连接下一个动作。（图 3-1-9）

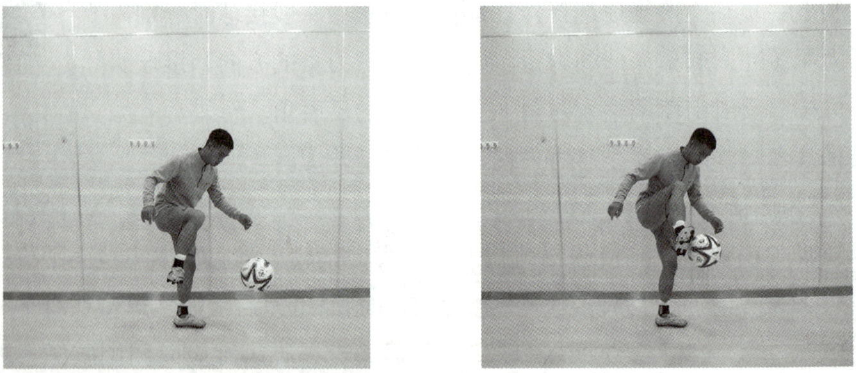

图 3-1-9

（4）脚背正面接空中球技术。

支撑腿屈膝稳固支撑身体重心，支撑位置一般在球的侧后方适当位置。接球腿屈膝抬脚，踝关节保持适当紧张，以脚背正面正对来球，在球下落触到脚背前的瞬间接球，脚向下回撤将球在下撤过程中接在自己控制范围之内和下一个动作需要的位置上，并快速连接下一个动作。

另一种方法是接球脚基本不向上抬起，而是脚背向上勾起，踝关节保持中度紧张，在接近地面高度为 5 ～ 10 厘米处触球，通过球下落的冲击力将勾起的接球脚背砸下去从而缓冲了球的力量，将球接在自己和控制范围之内下一个动作需要的位置上，并快速连接下一个动作。

（5）脚背外侧接地滚球、反弹球技术。

①脚背外侧接地滚球：面对来球，支撑腿屈膝稳固支撑身体重心，支撑位置常常在球的侧面。接球脚稍提起，膝关节和脚尖稍内转（向支撑脚一侧靠近），以脚背外侧正对来球，在支撑脚的前侧方触球外侧部位（球体靠近支撑脚一侧的部位）。在脚触球时踝关节要适当紧张，并伴有一个向接球方向推送的拨球动作，将球控制在下一个动作需要的位置上，并快速连接下一个动作。

②脚背外侧接反弹球领：面对来球，支撑腿屈膝稳固支撑身体重心，支撑位置常常在球的侧面。接球脚稍提起，膝关节和脚尖稍向支撑脚一侧靠近，脚尖稍向内上方勾起（脚内翻状态），以脚背外侧正对来球，并使接球腿小腿及接球脚与地面形成一个夹角，在球刚反弹离地时接球脚脚背外侧于支撑脚的前侧方触球外侧上部位（球体靠近支撑脚一侧的部位）。在脚触球时踝关节要适当紧张，并伴有身体重心向接球方向倾斜移动的动作，将球控制在下一个动作需要的位置上，并快速连接下一个动作。

（6）大腿接高球、平球技术。（图 3-1-10）

图 3-1-10

①大腿接高球：面对来球，支撑脚稳固支撑身体重心，接球腿向前上方屈膝抬起，以大腿中部正对下落来球，肌肉适当紧张，在大腿与球接触前的瞬间大腿向下撤引，在撤引过程中接控球，将球控制在下一个动作需要的位置上。

②大腿接平球：面对来球，支撑脚稳固支撑身体重心，接球腿屈膝前迎，以大腿中部正对来球，肌肉适当紧张，在大腿与球接触前的瞬间小腿迅速向后下方撤引（接球腿的大小腿呈伸直状态），在撤引过程中接控球，将球控制在下一个动作需要的位置上。

（四）运球

1. 脚内侧运球技术

运球时，支撑脚稍向前跨，踏在球的前侧方，膝关节弯曲，上体前倾并向运球脚一

侧转体（形成侧身运球的状态），运球脚提起，用脚内侧部位推拨球的后中部。（图 3–1–11）

运球

脚内侧运球是运球技术中最慢的一种。它常常在边线附近或者一些死角区域内需要用身体做掩护球时运用，其以侧身转体的姿势，挤靠住对方的防守队员，以保证球不易被对方队员抢去。另外，脚内侧运球常常用脚内侧走“之”字形路线。

2. 脚背内侧运球技术

跑动时，身体自然放松，上体前倾并稍向运球方向转动，步幅要小。运球脚提起时，膝关节稍弯曲，脚跟提起，脚尖稍外转，在向前迈步的过程中用脚背内侧推拨球向前。（图 3–1–12）

脚背内侧运球常常在变向时运用，运球时常常走“之”字形路线。

图 3–1–11

图 3–1–12

3. 脚背外侧运球技术

跑动时，身体自然放松，上体稍向前倾，步幅要小。运球脚提起时，膝关节弯曲，脚跟提起，脚尖稍内转，在向前迈步的过程中用脚背外侧部位推拨球的后中部向前。（图 3–1–13）

脚背外侧运球多在前方纵深距离较大需要快速运球跑或突破时在快速跑动中运用，另外就是需要在向外侧转身变向时运用。

图 3–1–13

4. 脚背正面运球技术

跑动时，身体自然放松，上体稍向前倾，步幅要小。运球脚提起时，膝关节弯曲，脚跟提起，脚尖稍下指，在向前迈步的过程中用脚背正面部位推拨球的后中部向前。（图 3–1–14）

脚背正面运球多在前方纵深距离较大需要快速运球跑或突破时在快速跑动中运用。

图 3–1–14

（五）头球

头球有原地跳起前额正面顶球和头球射门。（图 3–1–15）

图 3–1–15

（六）抢截

抢截有断球和正面、侧面、侧后抢球。

（七）假动作

假动作分有球假动作和无球假动作。

（八）掷界外球

掷界外球有原地掷界外球和助跑掷界外球。（图 3–1–16）

图 3-1-16

（九）守门员技术

守门员技术有选位、接球、掷球、击球、扑球、踢球。

二、足球基本战术

足球战术是指足球比赛中，为了战胜对方，根据主客观情况所采取的个人行动和集体配合的方法。随着足球运动的发展，人们对足球战术有了新的、更深入的认识，新的战术层出不穷而且随时变化。战术的运用以体能为前提、以技术为基础、以心理智能为保证，因此，现代足球对运动员的综合能力提出了更高的要求。战术能力包括战术理论、战术意识和战术运用。

（一）个人战术

1. 个人进攻战术

个人进攻战术包括传球、射门、运球突破、跑位。

2. 个人防守战术

个人防守战术包括选位、盯人、断球、抢球、封堵。

（二）集体战术

1. 集体进攻战术

集体进攻战术包括传切配合、交叉掩护配合、二过一、三过二等；中路进攻、边路进攻、转移进攻、快速反击进攻、阵地进攻、破密集防守进攻等。

2. 集体防守战术

集体防守战术包括保护、补位、围逼抢；区域盯人防守、区域防守、混合防守、阵地防守、密集防守、向前逼压式防守等。

（三）常见阵型

足球比赛常用的阵型是在足球比赛中伴随着足球运动的发展而形成的。规则的变化，技术、战术、身体素质诸多能力的不断提高，促进了阵型的演变与发展。足球比赛常见的阵型有以下几种。

1. 进攻阵型（4-5-1，或称 4-2-3-1）

该阵型是一种注重稳健防守，加强中后场抢断能力，并能发起快速反击的打法。其指导思想在于筑起坚固的防守体系，但其在反击进攻时的变化形式则是多样的。其进攻时可有 3 ～ 5 人参与，防守则要求包括前锋在内的所有队员参与。该阵型是当前主流球队的首选。

2. 防守（4-4-2、4-3-3 阵型）

4-4-2 阵型特点是，进攻时中场边路和边后卫队员频繁套边活动，以构成对方门前险情，防守时主要强调队员回位和密集防守下的组织与协调配合。该阵型属于一种纯进攻类型的足球战术，是三前锋打法。4-3-3 阵型中起决定作用的是第二个“3”中间的队员（中前卫），他是该阵型进攻或防守时的主要组织者。

—— 思政小课堂 ——

与其他运动项目相比，足球运动难度较大，且需要经过系统的训练。大学生在进行足球运动时不仅要加强体能，还要学习相关的足球技术及战术。在这个过程中，大学生的身体及心理都面临着较大的压力。足球训练任务重、难度大、持续时间长，因此经常会给大学生带来一些困难与挑战。这些困难与挑战在一定程度上能磨炼大学生的意志力，让大学生敢于面对这些问题，并最终能够顺利完成训练任务。足球运动可以培养大学生努力拼搏以及自强不息的品质，而这些品质对大学生今后的发展至关重要，能够帮助大学生解决学习及生活中遇到的问题，并顺利完成学习任务。

足球竞赛规则

任务二 篮 球

篮球是以手为中心的身体对抗性体育运动，是奥运会重要比赛项目。1891 年 12 月 21 日，篮球由美国马萨诸塞州斯普林菲尔德基督教青年会训练学校体育教师詹姆斯·奈史密斯发明。1896 年，篮球运动传入中国天津。1904 年，圣路易斯奥运会上第 1 次进行了篮球表演赛。1936 年，篮球在柏林奥运会中被列为正式比赛项目，中国也首次派出篮球队参加奥运会篮球项目。1992 年，巴塞罗那奥运会开始，职业选手可以参加奥运会篮球比赛。

姚明作为中国篮球的代表人物之一，为中国篮球的发展做出了卓越的贡献。他刻苦训练，顽强拼搏，2002 年获得 CBA 联赛总冠军，同年被休斯顿火箭队选中，是目前成为美国职业篮球联赛（NBA）选秀“状元”唯一的中国球员。2016 姚明入选美国篮球名人堂，成为亚洲首位获得这一殊荣的篮球运动员。他多次带领中国队参加了包括北京奥运会在内的世界性大赛，取得了优异成绩。他在 NBA 的经历和取得的成绩提升了中国篮球在世界范围的关注度和影响力，增进了中外体育和文化交流，他曾荣获“全国先进工作者”“上海市劳动模范”等称号。

一、篮球基本技术

（一）移动

移动是篮球运动的基础，运动员在比赛中为了争取时间和空间上的优势，经常要采取改变位置、方向、速度的移动方法，对球的支配和控制、篮板球的争夺、投篮等技术也都需要配合移动才能完成。篮球运动基本的移动方法有以下几种。

1. 起动

起动是运动员在球场上由静止状态变为运动状态的一种动作，是获得位移初速度的方法。

2. 变向跑

变向跑是运动员在跑动中突然改变方向来摆脱防守或堵截进攻运动员的一种脚步动作。从右向左变向时，最后一步用右脚前脚掌内侧用力蹬地，同时脚尖稍内扣，迅速屈膝降低中心，腰部随之左转，上体向左前倾，移动重心，左脚向左前方跨出，加速前进。

3. 侧身跑

侧身跑是运动员在跑动时为了观察场上情况并随时准备接侧后方传来的球而经常采用的跑动方法。在侧身跑时，脚尖和膝盖朝着跑动方向，头和腰部朝球的方向扭转，侧肩，上体和两臂放松，随时观察场上情况。

4. 变速跑

变速跑是运动员在跑动过程中运用速度的变换来争取主动的一种跑动方法。在跑动过程中突然加速时，上体前倾，两脚短促而有力地积极蹬地，手臂加速摆动，加快跑的频率；减速时，用前脚掌用力抵地来减缓前冲力，上体直起，身体重心后移，降低跑速。

5. 后退跑

后退跑是运动员在球场上背对前进方向跑动的一种方法。后退跑时，用前脚掌交替蹬地提膝向后跑动，上体放松直起，双臂屈肘配合摆动，保持身体平衡，两眼平视，观察场上情况。

（二）急停

急停是运动员在跑动中突然制动速度，是衔接其他技术动作和摆脱对手的有效方法。急停包括跨步急停和跳步急停两种。

1. 跨步急停

跨步急停时向前跑两步使身体停住，也称“两步急停”。以左脚先着地为例，在快跑过程中左脚先向前跨出一步，用全脚掌着地，紧接着右脚跨出第二步，此时脚尖稍内扣，用脚掌内侧蹬地，两膝弯曲，上体稍前倾，重心在两脚之间，两手臂自然张开，保持身体平衡。

2. 跳步急停

跳步急停时用单脚或双脚起跳，也称“一步急停”。在中速和慢速移动中，用单脚或双脚起跳，上体稍后仰，落地时全脚掌着地，用前脚掌内侧蹬地，两膝弯曲，两臂屈肘微张，以保持身体平衡。

☞急停易犯错误：急停时停不稳，身体重心前移。

☞纠正方法：教师应用慢动作进行讲解和示范，并强调动作重点。学生可采用自抛自接球，由慢到快进行练习。

（三）转身

转身是以一脚为中枢脚，另一脚蹬地向不同方向跨出，借以改变身体方向的一种动作方法。转身包括前转身和后转身两种。

1. 前转身

以左脚做中枢脚为例。两脚平行面向球篮站立，两腿弯曲，降低重心，两手自然收于腹前。起动时重心移至左脚上，右脚前脚掌内侧蹬地，以左脚为轴，右脚随着前转身向球篮方向跨出，左肩向球篮方向下压，左脚前脚掌内侧迅速蹬地，然后向球篮方向跨出。

2. 后转身

行进间运用后转身，在靠近对手时以前脚为中枢脚旋转，后脚蹬地完成转身。由于跑动中存在惯性，要适当减速，同时加大中枢脚碾地的力量，加快旋转速度。在转身过程中，要注意控制重心，保持身体平衡。

☞转身易犯错误：转身时未用中枢脚前脚掌为轴，转动慢，重心不稳。

☞纠正方法：在练习时，应强调转身前保持正确的站立姿势，转身时可规定中枢脚，要求降低重心，保持身体平稳。练习中可采用听口令从慢到快做转身练习。

（四）滑步

滑步在比赛中用于抢占和堵截进攻队员的路线和位置，是队员防守时的主要移动方法。滑步易于保持身体平衡，可向任何方向移动，分为侧滑步、前滑步和后滑步 3 种。

1. 侧滑步

两脚左右开立，两膝弯曲，上体稍前倾，手臂向两侧张开。向左滑步时，右脚前脚掌内侧蹬地，左脚向左跨出一步，落地同时右脚迅速随同滑行，然后重复一次上述动作，眼睛要注视对手；向右滑步时，动作相反。

2. 前滑步

两脚前后站立。向前滑步时，后脚前脚掌内侧蹬地，前脚向前跨步，着地后，后脚紧随着向前滑动，保持前后开立姿势，注意屈膝降低重心。

3. 后滑步

后滑步动作方法与侧滑步相同，只是向侧后方移动。

☞滑步易犯错误：滑步时，重心起伏，影响动作的速度和幅度。

☞纠正方法：两人一组，面对面按一定路线进行滑步练习；还可以将布带放在颈部，保持布带必须触地，纠正身体重心过高的错误。

（五）传球

传球是篮球比赛中进攻队员之间相互联系、相互配合和组织进攻的具体手段。传球可分为胸前、肩上、头上、背后、体侧等多种传球方式。

传球

1. 持球姿势

图 3-2-1

两手五指自然分开，拇指呈“八”字形，用指根以上部位握球的侧后方，掌心空出，两肘自然弯曲于体侧，将球置于胸前。肩、臂、腕部肌肉放松，两眼注视传球目标，身体保持基本站立姿势。（图 3-2-1）

2. 双手胸前传接球

双手胸前传球是基本的、常用的传球方法。其特点是传出的球迅速有力，准确性较高，且便于结合突破和投篮动作。

传球时，后腿蹬地，身体重心前移，同时两臂前伸，手腕由下向上翻转，同时拇指下压，食指和中指用力拨球将球传出。球出手后，掌心和拇指向下，其余手指向前。（图 3-2-2）

图 3-2-2

接球时，面对来球，两臂自然伸出主动迎球，双手五指自然分开，两拇指呈“八”字形。手指接触球的同时，两手臂要屈臂缓冲，将球后引至胸前。

☞实战运用：常用于快速传球推进、在阵地进攻时队员转移球及不同距离的传球。

☞易犯错误：

①传球时易犯错误：双手和两肘用力向内挤压将球推出去，而不是通过伸臂、翻腕积极拨球的动作将球传出去。

②接球时易犯错误：十指伸直，且不能自然张开，两掌心相对，两臂在体侧弯曲，被动而消极地等待接球，很容易造成手指关节挫伤。

☞纠正方法：

①建立正确的技术动作概念：清楚地讲解完整示范动作，掌握正确的持球手法。

②注意正确的用力顺序，要求协调连贯，动作流畅。

③主动迎接球。接球时，主动迎球，注意缓冲，保持身体平衡。

3. 双手击地传球

双手持球向前下方发力，将球传出，击地点在传球人距离接球人 2/3 的地方。接球时，两臂前伸迎球，触球后屈肘缓冲收于胸前。（图 3–2–3）

图 3–2–3

☞实战运用：常用于高大队员封堵时、快攻中和突破分球时的传球，球速快，隐蔽。

☞易犯错误：

①传球时，全手掌触球，掌心没有空出，两拇指距离过大或过小，持球动作不正确。

②两肘外展过大两臂用力不一，形成挤球，出手后两手上下交叉。

③手指朝前，两手没有形成半圆；伸臂迎球时臂、腕、指紧张，引球缓冲不及时。

☞纠正方法：

①两人一组，面对站立，一人握球，一人做正确的模仿练习。

②多做自抛自接球练习，养成张手、伸臂、迎球和及时屈肘缓冲的习惯。

4. 单手肩上传球

双手持球于胸前，双脚平行站立。右手传球时，左脚向传球方向迈出半步，左肩对着传球方向，同时将球引至右肩上方，手腕后屈，重心落在右脚上。传球时，右脚蹬地、转体，上臂随之向前挥摆，手腕迅速前屈，通过食指、中指拨球将球传出。（图 3–2–4）

图 3-2-4

☞易犯错误：

①用力方向不对，转体幅度过大，不易控制落点。

②预备姿势时，屈臂、掉肘，动作像推铅球。

③传球时，球飞行弧度太大。

☞纠正方法：

①两人一组原地徒手模仿传球练习，体会用力过程。

②传球时注意压腕，控制好传球力度。

③球出手后，手指指向传球方向。

（六）运球

运球是指一名运动员控制球的一系列动作：在地面上掷球、拍球、滚球、运球或弹球在地面上。

运球

1. 高运球

高运球多用于快速运球，以提高运球高度，加大反弹距离，与快速奔跑相结合。

运球时两腿微屈，上体稍前倾，两眼平视前方，以肘关节为轴，前臂自然屈伸，用手腕、手指柔和而有力地按拍球的后下方。球的落点控制在运球手臂同侧脚外侧前方，反弹高度在腰胸之间。（图 3-2-5）

2. 低运球

当受到对手紧逼或接近防守队员时，常采用低运球保护球和摆脱防守。

两脚前后开立，两膝弯曲，上体稍前倾，两眼目视前方，重心落在两腿之间，手腕放松，五指自然分开，掌心空出，以肘关节为轴，前臂自然屈伸，结合手指、手腕缓冲球向上的反弹力量，以控制球的高度和落点。运球落点应为运球手同侧脚的外侧前方，运球高度在膝关节以下。

图 3-2-5

3. 运球急起急停

运球急停时，手按拍球的上方稍靠前，使球与地面成垂直反弹，用一侧手和身体保护球。起动时，后脚前脚掌内侧用力蹬地，上体前倾，重心前移，同时按拍球的后上方，利用起动速度，超越对手。

4. 体前变向运球

以从右手变向至左手为例，运球前进时，右手按拍球的右后上方，使球从自己的体前右侧反弹到左侧前方，同时右脚蹬地向前跨出，上体左转，用身体保护好球，换左手运球，向前推进。（图 3-2-6）

图 3-2-6

5. 后转身运球

以右手运球向后转身为例，左脚向前跨出一步为中枢脚，右脚用力蹬地后撤，顺势做后转身动作。在转身的同时，右手按拍球的右前方，将球拉引至身体的侧后方落地，转身后换用左手推拍球，转身前按拍球要有力，并在球反弹上升过程中拉球，身体重心保持平稳，不要有起伏。（图 3-2-7）

☞易犯错误：

①在转身过程中经常出现掌心朝上托球或利用手臂和腰部夹球。

②运球转身时重心过高，移动脚抬起过高，没有做到含胸、屈膝、降低重心，影响转身速度，同时也不利于保护球。

图 3-2-7

③转身时中枢脚以脚跟为轴转动，导致身体平衡难以控制，对完成运球转身动作有很大的影响。

☞纠正方法：

①转身时手触及球的侧前方，左臂屈肘保护球，并将球靠近自己的腰部。

②转身时含胸、屈膝，降低重心，尽可能保持整个转动过程中重心不要上下起伏，降低转动半径，提高转动速度。

③转身时中枢脚应以前脚掌为轴转动，这样更加有利于控制身体平衡，增强身体灵活度，对完成运球转身动作起到至关重要的作用。

（七）投篮

投篮是在比赛中，队员运用各种专门、合理的动作将球投进对方篮圈的方法，是篮球比赛中最直接有效的得分手段。常见的投篮方式有以下几种。

投篮

1. 原地双手胸前投篮

两手五指自然分开，手置于球的两侧稍偏后位置，将球置于胸前，肘关节自然下垂，上体稍前倾，两膝微屈，双脚前后开立。投篮时，两脚蹬地发力，两臂向前上方伸展，同时手腕外翻，用食指、中指拨球投出。（图 3-2-8）

图 3-2-8

2. 原地单手肩上投篮

以右手投篮为例，两脚左右开立，两膝微屈，重心落在两脚之间。右手五指自然分开，用指根以上部位触球，掌心空出。右手翻腕托球的后下部，右臂屈肘稍向内收，置球于右肩前上方，上臂与肩膀平行，前臂与地面近似垂直，左手扶球的左侧，目视篮圈。投篮时，踝关节蹬地发力，右臂随腰腹伸展向前上方抬肘伸臂，手腕自然下压，用食指和中指拨球。球离手时，手臂要随球跟送，脚跟提起。（图 3–2–9）

图 3–2–9

☞易犯错误：

①投篮辅助手发力，尤其是辅助手拇指拨球。

②原地单手肩上投篮弧度低。

③发力不连贯。

☞纠正方法：

①以右手投篮、左手辅助手为例，自备一张纸片，投篮时用左手拇指和食指用力夹住纸片，夹住纸片这一动作限制了辅助手的发力，只要用力夹住纸片，左手便会自然而然地张开，无法参与投篮发力。

②在投篮的人的正前方竖立一根木棍，略高于持球手。木棍限制了投篮的出手角度，如果投篮的人不顶肘，出手弧度低，球便会打在木棍上。为了避免投出去的球打在木棍上，练习者自然而然会调整投篮的弧度。练习者经过反复练习，便会形成肌肉记忆，投篮的动作和弧度会得到很大的改善。

③做好持球姿势，随后屈膝下蹲，用球触碰地面，在球碰到地面的一瞬间，双腿蹬地发力顺势投篮出手。注意整个动作过程应当一气呵成，不能停顿。

3. 行进间单手肩上高手上篮

以右手投篮为例，右脚向前跨出时接球，接着迅速上左脚起跳，右腿屈膝上抬，同时举球至头右侧。腾空后，上体稍后仰，当跳至最高点时，右手臂伸直，手腕自然下压，用食指和中指拨球（图 3–2–10）。

图 3–2–10

4. 行进间单手肩上低手上篮

以右手上篮为例，右脚跨出一大步的同时接球，接着左脚跨一小步并用力蹬地起跳，右腿屈膝上抬，身体重心前移，双手向前上方举球。当身体接近最高点时，左手离球，右手外旋，掌心向上托球，并充分向球篮方向伸展，接着屈腕，食指、中指用力拨球，通过指尖将球投出。（图 3–2–11）

图 3–2–11

☞易犯错误：

①行进间跨步接球左、右脚先后顺序错误，动作不协调。

②持球手形错误。持球时掌心触球，影响手腕、手指用力。初学者在跨步双手接球后改成单手上挑后，五指没有自然分开保护好球，使球还没有接近球篮时脱落。

③上挑不及时，腕指拨球动作不明显。当身体腾空到最高点时，手臂没有及时向前上方充分伸展，造成身体在下落过程中将球抛出手，同时腕指上挑动作不柔和协调，手

腕手指紧张，出手时拨球方向不正确，造成球没有向前旋转。

④第二步跨步过大过快，造成身体前冲，无法控制身体平衡。

⑤投篮动作僵硬，控制不住力量。

☞纠正方法：

①利用标志桶，做徒手脚步练习。明确第一步“大”、第二步“小”和“一大二小”动作概念。结合球做行进间步法，口头提示跨大步后紧接着跨出一小步，强调水平速度向垂直速度自然过渡起跳的技术要领，建立合理步幅的概念。从原地跨步过渡到小碎步走、慢跑，跨出第一步，第二步起跳，明确动作的节奏。

②加强腿部力量练习，如单脚跳、抱膝跳，强化合理步幅的练习，巩固“一大二小”跨步的技术动作。行进间起跳投篮后，落点仍在起跳点附近，练习时引导学生控制身体平衡，在空中有时间完成单手肩上投篮的动作。初学时可以降低难度，先靠近篮圈，提高学生的自信心。

③加强球性练习，增强手感。利用实心球做单手肩上投篮练习，体会发力顺序。练习时加强不同神经支配下不同肌肉群合作能力的提升，及时对学生进行畏难心理的疏导，投篮距离根据学生学练情况进行调整。

二、篮球基本战术

（一）进攻战术

1. 传切配合

传切配合是进攻运动员利用传球和徒手空切技术所组成的简单配合，包括一传一切和空切配合两种形式，要点是切入运动员要把握好切入时机，持球运动员要及时准确将球传出。

（1）一传一切配合。

⑤传球给④后，迅速摆脱对手的防守，向篮下切入，接④的回传球投篮。（图 3-2-12）

（2）空切配合。

④传球给⑥后，⑤立即摆脱对手的防守向篮下切入，接⑥传来的球投篮。（图 3-2-13）

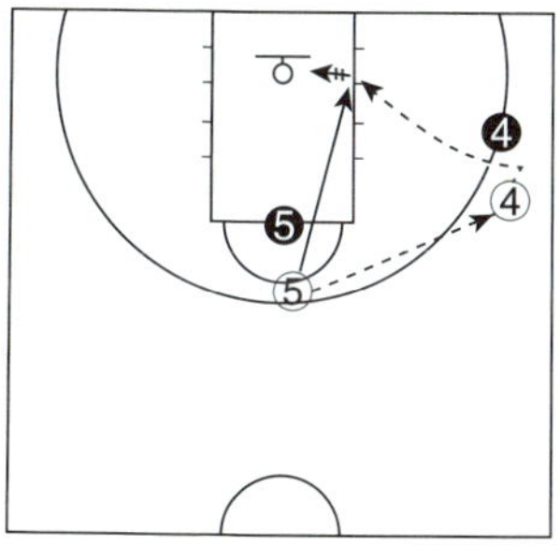

图 3-2-12

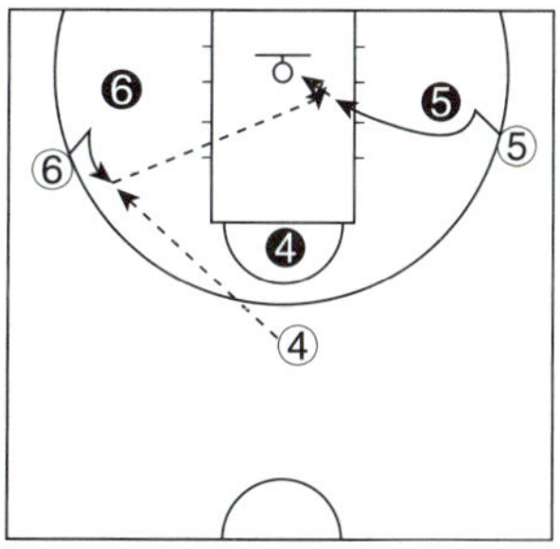

图 3-2-13

2. 突分配合

突分配合是持球运动员运用突破打乱对方防守部署或吸引防守，并及时将球传给获得空位的同伴，使同伴获得进攻机会的配合方法。

⑤从防守者左侧突破，吸引对方两名防守运动员同时封堵⑤的突破路线，此时④及时跑到有利的进攻位置，接⑤的传球投篮，或接球后做其他配合。（图 3–2–14）

3. 策应配合

策应配合是指进攻运动员背对或侧对球篮接球后，以持球队员为枢纽，与同伴相互配合而形成的一种里应外合的配合方法。

④摆脱防守后插到罚球线做策应，⑤将球传给④，摆脱防守空切篮下，接④的策应传球投篮。（图 3–2–15）

图 3–2–14

图 3–2–15

4. 掩护配合

掩护配合是进攻队员有目的地选择适当的位置，运用合理的技术动作，用自己的身体挡住同伴的防守者的移动路线，使同伴借以摆脱防守的一种配合方法。

（1）给持球队员做掩护。

⑤传球给④后跑到④的防守队员的侧面做掩护，④接球后做投篮或突破动作，吸引防守，当⑤达到掩护位置后，④在⑤的掩护下持球从左侧突破投篮。⑤完成掩护后迅速移动到有利位置去接球或抢篮板球。（图 3–2–16）

（2）给无球队员做掩护。

⑤传球给④后跑去给同伴⑥做掩护，当⑤到达掩护位置后，⑥利用⑤的掩护切入篮下接④传来的球投篮。④接到⑤的传球后要做投篮、突破的假动作吸引防守。⑥切入篮下时，④要及时将球传给⑥。（图 3–2–17）

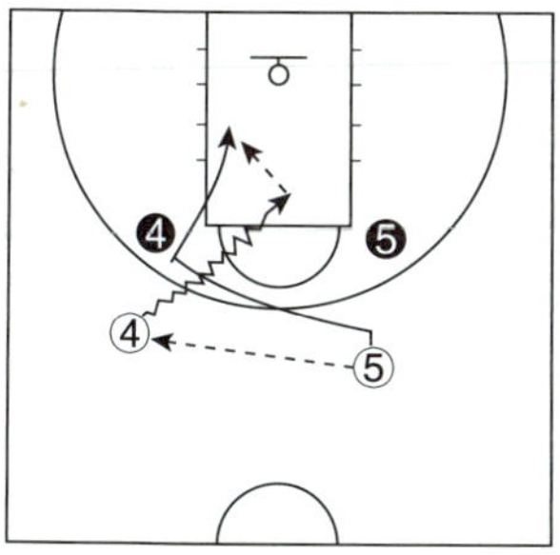

图 3-2-16

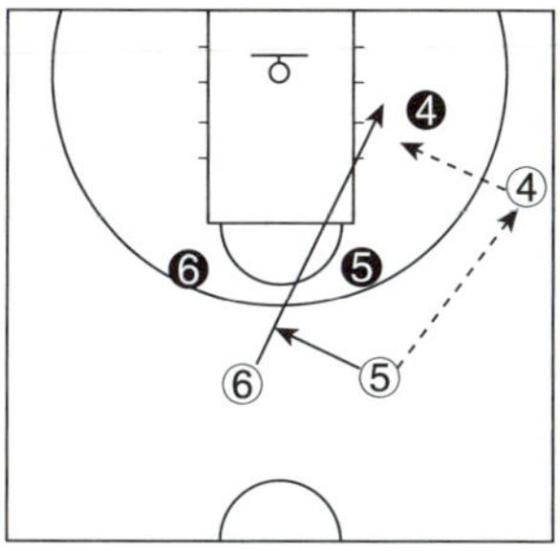

图 3-2-17

（二）防守战术

1. 区域联防

区域联防是由进攻转为防守时，防守队员迅速退回后场，每个队员分工负责防守一定的区域，严密防守进入该区域的球和进攻队员，并与同伴协同防守，用一定的队形把每个防守区域有机地联系起来而组成的防守战术。

区域联防根据防守队员的站位形式常分为 2–1–2 联防、2–3 联防、3–2 联防、1–3–1 联防，其中 2–1–2 联防是基本的区域联防。

① 2–1–2 联防：防守分布较均匀，移动距离近，便于协作控制篮下，不利于中远投、底线夹击防守配合。

② 2–3 联防：有利于篮下和底线防守、控制篮板球，不利于防中投。

③ 3–2 联防：有利于加强三分投篮的防守，不利于内线防守、中距离投篮以及篮板球的控制。

④ 1–3–1 联防：有利于加强正面、罚球区两侧的防守，不利于篮下和两个 0° 的投篮。

在篮球运动中，联防是区域联防的基本形式，5 个队员的位置分布均匀，移动距离短，便于相互协作。联防适用于防守外围运球突破和夹击中锋；同时也便于控制后场篮板球发动快攻。（图 3-2-18）防守的薄弱环节是防区的衔接处，即图 3-2-19 中的阴影部分。

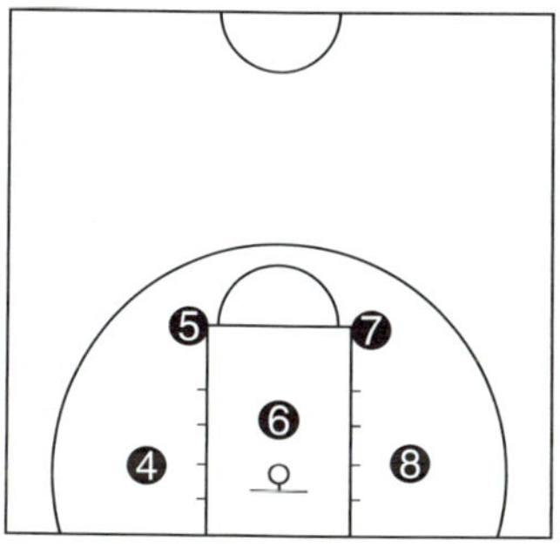

图 3-2-18

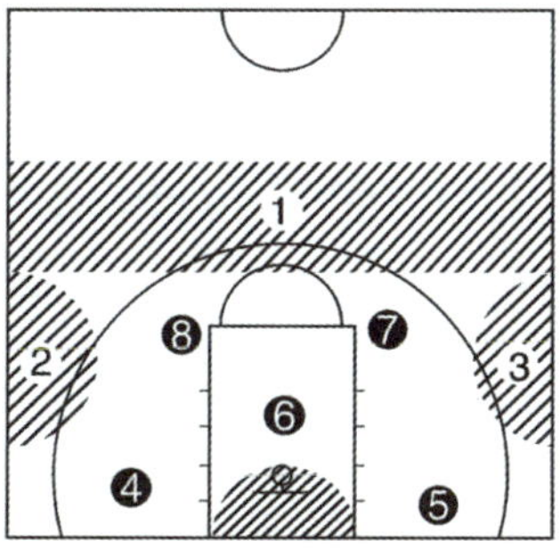

图 3-2-19

2. 半场人盯人防守

半场人盯人防守是在比赛中由进攻转入防守时，全队有组织地迅速退回本方后场，在半场范围内进行盯人防守的一种全队战术。它是篮球运动中各种防守战术的基础。

防守基本要求有以下内容。

①由攻转守时，每个队员都要快速退回自己的后场，找到对手，组成集体防守。

②根据对手、球、球篮，选择有利位置，有球紧，无球松；近球紧，远球松；积极移动，控制对手。

③要做到球、人、区兼顾，与同伴协同防守，破坏对方进攻配合，加强防守的集体性。

④防守时应以人（各自防守的对手）为主，人球兼顾，时刻注意人、球、对手、篮圈等的方位，随时调整自己的防守位置，并注意协助同伴防守，干扰和破坏自己附近的球和进攻队员。

⑤全队要有良好的配合意识，思想统一，配合默契，前后呼应，行动迅速，积极抢占有利位置。

⑥防守无球队员时，以防止或减少对手接球为主，特别是要防止对手在有威胁的区域内接球，人球兼顾，及时补防或断球。

⑦防守持球队员时，首先要防止对手的投篮和突破，干扰其传球。对手运球时，要迫使其向边、角方向移动并使其停球。对手停球后，要立即贴近进行紧逼防守，封堵传球。在整个防守有球队员的过程中，要积极利用抢、打、封、抹、盖等技术和各种假动作，破坏和夺取对方的控球权。

3. 个人防守

（1）基本姿势。

两脚平行站立或斜侧向站立，略比肩宽，屈膝，身体重心落在前脚掌上。含胸收腹，上体稍前倾，两臂屈肘侧举，掌心朝前。目视前方。

（2）滑步。

滑步在比赛中用于抢占和堵截进攻队员的路线和位置，是队员防守时的主要移动方法。滑步易于保持身体平衡，可向不同方向移动，分为侧滑步、前滑步、后滑步、攻击步4种。其中，侧滑步、前滑步、后滑步前文已述。

攻击步：当进攻队员运球停球或暴露球时，防守队员左脚迅速蹬地，右脚向前跨出，左腿屈膝成箭步，前脚同侧手伸出打球，重心控制在腰部位置，便于抢不到球向后移动或恢复原位。有时为了让对手停球或威胁对手，突然运用攻击步的假动作，当对手运球停止时，后脚紧跟上一步，贴近对手成平步防守，抢、打、封堵对手的球。

（3）打球。

当进攻队员持球、运球、投篮时，防守队员都可以出其不意地突然打球，也可以在集体防守的配合过程中，通过堵截、夹击、关门等方法打掉持球队员的球。

①自上而下打球。

适用于打掉持球队员胸前的球。以右手打球为例。右脚稍上步同时右前臂迅速向前伸接近球，使手腕全力向下挥动，带动手指、手掌快速弹击力量将球击落，动作要小，出击突然。

②自下而上打球。

适用于对手注意力不集中或接高球正要下落时。以左手打球为例。左脚稍向前移，同时左前臂向前伸，左手掌心朝上，接近球时，手腕向上弹动，带动手指用短促力量将球打掉，手指打球时要有向回带的动作，以便于迅速获得球。

（4）抢球。

抢球是带有攻击性防守的重要技术之一，在对手动作迟缓，精神不集中或球保护不好的情况下，防守队员都可以大胆地抢球。

抢球时要突然上步，靠近对手，同时伸出右手迅速按在球的上方，左手立即握住球的下方，右手下按球并将球向对手怀内旋转，左手用力协助转动。当球在对手手中转动时，右手做向回拉球动作，将球抢到手。

（5）断球。

①横断球。

准备断球时要降低重心，要与传球队员、接球队员保持一定角度，位置要靠近传球一侧。注意观察持球队员的动作，当持球队员传球出手时，迅速向来球方向跳起，充分伸展腰腹和手臂，当截获来球时，立即收腹，两脚落地保持平衡，并及时与运球、传球衔接。

②纵断球。

以从对手右侧断球为例。纵断球时，右脚应向右前方或右侧前方跨出，左腿从侧面绕过对手，同时右脚用力蹬地侧身向来球方向迅速跃出，两臂伸直将球断掉，其他动作要领同横断球。

—— 思政小课堂 ——

篮球运动 1896 年传入我国，经过不同时期的传播，逐渐成为我国人民群众喜闻乐见的体育运动项目之一。中华人民共和国成立后，我国的篮球运动蓬勃发展，随着国际交往的日益增多及我国篮球竞赛制度的建立，我国篮球运动水平日益提高，取得了可喜的成绩。中国篮球运动的发展成就包括竞技篮球代表队逐渐成为亚洲霸主并走向世界；群众篮球运动广泛开展，校园篮球运动深度普及；著名篮球运动员及裁判员走向世界，展现出良好的职业风貌；等等。了解中国篮球运动的快速发展及取得的成就，能提升大学生的爱国意识，坚定中国特色社会主义道路自信、理论自信、制度自信、文化自信，培养大学生国家主人翁的责任感、自豪感和归属感。

篮球竞赛规则

任务三 排 球

排球运动是两队各 6 名队员在长 18 米、宽 9 米的场地上，从中间隔开的球网上方，根据规则规定运用各种击球技术，进行集体的攻防对抗，不使球在本方场内落地的一种球类运动。

排球运动起源于美国。1895 年，美国马萨诸塞州霍利约克市基督教青年会干事威廉·基·摩根创造了这项球类游戏：人们分别站在网球场球网的两侧，用篮球胆之类的球拍来拍去，击球的次数不限，这就是排球运动的雏形。

首次排球比赛是 1896 年在美国斯普林费尔体育专科学校举行的。其出场人数不限，由比赛双方共同商定，但两方人数必须相等。哈尔斯博士将此项运动命名为“vollball”，即空中截击的意思。1897 年 7 月美国体育杂志公开介绍了排球比赛的打法及简单规则，从此排球运动在美国逐渐开展起来。

女排精神是中国女子排球队顽强战斗、勇敢拼搏精神的总概括，其具体表现为：扎扎实实，勤学苦练，无所畏惧，顽强拼搏，同甘共苦，团结战斗，刻苦钻研，勇攀高峰。中国女排在世界排球大赛中，凭借着顽强战斗、勇敢拼搏的精神，五次蝉联世界冠军，为国争了光，为人民建了功。中国女排是一支敢打敢拼、作风顽强的队伍，是一个广为传颂、家喻户晓的名字，是一个鼓舞人心、坚守延续精神的符号。女排精神已经深深烙印在国人心中，它所蕴含的意义早已超越了体育的范畴。

女排精神之所以备受推崇，最重要的是那种不畏强敌、顽强拼搏、永不言弃足以流芳百世的精神，远远比“五连冠”本身更加能鼓舞国人。

一、排球基本技术

排球技术是指运动员在比赛规则允许的条件下采用的各种合理的击球动作与配合动作的总称，它是排球运动的重要组成部分。

排球技术包括有球技术和无球技术。有球技术包括传球、垫球、扣球、发球和拦网；无球技术包括准备姿势、移动、起跳及各种掩护动作等。

（一）准备姿势和移动

准备姿势和移动是排球的基本技术之一，是完成发球、垫球、扣球和拦网等各项击球技术的前提和基础，对各项有球技术的运用起着串联作用。准备姿势和移动两者相辅相成，准备姿势主要为了移动，而要快速移动，又必须做好准备姿势。

1. 准备姿势

准备姿势根据身体重心的高低可分为半蹲、稍蹲、低蹲 3 种。

（1）半蹲准备姿势。

两脚左右开立略比肩宽，一脚稍前，两脚尖稍内收，两膝弯曲成半蹲。脚跟稍提起，身体重心稍前倾，两臂放松，自然弯曲，双手置于腹前。身体适当放松，两眼注视来球，两脚始终保持微动。

（2）稍蹲准备姿势。

稍蹲准备姿势比半蹲准备姿势身体重心稍向前移，两膝弯曲程度小于半蹲准备姿势。动作方法与半蹲准备姿势基本相同。

（3）低蹲准备姿势。

低蹲准备姿势两脚左右、前后开立的距离比半蹲准备姿势更宽一些，两膝弯曲的程度更大一些，身体重心更低、更靠前，膝部的垂直线超过脚尖，两手臂置于胸腹之间。

2. 移动

排球比赛中使用最多的移动是短距离移动。常用的移动步法有：滑步、交叉步、跨步、跑步、综合步法等。

（1）滑步。

当来球距离身体较近、弧线较高时，可采用滑步。向右滑步时，右脚先向右迈出一步，左脚迅速并上，落在右脚的左面。连续做并步即为滑步。向前滑步时，前脚先向前迈出一步，后脚迅速跟上落在前脚之后，如此连续做。滑步主要用于去完成传球、垫球、拦网等。

（2）交叉步。

当来球距身体 2 米左右时，可采用交叉步移动。向右侧交叉步时，上体稍向右转，左脚从右脚前面向右迈出 1 步，右脚再迅速向右迈出 1 步落在左脚的右边，同时身体向来球方向转动，做好击球前的准备姿势。交叉步主要用于去完成防守、一传、拦网等。

（3）跨步。

当来球较低且距身体较近时，可采用跨步迎球。首先向移动方向跨出一大步，同时屈膝，上体前倾，身体重心移至跨出腿上。跨步可向前、向侧或向侧前方。

（4）跑步。

采用跑步移动时，两臂要配合摆动，应根据来球的方向，边跑边转身。

（5）综合步法。

综合步法即将以上各种步法结合起来综合运用，如跑步之后再滑步，滑步之后再交叉步或跨步等。

（二）传球

传球是在额前上方用双手借助伸臂、蹬腿的动作，通过手指、手腕的弹击力量将球传至一定目标的击球动作。

传球

双手传球的动作通常分为正传、背传、侧传、跳传、传快球。

1. 正面上手传球

准备传球时，正对来球，两脚开立，两膝稍屈，上体挺起稍前倾，两眼注视来球，两屈曲肘抬起，两手成传球手形。

传球时利用蹬地、伸膝和伸臂的动作，通过球压在手指上的反弹力，以拇指、食指、中指和手腕的协调力量将球传出，用力一定要协调一致。传球距离近时，用手指、手腕的弹力较多，传球距离较远时，必须加强蹬地展体的力量，才能控制好球。

传球时，两手自然张开微屈成半球形，手腕后仰，小指在前，拇指相对呈“八”字形置于额前。（图 3–3–1）

图 3–3–1

2. 背传

背传球是传球的基本方法之一，也是难度较大的一种传球。背传时，上体保持正直或稍后仰，击球点比正面传球要高。迎球时，微仰头挺胸，在下肢蹬地的同时，上体向后上方伸展，击球时手腕适当后仰，掌心向后上方击球的底部，利用抬臂、送肘的动作和手指、手腕主动将球向后上方传出。无论是向前传还是向后传，都应该尽量保持一种姿势，从而提高传球的隐蔽性，迷惑对手，为队友创造更好的扣球机会。

3. 侧传

侧传的准备姿势、手形与正面传球相同，迎球时，通过下肢蹬地使身体重心向上伸展，但上体和手臂应向侧上方用力，触球下方，传球方向异侧手臂的动作幅度和用力的距离要大于同侧手臂。

侧传由于具有隐蔽性的特点，可以传各种快球以增强进攻的力量。

4. 跳传

运动员利用助跑或原地起跳，在空中进行单、双手的传球叫跳传。运动员跳起后，在身体上升快要接近最高点时开始做迎球动作，用抬大臂和伸肘的动作去迎击球，当身体上升到最高点时恰好触及球，这样可以借助身体最后的上升力量来加大传球力量。跳传击球的手形、击球点手指、手腕动作与原地正面传球相同。

5. 传快球

传快球技术通常在高水平比赛中二传组织战术进攻时所采用。一般来说，为了使传球的准确性更高，二传和攻手会在传球前约定好快攻战术。传快球时，二传队员应有良好的控球技术，并且了解攻手的特点，特别是攻手的助跑节奏、起跳点、扣球高度和挥臂速度。二传主要通过手臂、手腕和手指发力，并且提高击球点，这样能加快出手速度，获得时间和空间上的优势。

（三）垫球

垫球是用双手前臂的前部击球，利用来球的反弹力将球击出的技术动作。垫球主要用于接发球、接扣球、接拦回球，有时也用来组织进攻。

垫球

1. 正面双手垫球

准备垫球时，正面对正来球方向，两脚开立稍宽于肩，脚跟微起，两膝弯曲稍内收。两手手指重叠后合掌互握，掌跟靠拢。两拇指平行朝前，手臂伸直，手腕下压，两臂外翻，前臂形成一个击球平面。击球点在腹前约一臂距离，用前臂腕关节以上 10 厘米左右，桡骨内侧平面触球。击球时，手臂插入球下，蹬腿抬臂，身体重心向前上方移动；同时含胸、压腕、顶肘等动作协调配合，身体和两臂要有自然的随球伴送动作，以便控制球的落点和方向。（图 3–3–2）

图 3–3–2

2. 体侧双手垫球

当球向左侧飞来时，右前脚掌内侧蹬地，左脚向左跨出一步，左膝弯曲，重心随即移至左脚上，两臂夹紧向左伸出，右肩稍向下倾斜，用向右转腰和提左肩的动作，使两臂击球面截住球的飞行路线，垫击球的后下部。

3. 背垫球

从身前向背后垫球称为背垫球。背垫时判断好球的飞行方向，迅速移动到球的落点处，背对击球方向，两臂夹紧伸直，击球手形与正面垫球相同，击球点要高于肩部。背垫击球用力是通过抬头挺胸、展腹后仰、带动手臂向后上方抬送而实现的。在背垫低球时，也可以屈肘，翘手腕动作，以虎口处将球向后上方垫起。

4. 单手垫球

单手垫球多在无法用双手垫球的情况下采用，体侧单手垫球方法是一脚迅速向侧前方跨出一大步，重心移至跨出的腿上，以跨出腿的同侧臂迅速伸出，用虎口或小臂击球的后下部；在体前可用手背平面击球，手臂要伸直，有抬击动作。

易犯错误和纠正方法：

1. 垫球手形不正确

纠正：做徒手模仿练习，或用皮筋拉手做垫球的模仿动作练习。

2. 不习惯用前臂垫球，屈肘用手垫球

纠正：多练习垫固定球，或采用自抛自垫的方法练习。

3. 用力不协调

纠正：多练习徒手的“蹬、摆、送”，全身协调动作，或多练习垫固定球，如一人持球于练习者的前下方，练习者用双手垫球方法将球垫出去。

4. 身体重心过高或站着垫球

纠正：随机做好准备姿势，多练习垫弧度较低或极低的球。

5. 垫球时，摆臂动作太大，用力过猛或垫不起球

纠正：多练习垫力量较大的来球或有目标地把球垫远，同时要求全身协调用力配合。

6. 身体对不准垫球方向

纠正：多做徒手移动练习，要求移动到位才双手互握，多练习移动后双手下手垫球，或采用传垫结合的练习形式。

（四）发球

发球是由后排运动员在发球区内自己抛球，用一只手将球击入对方场地区域内的一种击球方法。发球是排球技术中唯一不受别人制约的技术。准确而有攻击性的发球，不仅可以得分而且还可破坏对方的战术组成，还可以起到摆脱被动的作用。

发球

1. 正面下手发球

此项发球技术最为基础。发球运动员面对球网，两脚前后开立，两膝微屈，上身稍前倾，重心偏后脚，左手持球于腹前。将球抛起在身前右侧，右臂伸直，向后摆动。借右脚蹬地力量，身体重心随着右手向前摆动击球而移至前脚上。在腹前以全手掌或握拳击球的后下方。手触球时，手指手腕紧张，手伸直。击球后，随着击球动作，重心前移。

2. 正面上手发球

正面上手发球运动员面对球网站立，便于观察对方，发球的准确性较高，易控制落点，并能充分利用转体、收腹的动作，带动手臂加速挥动。运用手腕的推压作用，使发出的球呈上旋，不易出界，从而可以加大发球的力量和速度。身材高大，手臂力量强的队员采用这种方法更具有威胁性。（图 3–3–3）

图 3–3–3

3. 跳发球

跳发球就是在端线附近助跑起跳的大力上手发球，它是发球技术和远网扣球技术的结合。跳发球是当前比赛中最有攻击性的发球，它的特点是力量大、速度快、弧度平、过网时间短，具有较大威胁。但跳发球技术难度大，需要运动员具有相当好的弹跳高度、爆发力以及正确的手法和良好的控制能力，且跳发消耗体力，并容易下网或出界。

准备姿势：自然站立，单手或双手持球于腹前，注意观察场上情况。

抛球：助跑迈出第一步的同时将球高抛在右肩前上方，落点在助跑线上，高度和距离要符合个人特点，以跳起最高点击球为准。抛球离手瞬间可加手指手腕动作，使球在空中产生旋转；紧接着迈出第二步，两臂自然摆动，眼睛注视球；最后右脚跨出一大步，两臂在体侧画弧摆动，并使左脚迅速跟上，屈膝蹬地跳起，使身体腾空。

击球：腾空后，加大挺身展腹，使身体呈反弓状。右臂屈肘上举，手掌自然张开。当身体在最高点时，以猛烈收腹和提肩带动手臂向前方挥动，在手臂伸直的最高点，用全掌击中球的后中下部，击球点不宜靠前。触球瞬间手掌包满球，并主动屈腕推卷，使球快速向前旋转。击球后，身体可随球飞行落入场内，落地时要注意平衡，防止受伤。

跳发也可不加助跑，而用原地起跳发球过网。（左手跳发球时与右手相反）

4. 勾手发飘球

勾手发飘球时，发出的球不旋转而在空中飘晃不定，给接发球队员造成较大困难，具有较强的攻击性。发球队员由于采用侧面站立，可充分利用腰部扭转带动手臂加速挥动。这种发球方式较为省力，对肩关节负担较小，适用于远距离发飘球。

（五）扣球

扣球是由运动员通过合理的助跑起跳在空中将高于球网上沿的球快速有力地击入对方场地区域内的一种击球方法，它是进攻中积极、有效的进攻手段。扣球技术可分为正面扣球、扣快球、单脚起跳扣球、自我掩护扣球、后排扣球等。

扣球

1. 正面扣球

正面扣球时，因扣球者身体面对球网，便于观察，所以扣球准确性较高。同时，扣球者可根据对方防守布局，随时改变扣球路线和力量，有利于控制击球落点。

准备姿势：站在离网 3 米左右处，两脚自然开立，两膝微屈，上体稍前倾，两臂自然下垂，观察二传来球，随时准备向各个方向助跑起跳。

助跑：助跑的目的是获得一定的水平速度，增加弹跳高度，并且选择适当的起跳点。助跑的时机、方向、步法、速度、节奏是根据来球的方向、速度和弧线来决定的。因此，要全面熟练掌握一步、两步、三步及多步助跑的步法。

以两步助跑为例，助跑时，左脚先向前迈出一步，接着右脚再迅速跨出一大步，左脚及时并上，落在右脚侧前方，两脚尖稍内收准备起跳。

助跑的第一步要小，目的是对正上步的方向，使身体获得向前的水平速度，第二步要大，目的是接近球和提高助跑的速度，右脚落地支撑点在身体重心之前，有利于制动。

起跳：在助跑跨出最后一步的同时，两臂绕体侧向后引，左脚在落地制动的过程中，两臂自后积极向前摆动，随着双腿蹬地向上起跳，两臂配合起跳用力上摆。

空中击球：起跳后，挺胸展腹，上体稍向右转，右臂向后上方抬起，身体呈反弓形。挥臂时，以迅速转体、收腹动作发力，带动肩、肘、腕各部位关节成鞭甩动作向前上方挥动。击球时，五指微张呈勺形并保持紧张，用全手掌包满球，以掌心为击球中心，击球的后中部，同时主动用力屈腕屈指向前推压，使扣出的球加速上旋。击球点在起跳和手臂伸直最高点的前上方。

落地：空中完成击球动作后，身体自然下落，为了避免腿部负担过重，应用双脚的前脚掌先着地，同时顺势屈膝，缓冲身体下落的力量。（图 3–3–4）

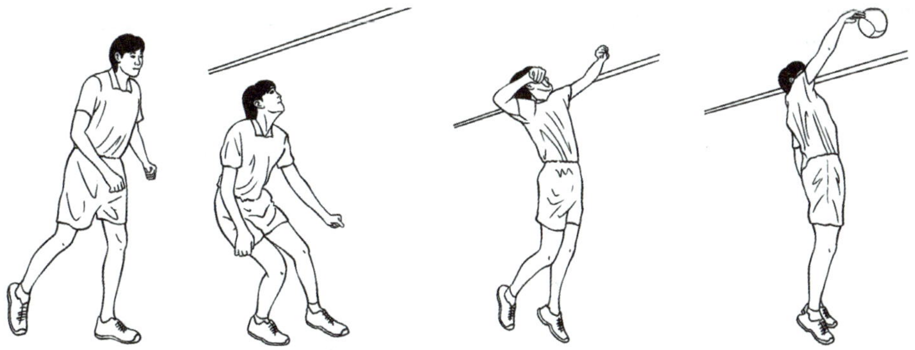

图 3-3-4

2. 扣快球

扣快球是指扣球运动员在二传运动员传球前或传球的同时起跳，把球扣入对方场区的一种扣球方法。这种扣球速度快，时间短，突然性强，牵制性大，能在时间上和空间上争取主动。

快球分为近体快球、背快球、短平快球、平拉开球等。

（1）近体快球。

在二传运动员体前或体侧 50 厘米左右扣出的快球，统称为近体快球。由于近体快球的传球距离短，所以速度快、节奏快，与队友配合也有很强的掩护作用。

运动员扣近体快球时，应随一传助跑到网前，当二传传球时，扣球运动员在其体前或体侧近网处迅速起跳，起跳后要快速挥臂，将刚刚传出网口的球扣入对方场区；击球时，利用收胸动作，带动前臂和手腕迅速鞭打甩动，以全手掌击球的后上部。

（2）背快球。

在二传背后约 50 厘米处扣的快球，称为背快球。这种扣球与近体快球的打法相同，所不同的是二传运动员看不见扣球队员动作，这需要扣球队员主动配合，去适应二传。

（3）短平快球。

在二传运动员体前 2 米左右处，扣二传运动员传过来的高速平快球，称短平快球。这种扣球由于传球速度快，因而进攻的节奏快；二传的球弧度平，进攻的区域宽，有利于避开拦网。扣短平快球，一般采用外绕或小于 45° 助跑，在二传传球的同时，扣球运动员起跳并挥臂截击平飞过来的球，扣球手法与近体快球相同；还可根据对方拦网的位置提前或错后击球。

（4）平拉开球。

在 4 号位标志杆附近扣二传从 5 米左右远处传来的快速平快球，称为平拉开球。其特点是能有效地利用网长及进攻区域宽度，争取有利的时间和空间，易摆脱对方拦网。

在二传运动员传球前，4 号位运动员就要开始进行外绕助跑，待二传出手后，扣球运动员在标志杆附近起跳，截击来球。平拉开球扣球动作与短平快球相同，但不能提前挥臂，要看准来球后再挥臂击球。

（六）拦网

拦网指运动员用腰部以上身体任何部位，在球网附近高于球网上沿，试图拦阻对方击来的球，是防守反击的第一道防线，也是主要得分手段。拦网有单人拦网和集体拦网两种。

1. 单人拦网

单人拦网是集体拦网的基础。其动作结构分为准备姿势、移动、起跳、空中动作和落地 5 个互相衔接的部分。

准备姿势：运动员面对球网，两脚左右开立，约与肩同宽，距网 30 ～ 40 厘米。两膝微屈，两臂屈肘置于胸前。

移动：移动常用的步法有一步、并步、交叉步、跑步等。无论采用哪种移动步法，都要做好制动动作，以保证向上起跳，避免触网和冲撞同队队员。

起跳：原地起跳时，两腿屈膝，重心降低，随即用力蹬地，两臂以肩发力，在体侧近身处画弧前后摆动，帮助身体迅速跳起。移动后的起跳动作与原地起跳一样，但要注意制动并使移动与起跳动作紧密衔接。

空中动作：起跳时，两手从额前沿球网向上方伸出，两臂伸直并保持平行，两肩上提。拦网时，两臂应伸过网去接近球。两手自然张开，屈指屈腕呈半球状。当手触球时，两手要突然紧张，手腕下压盖在球的前上方。

落地：拦球后，要做含胸动作，以保持身体平衡。手臂要先后摆或上提，从网上收回至本方上空，再屈肘向下收臂，以免触网。与此同时屈膝缓冲，双脚落地，随即转身面向后场，准备接应来球或做下一个动作准备。

2. 集体拦网

集体拦网指室内排球比赛中，由 2 名或 3 名运动员彼此靠近实施拦网，当其中一名运动员触到球时即完成集体拦网。集体拦网分为双人拦网和三人拦网。

（1）双人拦网。

双人拦网指两名队员在球网上空拦阻对方击来的球。双人拦网通常有“心跟进”和“边跟进”两种防守战术。

①“心跟进”防守战术。其又称“中跟进”或“6 号位跟进”防守战术。当对方扣球威力较大，又善于轻吊球时采用这种防守战术。6 号位运动员前移至限制线附近，保护前排的拦网并准备接对方吊球。但在 1、5 号位运动员之间和靠近端线处有较大的空隙地区。因此，在防守中，要求拦网者封住中路，同时要求 1、5 号位运动员具有高度的灵

活性和防守技术。

②“边跟进”防守战术。其在对方扣球威力较大、扣球路线较多、能较多地运用超手扣球时采用，由 1 号位运动员跟进至限制线附近，保护拦网和接吊球，如对方扣直线球就不跟进。“边跟进”防守的主要缺点是空隙大。

（2）三人拦网。

三人拦网是集体拦网的一种形式。它是在对手扣球进攻力强，路线变化多，但很少轻扣和吊球时采用的。三人拦网的动作方法与双人拦网相同，关键在于移动迅速，取位恰当，配合密切。无论对方从哪个位置进行扣球，一般以 3 号位运动员为主拦队员，2、4 号位运动员为配合队员。由于三人拦网对配合的要求高，加之减弱了防守与保护的理论，故要在很有必要的情况下采用。

二、排球基本战术

（一）进攻战术

1.“中一二”进攻

“中一二”进攻即前排三个人中一人在 3 号位做二传，将球传给 2、4 号位的进攻形势。二传在 2、4 号位时，在球发出后可以置换到 3 号位，这种情况称为“变一二”换“中一二”，反“边一二”换“中一二”。这种进攻简单，便于组织。

2.“边一二”进攻

前排 3 个人中 2 号位做二传，将球传给 3、4 号位进攻，二传在 3、4 号位时，在发球后换到 2 号位。这种方式对右手扣球比较顺手，而左手扣球比较别扭。但是一传如果传偏到 4 号位，则很难接应。

（二）防守战术

1. 接发球的站位阵型

接发球的阵型要利于接球，也利于本方进攻战术，同时要根据对方发球特点来布阵。

（1）五人接发球。

除 1 名二传在网前站立或后排插上外，其余 5 名运动员均担负起一传任务。通常为一三一或三三站位。这种方式便于队员分布，但二传插上距离较远或者进攻变化较少。

（2）四人接发球。

二传和上快球运动员站在网前不接发球，后场 4 人一字或弧线站立。这种方式便于二传传球和进攻跑动，但容易造成空心，对接发球判断和移动要求高，一般针对发球较差的对手采用。

2. 防守阵型

（1）不拦网的防守阵型。

在没有拦网必要时，二传在网前，既可以接网前球，又可以组织进攻，前排队员后撤，准备防守和进攻。

（2）单人拦网防守阵型。

该阵型用于对方进攻力量较弱，扣球以中线为主、吊球较多的情况。单人拦网应以中线为主，阻止球吊入中场，前排不拦网队员后撤防前区。

（3）接拦回球的保护阵型。

拦回球的保护，一般在后排留一个人准备接反弹较远的球，其他运动员尽量多参加前排保护。在只有一点进攻时，应采用4人保护。在有战术变化时，进攻队员跑动或跳起后，如未扣球应争取保护，但二传和后排队员应尽量组成2～3人的保护阵型。

—— 思政小课堂 ——

2019年9月29日，在中华人民共和国成立70周年国庆阅兵前夕，中国女排在日本举行的女排世界杯赛场上以11战全胜且只丢3局的成绩成功卫冕，为祖国母亲献上了一份厚礼。习近平总书记不仅电贺女排夺冠，还于次日会见了女排代表。在会见中，习总书记特别指出，女排精神代表着一个时代的精神，喊出了为中华崛起而拼搏的时代最强音。女排精神——祖国至上、团结协作、顽强拼搏、永不言败。其早已超出体育范畴，不仅是中华民族精神和时代精神的生动体现，更是新时期鼓舞大学生团结起来实现中华民族伟大复兴的强大精神动力。

排球竞赛规则

任务四　乒乓球

乒乓球在19世纪末起源于英国，20世纪初传入中国。1959年，容国团获得了第25届世乒赛男子单打冠军，一声号角吹遍神州大地，中国运动员便开始登上了国际乒坛，逐渐形成了以“快、准、狠、变”为技术风格的直拍近台快攻打法。在1961年第26届世乒赛中，中国队打败了强大的欧洲队，又战胜了擅长“弧圈球”打法的日本队，第一次夺得了男子团体世界冠军。1972年，“乒乓外交”促使中美关系解冻，一场飓风撼动冷战世界，乒乓球对中国外交做出了巨大贡献。目前，乒乓球运动成为不同性别、年龄、职业人群喜爱和积极参与的运动项目，具有广泛的群众基础和较高的技术水平。其特点为球体小、速度快、变化多、趣味性强、器材简单、便于开展。

一、乒乓球基本技术

（一）握拍

1. 直式握拍法

握拍

球拍正面：食指第一关节右侧和拇指第一关节指尖正面像钳子一样锁紧球拍两边；球拍背面：中指半屈，第一关节左侧压紧球拍，无名指、小指半屈紧靠中指，给它做力量支撑。握好球拍后伸直手臂，如球拍拍柄的虚拟延长线与手臂接近平行，则握拍正确。（图 3–4–1）

图 3–4–1

2. 横式握拍法

球拍正面：拇指右侧压紧球拍拍面底部与拍柄的结合部；球拍背面：食指伸直压紧拍面底部 1 ～ 2 厘米处，中指、无名指和小指并拢握住拍柄。握好球拍后伸直手臂，如球拍拍柄的虚拟延长线与手臂接近形成一条直线，则握拍正确。（图 3–4–2）

图 3–4–2

（二）移动步法

1. 单步

（1）技术要点：移动时一脚蹬地，以蹬地脚为轴，另一脚可向目标方向跨步，身体重心随之落在移动脚上。

（2）使用范围：常用于接台内短球或离身体较近的来球。

2. 跨步

（1）技术要点：移动时一脚蹬地，另一脚向目标方向跨出一大步，蹬地脚随后跟上半步或一小步，身体重心随即转移到跨步脚上。

（2）使用范围：常用于接近台进攻时离身体较远的来球。

3. 并步

（1）技术要点：移动时一脚先向另一只脚移（或叫并）半步或一小步，另一只脚在并步脚落地后即向同方向移动。

（2）使用范围：常用于中近台进攻时的中小范围的移动。

4. 跳步

（1）技术要点：以移动方向的反方向脚向移动方向蹬地发力为主，两脚同时离地向来球方向跳动。

（2）使用范围：常用于中台进攻时的左右移动。

5. 交叉步

（1）技术要点：移动时以靠近来球方向的脚作为支撑脚，该脚的脚尖调整指向移动方向，远离来球方向的脚在体前交叉，向来球方向跨出一大步，身体随之向来球方向转动，支撑脚跟着向来球方向再迈 1 步。

（2）使用范围：常用于大范围的移动进攻或救球。

6. 小碎步

（1）技术要点：重心在两脚之间快速多次地进行小范围的转换移动。

（2）使用范围：在各种步伐的移动过程中均可使用小碎步对身体的击球位置进行精确调节，以找到最佳的击球点。

（三）准备姿势和站位

1. 准备姿势

特点：动作自然、协调、放松，重心较低且稳定。

动作方法：两脚开立稍宽于肩，前脚掌着地，脚跟稍提起，两膝微屈，上体略前倾，重心在两脚中间。下颌略内收，两眼注视来球。两臂自然弯曲置于身体略前两侧，执拍手手腕适当放松。站位时，右脚也可稍前于左脚。

准备姿势与发球

2. 站位

特点：不同技术打法有不同站位方法，但总体动作要协调，位置要合理。

动作方法：

①用快攻打法和弧圈球打法，基本站在近台中间偏左处。

②用两面攻打法，基本站在近台中间。

③用攻削结合打法，基本站在中远台中间。

（四）发球技术

发球动作由两部分组成。一部分是一只手的上抛动作。上抛的高度大于等于 16 厘米，上抛动作要在球台端线外，高于台面，且须垂直上抛。另一部分是另一只手的挥拍动作。按照新规则，该动作要高于台面，并且要使两侧居中的裁判员和对方运动员都能看清动作。

1. 正手平击发球（图 3-4-3）

（1）击球部位：击球时球拍前倾下压，击球面与球台台面形成 70°～80° 的夹角，击球的中上部。

（2）击球方式：以撞击击球为主。

（3）动作结构：肩关节放松，上臂自然靠近身体，左手握球放在球拍正前方，左手垂直抛球的同时，右臂以肘关节为中心，向身体后方摆臂引拍。击球时以肘关节为中心，手臂带动球拍向目标方向摆臂挥拍击球。

图 3-4-3

2. 正手下旋发球（图 3-4-4）

（1）击球部位：击球时球拍拍面后仰，击球面与球台台面形成 135° ～145° 的夹角，击球的中下部。

（2）击球方式：以摩擦击球为主。

（3）动作结构：肩关节放松，上臂自然靠近身体，左手握球放在球拍正前方，左手垂直抛球的同时，右臂以肘关节为中心，向身体后方摆臂引拍。击球时以肘关节为中心，手臂带动球拍向前下方摆臂挥拍摩擦击球。

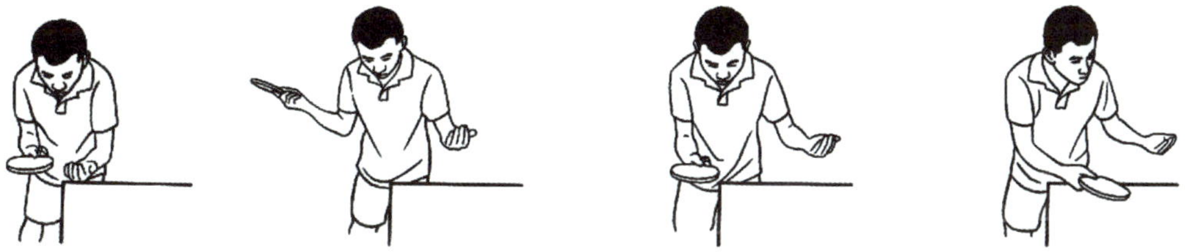

图 3-4-4

3. 正手侧上旋发球（图 3-4-5）

（1）击球部位：击球时球拍正面对准右侧对方球台台角，球拍拍面与球台台面形成 90° ～100° 的夹角，击球中间偏左侧部位。

（2）击球方式：以摩擦击球为主。

（3）动作结构：肩关节放松，上臂自然靠近身体，左手握球放在球拍正前方，左手垂直抛球的同时，右臂以肘关节为中心，向身体后方摆臂引拍。击球时以肘关节为中心，手臂带动球拍向左侧上方肩关节方向摆臂挥拍摩擦击球。

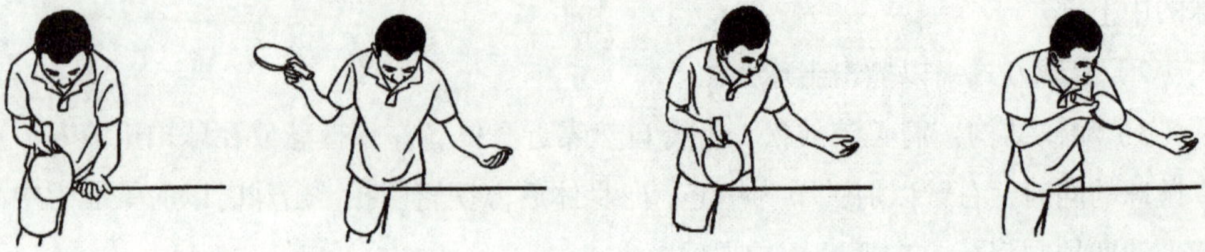

图 3-4-5

4. 正手侧下旋发球（图 3-4-6）

（1）击球部位：击球时球拍拍面后仰并对准右侧对方球台台角，球拍拍面与球台台面形成约 135° 的夹角，击球中下方偏左侧部位。

（2）击球方式：以摩擦击球为主。

（3）动作结构：肩关节放松，上臂自然靠近身体，左手握球放在球拍正前方，左手垂直抛球的同时，右臂以肘关节为中心，向身体后方摆臂引拍。击球时以肘关节为中心，手臂带动球拍向左侧前下方髋关节方向摆臂挥拍摩擦击球。

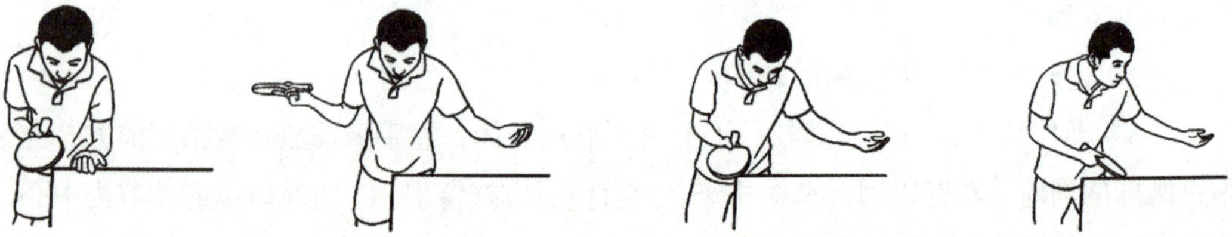

图 3-4-6

5. 反手侧上旋发球（图 3-4-7）

（1）击球部位：击球时球拍拍面对准左侧对方球台台角，球拍拍面与球台台面形成 90° ～ 100° 的夹角，击球中间偏右侧部位。

（2）击球方式：以摩擦击球为主。

（3）动作结构：肩关节放松，上臂自然靠近身体，左手握球放在球拍正前方，左手垂直抛球的同时，右臂以肘关节为中心，向身体左侧后方摆臂引拍。击球时以肘关节为中心，手臂带动球拍向身体右侧前上方齐肩高方向摆臂挥拍摩擦击球。

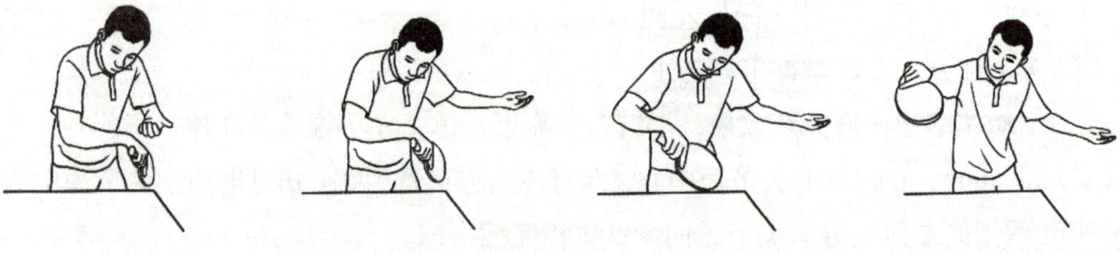

图 3-4-7

6. 反手侧下旋发球（图 3-4-8）

（1）击球部位：击球时球拍拍面对准左侧对方球台台角，球拍拍面与球台台面形成约 135° 的夹角，击球中下方偏右侧部位。

（2）击球方式：以摩擦击球为主。

（3）动作结构：肩关节放松，上臂自然靠近身体，左手握球放在球拍正前方，左手垂直抛球的同时，右臂以肘关节为中心，向身体左侧后方摆臂引拍。击球时以肘关节为中心，手臂带动球拍向右侧前下方球网柱方向摆臂挥拍摩擦击球。

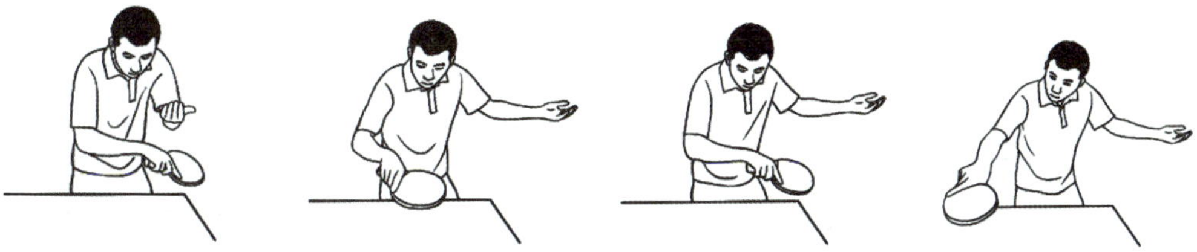

图 3-4-8

（五）接发球技术

接发球是一个回合中的第二板球，同时也是接发球方的第一板球。接发球技术的作用首先是破除发球的威胁，使回球不易被对方进攻，然后在可能的情况下采取战术打乱对方的比赛节奏或直接得分。接发球的难度很大，接发球方要在极短的时间内准确判断对方发球的旋转、落点等情况，从而选择合适的接发球技术。如果接发球技术不好，不仅会直接失分，还会影响自己的发挥，造成心理上的紧张和畏惧，最终导致满盘皆输。因此，不断提高接发球能力，把所掌握的技术合理地运用到接发球中是运动员提高比赛能力的关键。

各种旋转发球的接发球方法如下。

（1）接平击发球，可在球刚刚弹起时用反手推挡、反手攻或正手攻技术回接，借来球之力将球击回；也可以借力为主，多做向前的动作。

（2）接侧下旋长球，可采用拉球和搓球回接。用拉球回接时，将拍前倾，摩擦球的中上部；用搓球回接时，将拍后仰，摩擦球的中下部。

（3）接侧下旋短球，可采用摆短、摆长、挑打等技术回接，运用挑打技术可以增加球的威胁性。

（4）接侧上旋球。侧上旋球有左、右两个方向，一般可使用推挡和攻球等技术回接。在推挡时要将拍面稍前倾，击球的中上部，发力向前以抵消球的旋转与力量。采用反手攻或正手攻技术时，要注意加大力量来抵消球的旋转。

（六）攻球技术

攻球力量大、速度快、攻击性强，是争取主动、克敌制胜的重要手段。

1. 正手攻球

预备动作，左脚在右脚前约半个脚掌的位置，双脚打开比肩略宽，左右脚尖分别对准左右两侧球网柱方向，成外“八”字形。身体离球台一个拍长的距离，屈膝、收腹、弯腰，身体重心前倾，肩关节放松，上臂自然靠近身体，球拍放在身体正前方位置。引拍时以肘关节为中心，前臂带动球拍向身体右侧下方球台台面上方引拍。击球时以肘关节为中心，前臂带动球拍向眉毛正前方 15 ～ 20 厘米处摆臂挥拍击球。击球后动作还原。（图 3-4-9）

图 3-4-9

2. 反手推挡

预备动作，右脚在左脚前约半个脚掌的位置，双脚打开比肩略宽，左右脚尖分别对准左右两侧球网柱方向，成外“八”字形。身体离球台一个拍长的距离，屈膝、收腹、弯腰，身体重心前倾，肩关节放松，上臂自然靠近身体，球拍横向放在身体正前方。击球时球拍拍面与球台台面形成 70° ～ 80° 夹角，以肘关节为中心，前臂带动球拍向目标摆臂挥拍发力击球。击球后动作还原。（图 3-4-10）

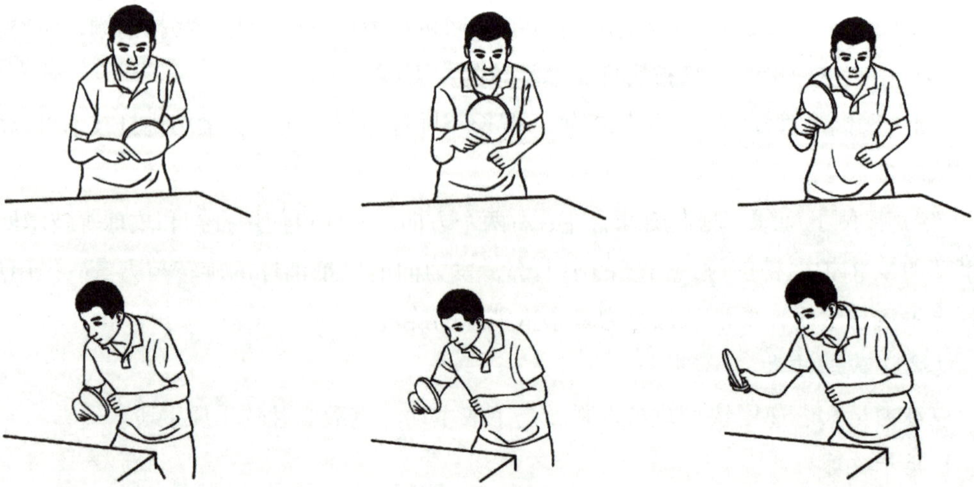

图 3-4-10

3. 搓球

（1）正手搓球。

预备动作，左脚在右脚前约一个脚掌的位置，双脚打开比肩略宽，左右脚尖分别对准左右两侧球网柱方向，成外“八”字形。身体离球台 10 ～ 20 厘米距离，屈膝、收腹、弯腰，身体重心前倾，肩关节放松，上臂自然靠近身体，球拍在身体右侧下方，拍头对准右侧球网柱方向，拍面后仰，击球面与球台台面形成 135° 左右的夹角。引拍时以肘关节为支点，球拍向身体近身处内收。击球时前臂带动球拍向目标摆臂挥拍摩擦切球。击球后动作还原。（图 3–4–11）

图 3–4–11

（2）反手搓球。

预备动作，右脚在左脚前约一个脚掌的位置，双脚打开比肩略宽，左右脚尖分别对准左右两侧球网柱方向，成外“八”字形。身体离球台 10 ～ 20 厘米距离，屈膝、收腹、弯腰，身体重心前倾，肩关节放松，上臂自然靠近身体，球拍在身体正前方，拍头对准左侧球网柱方向，拍面后仰，击球面与球台台面形成 135° 左右的夹角。引拍时以肘关节为支点，球拍向身体近身处内收。击球时前臂带动球拍向目标摆臂挥拍摩擦切球。击球后动作还原。（图 3–4–12）

图 3–4–12

4. 弧圈球

预备动作，左脚在右脚前约一个脚掌的位置，双脚打开比肩略宽，左右脚尖分别对准左右两侧球网柱方向，成外“八”字形。身体离球台 80 ～ 100 厘米距离，屈膝、收腹、弯腰，身体重心前倾，肩关节放松，上臂自然靠近身体，球拍放在身体正前方。引拍时球拍击球面与球台台面形成 35° ～ 45° 夹角，重心转移到右脚的同时转动髋关节，手臂以肘关节为中心，前臂带动球拍向身体右侧下方引拍。击球时，脚下重心由右脚转换到左脚的同时向同一方向转动髋关节，手臂以肘关节为中心，前臂带动球拍向眼睛、眉毛正前方 20 ～ 30 厘米处摆臂挥拍摩擦击球。击球后动作还原。（图 3–4–13）

图 3–4–13

5. 削球

削球是一种积极性的防御技术。它以旋转、落点的变化制约和控制对方，使对方直接失误或为自己创造进攻机会。削球技术主要包括正反手削加转弧圈球和削前冲弧圈球。

（1）正反手削加转弧圈球。判断来球，降低身体重心，移动至方便削球的位置，正手削球时左脚稍前，反手削球时右脚稍前，以将球的击球点选在左、右腹前为宜。正手削球时，身体向右后转并向右后上方引拍，动作幅度稍大些，使球拍与击球点之间有适当的挥拍加速距离。反手削球时，身体向左后转并向左后上方引拍，动作幅度略小于正手引拍。正手削球由右后上方向右前下方挥拍，反手削球由左后上方向右前下方挥拍，以上臂带动前臂发力为主，拍形稍立一些。手臂的发力顺序是先压后削再送，力为主，向前为辅。击球后，继续向前下方挥动并迅速还原。

（2）削前冲弧圈球。左脚在前，右脚稍后，两脚间距离比快攻时略大，两膝微屈，身体重心约在前脚掌内侧，手臂自然下垂伸直，拍形略前倾。当来球从台面弹起时，左脚稍蹬地右转，身体重心落在右脚上，右肩下沉，右手随之引拍至身体右后方。右脚蹬地，挺髋，腰部向左上方转动，在肩部带动下，上臂带动前臂向左前上方加速挥动。在击球瞬间，整个身体的动量传递到手腕，加速度达到最大。在来球的下降前期摩擦球的中部。击球后，将身体重心移至左脚，随势挥拍后注意尽快还原。

二、乒乓球基本战术

（一）快攻型打法战术

1. 发球抢攻

反手发右侧上、下旋球，发至对方中路靠右近网处，伺机攻对方左侧；发追身急球（球速越快越好），使对方不能发挥其正反手攻球的威力，然后侧身进攻对方中路或两角。这种战术对两面攻较有效；发急下旋长球至对方左角，配合近网短球，然后侧身抢攻，主要针对对方弱点进行攻击。这种战术对善于采用弧圈球和快攻的选手较有效；正手中高抛球发左（右）侧上、下旋至对方左角（角度越大越好），配合发右方急球进行抢攻。这种战术对接、发球善于采用搓球的选手较有效。

2. 推挡侧身抢攻

在对推中，以力量、速度、落点控制对方，伺机侧身抢攻；用反手攻球配合寻找机会，伺机侧身抢攻；突然加力推或推下旋球，迫使对方回球较高，然后立即侧身抢攻；如推挡技术强于对方，可推压对方反手，伺机侧身抢攻。

3. 推挡变线

先用推挡连压对方左角取得主动，再突然变推直线袭击其右角空当；遇连续打侧身抢攻的对手，以推变直线来加以牵制；当对方用反手进攻或侧身进攻时，用变直线来反击其空当；变线前，要加力推压住对手，或者推出大角度球，使对方身体向左移动或采用侧身时突然变线，切忌乱变，否则容易被对方反击。

4. 左推右攻

当推挡略占上风时，或在侧身抢攻获得成功后，对方往往会主动变线到正手，此时可采用有力的正手攻球回击对方。可主动推变直线，引诱对手回斜线，用正手攻击直线，反袭对方空当。可佯做侧身，诱使对方变线，给自己创造正手回击的机会。

（二）弧圈球型打法战术

1. 发球抢位

①正手（或侧身）发强烈下旋球至对方左侧近网短球，迫使对方以搓球回击，然后拉加转弧圈球至对方反手或中路。②反手发右侧上、下旋球至对方中路或偏右及偏左的地方，然后拉前冲弧圈球至对方两大角。③反手发急下旋球至对方中路偏右或左方大角，当对方以搓球回击时，拉前冲弧圈球至对方正手。④对削球手一般用速度快、落点长的球，使对方退守，然后根据对方的站位和适应弧圈球的能力，决定用哪种弧圈球攻击对方。

2. 接发球抢拉

对方发侧上旋球和不太转的球时，用前冲弧圈球回击，对方发侧下旋或强烈下旋球时，用加转弧圈球回击。

3. 搓中拉弧圈球

①在对搓中看准时机，主动抢拉弧圈球；②在对搓短球时，突然加力搓左角长球，然后侧身主动抢拉加转弧圈球；③多搓对方正手，使其不能逼左大角，伺机抢拉弧圈球至对方反手或中路，再冲两角。

4. 弧圈球结合扣杀

①拉加转弧圈球结合扣杀；②拉前冲弧圈球迫使对方远台回击，然后放短球，再扣杀；③拉加转弧圈球与不转弧圈球相结合，伺机扣杀。

—— 思政小课堂 ——

1981 年 5 月，万里副总理代表党中央、国务院在总结中国乒乓球队成功经验讲话中将其归因为：胸怀祖国、放眼世界、为国争光的精神；发奋图强、自力更生、艰苦奋斗的实干精神；不屈不挠、勤学苦练、不断钻研、不断创新的精神；同心同德、团结战斗的集体主义精神；胜不骄、败不馁的革命乐观主义和革命英雄主义精神。他将这种精神概括为乒乓精神。依靠乒乓精神，截至 2021 年 12 月，中国乒乓球队 116 人成为世界冠军，共获得 252 枚金牌，其中奥运会金牌 32 枚，包括 8 个团体冠军，24 个单项冠军；世乒赛金牌 149 枚，包括 42 个团体冠军，107 个单项冠军（两次跨国配对按 0.5 块金牌计算）；世界杯金牌 71 枚，包括 21 个团体冠军，50 个单项冠军（含 1 个女双冠军）。乒乓精神能激励大学生刻苦学习，不断创新，勇攀高峰。

乒乓球竞赛规则

任务五　羽毛球

现代羽毛球运动起源于英国。1893 年，英国正式成立羽毛球协会；1899 年，第 1 届全英羽毛球锦标赛在伦敦举行，以后每年 1 次，沿袭至今；20 世纪 60 年代，中国羽毛球运动的技术水平跨入世界高水平行列，直到目前，中国羽毛球运动员多次在世界大赛中折桂，使中国成为名副其实的“羽毛球王国”。

握拍

羽毛球运动场地、器材简便，动作方法容易掌握，运动量可大可小，不同性别、年龄和身体状况的人都可从事这项运动，因此，羽毛球运动深受广大群众的喜爱，开展也十分普遍。

一、羽毛球基本技术

（一）握拍

握拍是学习羽毛球的第一个动作，从开始到完成每一个击球动作，握拍的方式有所不同。以下以右手执拍为例，介绍 2 种握拍方法：正手握拍和反手握拍。本书将羽毛球拍拍柄分为 8 个面，如图 3–5–1 所示。

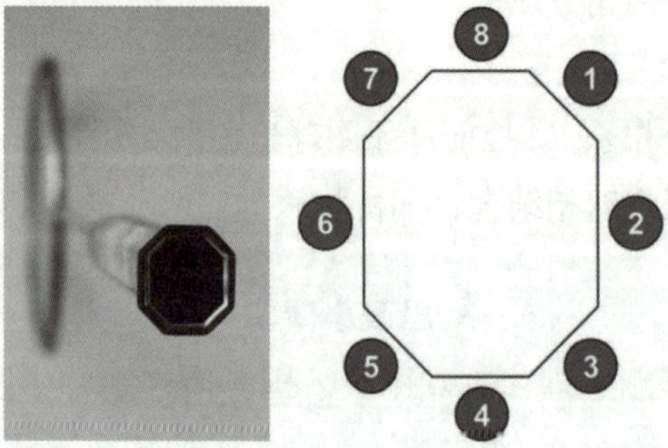

图 3–5–1

1. 正手握拍（图 3–5–2）

右手虎口位（拇指与食指夹角）对准拍柄 7 面，拇指轻放于 6 面上，食指第二关节轻压 2 面上，其余三指自然握住拍柄，食指与中指自然分开。此时，将球拍竖直，食指位置水平高度高于拇指。掌心与拍柄留有空隙（掌心不能接触拍柄），握拍力度适宜（如同握鸡蛋的力量，不可用力过度，只有在击中球瞬间才发力握紧，其余时间要轻握）。单打时握拍的位置为小鱼际部分与拍柄底盖处相平，双打一般握拍柄中间或偏上的位置。

2. 反手握拍（图 3–5–3）

在正手握拍的基础上，尽量放松握拍，拇指上提，顶贴拍柄的宽拍棱上，食指往中指、无名指和小指方向收回，食指、中指、无名指和小指并拢自然握住拍柄，掌心与拍柄间留有足够的空隙，切记拇指后端不可与拍柄接触。反手握拍强调拇指握拍，击球时以拇指发力为主。单打时握拍的位置为小鱼际部分与拍柄底盖处相平，双打一般握拍柄中间或偏上的位置。

图 3–5–2

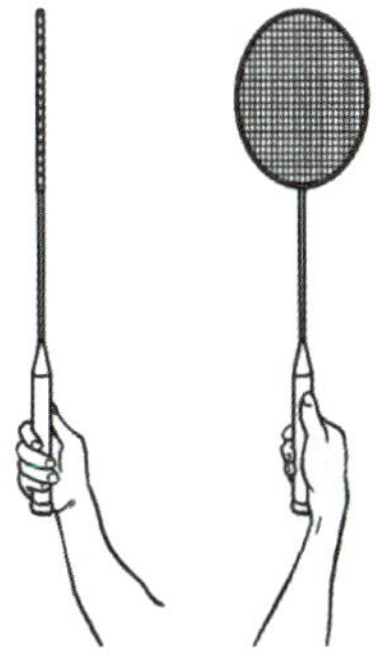

图 3–5–3

（二）发球技术

发球不仅是羽毛球技术中一项很重要的基本技术，也是战术的重要组成部分。发球质量的好坏往往直接影响一个比赛回合的主动与被动。羽毛球的发球方法有 2 种：一种是正手发球，另一种是反手发球。在羽毛球发球中，按照发出球在空中飞行的弧度与落点，可以分为发高远球、发平高球、发平快球和发网前球（图 3–5–4）。

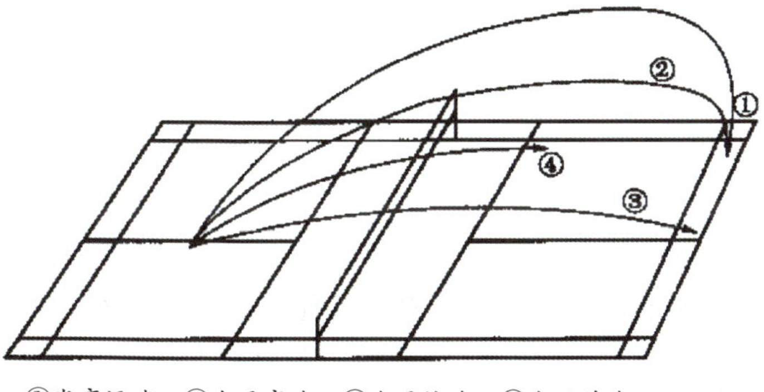

①发高远球，②发平高球，③发平快球，④发网前球

图 3–5–4

发球

以右手握拍为例，单打比赛时，发球员站在中线附近，离前发球线约 1 米。双打发球站位可靠近前发球线。准备发球时，身体左肩侧对球网，左脚在前，右脚在后，身体重心在右脚上，右手持拍向右后侧平举，肘部放松并微屈，左手拇指、食指和中指捏住球的中部，举在胸腹间。发球时，将身体重心由右脚移至左脚。用正手发球，无论是发何种弧线的球，其发球前的准备姿势都应该一致，这样就会给对方的接发球造成判断上的困难。

1. 发高远球

运行轨迹又高又远，下落时与地面垂直，落点在对方场区底线附近的球称为高远球。单打比赛时常选择发高远球迫使对方退到最远的底线去接发球。这在一定程度上限制了对方一些进攻技术的发挥，也可使对方消耗更多的体力。

动作要领：两脚自然开立，左脚在前，脚尖对网，右脚在后，脚尖稍向右侧，重心在右脚上；左手拇指、食指和中指夹持住羽毛球中部，自然平举于胸前方。持球左手自然松开，使球自然下落；右臂上臂外旋，并带动前臂自下而上沿半弧形做回环引拍动作。拍面与球在身体右侧前下方接触的瞬间前臂迅速内旋带动手腕，快速向前上方闪动，屈腕、屈指发力，用正拍面将球击出。身体重心移至左脚，持拍手随击球动作的惯性自然向上方挥动。（图 3-5-5）

图 3-5-5

2. 发平高球

平高球是一种弧度比高远球低，速度比高远球快，具有一定攻击性的球。

动作要领：发球前的准备姿势、发球动作过程与发高远球大致相同，只是在击球的一刹那，前臂加速带动手腕向前上方挥动，拍面要向前上方倾斜，以向前用力为主，球

击出的弧度以对方伸拍打不到为宜，落点在对方场区底线。（图 3–5–6）

图 3–5–6

3. 发平快球

平快球的弧度比平高球还要低，速度比平高球快。在对付反应较慢、站位较前、动作幅度较大的对手或初学者时，发平快球效果往往很好。

动作要领：其准备姿势也同发高远球。站位比发平高球稍后些（防止对方很快回球到本方后场），充分利用前臂带动手腕的爆发力向前方用力，球直接从对方肩上稍高位置越过，直攻对方后场。发平快球的关键是击球的动作要小而快，但前期动作应和发高远球一致。发平快球时应注意不要超手、超腰犯规。

4. 发网前球

发网前球是在双打中主要采用的发球技术。单打比赛中，在害怕遭到对方球速较快的直接攻击时或主动改变发球方式借以调动对方时采用发网前球。

动作要领：其准备姿势同发高远球。击球时，握拍手要放松，上臂动作要小，主要靠前臂带动手腕向前切送，用力要轻，注意手腕不能有上挑动作。另外，落点要在前发球线后，发出的球要贴网而过，这可避免被对方扑杀。

（1）正手发网前球。正手发网前球是用正手握拍，以正拍面击出飞行弧度比正手发平高球还要低的一种发球。球的飞行弧度几乎是擦网而过，落入对方前发球区内。击球后的动作与发高远球一样，自如地向左前方挥动。

动作要领：准备姿势大致与发高远球准备姿势相同。用球拍完成小的回环动作。肘关节保持稍微弯曲，腕关节没有或者只有很少的参与。右髋向前送，身体重心移至左脚上。击球点位于右侧体前几乎与髋同高的位置，拍头必须低于持拍手。略晚些抛球，手臂离身体较近击球，髋部快速转向前。球拍继续向前挥拍，直到球拍位于大约与胸同高的位置。（图 3–5–7）

图 3-5-7

（2）反手发网前球。反手发网前球的特点是动作小、出球快，对方不易判断。在双打比赛中多采用此发球技术。

动作要领：面向球网，两脚前后站立（左脚或右脚在前均可），上体稍前倾，身体重心在前脚上。右手反手握拍，左手拇指、食指和中指捏住球的两三根羽毛，球托明显朝下（避免犯规），球体与拍面平行或球托对准拍面放在拍面前方。左手放球的同时，持拍手前臂以肘为轴内旋，带动展腕由后向前做回环半弧形挥动，至一定发力所需幅度。手腕由外展至内收发力，靠手腕和手指控制力量，以斜拍面向前轻轻推送切击球托，使球尽可能低地沿网上方飞过并落入对方前发球线内。以制动动作结束发力，并迅速将握拍姿势调整为正手握拍。（图 3-5-8）

图 3-5-8

（三）接发球技术

接发球与发球是一对矛盾：发球方想方设法发出各种不同弧线的球，以此来控制对方；而接发球方后发制人，以达到反控制的目的。羽毛球比赛就是在这种控制与反控制的争夺中给人以激情、乐趣和启示的。

1. 接发球站位

不论是单打比赛还是双打比赛，都应选择一个合理的接发球站位。一般情况下，单打的接发球站位在离前发球线约 1.5 米处，在右发球区应站在靠中线的位置，在左发球区应站在中间稍偏边线位置，主要防备对方发球攻击反手部位。双打接发球时的站位可靠近发球线。

2. 接发球的准备姿势

单打接发球应左脚在前，右脚在后，侧身对网，使身体重心在前脚，后脚脚跟稍提起，收腹含胸，持拍于右身前，两眼注视对方。双打接发球准备姿势基本同单打接发球，但身体重心可随意放在任何一只脚上，将球拍高举过肩，注意力要高度集中。

（四）击球技术

1. 击高远球

击出高弧线飞行的、几乎垂直落到对方底线附近场区的球的技术，称为击高远球。

（1）正手击高远球。

正手击高远球是羽毛球击球技术中的基础。

动作要领：左脚在前，右脚在后，侧身对网。右手正手握拍屈肘于体侧，上臂、前臂间夹角为45° 左右；左手自然上举，保持平衡，双眼注视来球方向。当球下落到一定的高度时，右臂手肘上抬，后摆引拍，以肩为轴做回环动作；前臂充分向后下方摆动并外旋，手腕充分伸展；左臂随体协调屈臂向身体左侧下降。击球时右臂前臂急速内旋并带动手腕加速向前上方挥动，手腕屈收，手指屈指发力，用正拍面将球击出。击球点选在右肩的前上方，其高度以持拍手臂自然伸直击球为宜。右手随击球后的惯性向左前下方挥动，顺势收回至体前，成接球前的准备姿势。（图 3-5-9）

图 3-5-9

（2）反手击高远球。

反手击高远球是在被动情况下的过渡，能帮助自己重新调整站位。

动作要领：判断准对方来球的方向和落点，迅速将身体转向左后方。步法到位后，右脚前交叉跨到左侧底线，背对球网，身体重心在右脚上，使球在身体的右肩上方。击球前，由正手握拍迅速换为反手握拍，并持拍于胸前，拍面朝上。击球时，以上臂带动前臂，通过手腕的闪动、自上而下地甩臂将球击出。在最后用力时，要注意拇指的侧压与甩腕配合，同时还要利用两脚的蹬地、转体等协调全身用力。（图 3-5-10）

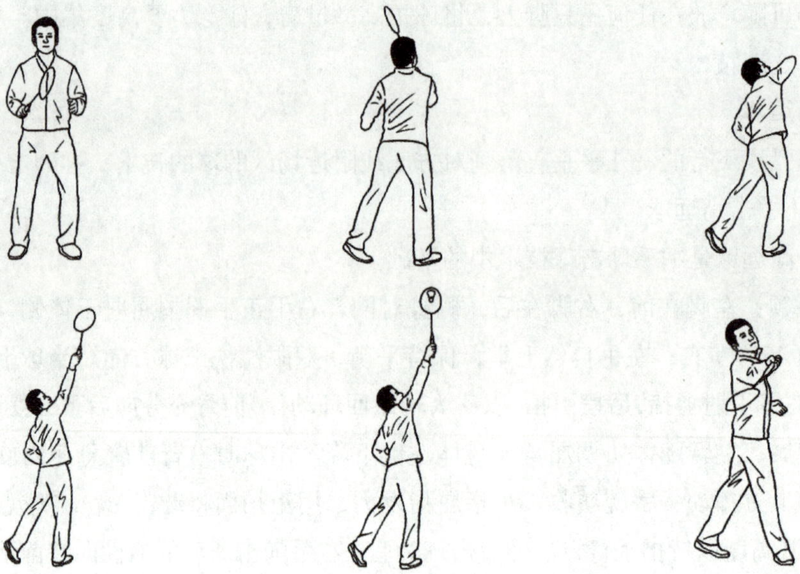

图 3-5-10

（3）头顶击高远球。

在左后场区，用正手在头顶中间部位或在左肩上方将来球击到对方底线去的高远球击球技术称为头顶击高远球。这种击球技术是我国运动员对羽毛球技术发展的一项贡献。它比反手击球主动性强，具有更大的攻击性。初学者应努力学好头顶击高远球技术。

动作要领：击球前的准备姿势及击球动作与正手击高远球基本一致。二者不同的是头顶击高远球的击球点在左肩上方（因来球是飞向左后角的）。准备击球时，侧身（左肩对网）稍向左后仰；击球时，右臂上臂带动前臂使球拍绕过头顶，从左上方向前加速挥动。在用力击球时，注意发挥手腕的爆发力和充分利用蹬地及收腹的力量。击球后，左脚在身后着地并立即回蹬，同时右脚前移，将身体重心移至右脚。

2. 击平高球

依据击球方式和击球时球与人的位置，可将击平高球技术分为正手击平高球、头顶击平高球和反手击平高球 3 种。比较而言，正手击平高球和头顶击平高球两种更为常用。

（1）正手击平高球。

正手击平高球是用正手握拍以正拍面击出飞行弧度比高远球弧度低，但对手持拍站在中场起跳到最高点又不能拦击到来球的一种击球方式。

动作要领：准备姿势、引拍动作同正手击高远球。击球动作与正手击高远球基本一致，只是在击球时，运用前臂带动手腕的充分闪动，然后屈指发力，以比击高远球仰角稍小一些的正拍面（拍面与地面近似垂直）将球击出。击球后右手顺势向左下方减速摆臂，最后至体前成接球前的准备姿势。（图 3-5-11）

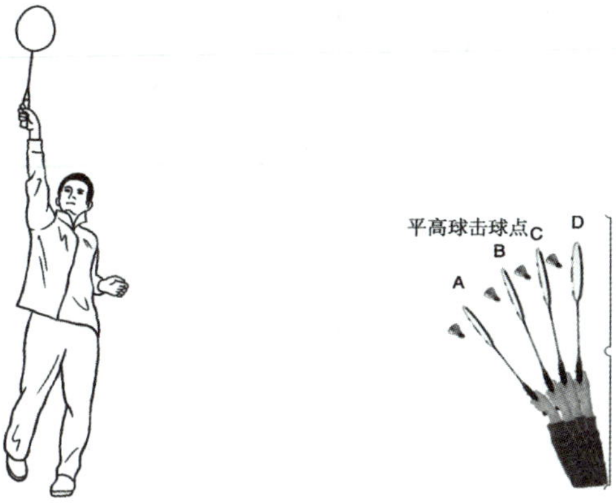

图 3-5-11

（2）头顶击平高球。

头顶击平高球是在左后场区用正手握拍以正拍面在头顶击出较高远球弧度低，但对手持拍站在中场起跳到最高点又不能拦击到来球的一种击球方式。

动作要领：判断来球后，迅速向左侧后场蹬转侧身，做好击球前的准备。引拍动作、击球动作和击球后的动作同正手击平高球一样。

3. 吊球

吊球是将对方击来的后场高球还击到对方网前区的击球技术。它的作用是调动对方站位，以利于己方组织进攻。

动作要领：一种吊球称为劈吊，用力较小，挥拍时拍面正面向内倾斜，手腕做快速切削下压动作。若劈吊斜线球，则球拍切削球托的右侧，并向左下方发力。若劈吊直线球，则拍面正对前方，向前下方切削。另一种吊球称为轻吊（拦截吊），用力更轻一些。其手法是拍面正对来球，用拍面将球轻轻一挡，使球以平弧线、较慢速度越网垂直下落。

4. 杀球

杀球是把对方击来的高球全力向下扣压的击球技术。它的特点是力量大、速度快，是进攻的重要技术。

动作要领：其击球前的准备姿势、击球动作与正手击高远球一样，不同的是最后用力的方向朝下，而且要充分利用蹬地、转体收腹及手臂和手腕的爆发力全力将球向下击出，在击球的一刹那要握紧球拍。无论用哪种动作杀球，都可做重杀、轻杀、长杀、深杀、直线杀和斜线扣杀。杀球时只要通过手腕和手指控制拍面倾斜角度、用力方向和大小，就可以扣杀出不同的球。这些不同形式的杀球主要是为了满足战术的需要，应根据对方站位情况灵活加以运用。一般都是通过打高球和吊球来为扣杀创造机会，显出杀球的威力。

5. 平抽球

平抽球是将位于身体左右侧，高度在肩以下、腰以上的球平抽击过去的击球技术。

抽球时以腰为轴，从转髋发力开始，发挥手臂的摆速和手腕的爆发力。平抽球在双打比赛中比单打比赛中运用更多，特别是双打中前场球的飞行距离短、速度快、擦过网、飞行弧线低与地面平行。平抽球有正、反手之分。

（1）正手平抽球。

动作要领：面对球网，右脚稍在前，膝微屈，前脚掌着地，右手握拍于体前。右脚稍向前迈出一小步，同时上体稍偏右侧，右臂向右侧上摆。球拍上举，肘关节保持一定角度，前臂稍后摆，带有外旋，手腕从稍外展至后伸，使球拍到后下方。前臂急速往右前方挥动，从外旋转为内旋，球拍由后伸至闪腕，握紧拍柄挥拍抽击球托底部。球拍向左侧顺势盖过去，收拍于胸前回位。（图 3–5–12）

图 3–5–12

（2）反手平抽球。

动作要领：准备动作与正手平抽球基本相同。右脚向前跨一步，身体左转，右前臂往身前收。肘部稍上抬，前臂内旋，手腕外展，球拍引向左侧。右前臂往前挥拍的同时外旋，手腕由外展伸直至内收闪腕，手指突然握紧拍柄，拇指前顶，迎球挥拍，从球托的底部盖压过去。击球后，球拍随身体回动而回收。（图 3–5–13）

图 3-5-13

6. 平挡球

（1）正手平挡球。

正手平挡球是用正手握拍以正拍面将位于身体右前方的来球轻挡过网，使球过网后落于对方网前区域内的一种中场击球技术。

动作要领：准备姿势与正手平抽球动作相同。右脚向右侧跨出一步，在跨步的同时球拍向右侧后引，使之对准来球，上体向右后转至左肩对网，髋关节也转向右后，右腿蹬直，给接近右侧身体的来球让出适当空位。击球时不必做较大的挥拍动作，只需借助来球力量，在手腕外展闪动的同时，食指、中指往拇指方向轻轻提拉，靠其余手指突然紧握拍柄产生的力量将球轻挡过网。击球后，右脚向前迈，球拍随身体向左转，收回于身前。（图 3-5-14）

图 3-5-14

（2）反手平挡球。

反手平挡球是用反手握拍以反拍面将位于身体左前方来的球轻挡过网，使球过网后落于对方网前区域内的一种中场击球技术。

动作要领：准备姿势与反手平抽球动作相同。球拍向左下侧摆，上体稍向左侧闪，左肩向后侧转动，让出适当的击球空位。击球时不必做较大的挥拍动作，只需借助来球力量以及手腕的内收动作，由屈腕至伸直闪腕，以握紧球拍产生的力量击球托的后底部，把球轻轻地弹击到对方网前区域。击球后球拍回收体前，脚向前跟进一步，以便封住对方的直线或斜线网前回球。（图 3-5-15）

图 3-5-15

7. 推球

（1）正手推球。

动作要领：站在右网前，球拍向右侧前上举。在右手肘关节微屈回收时，前臂稍外旋，手腕稍向后侧，球拍也随之往右下后摆，拍面正对来球。这时，小指和无名指稍松开，使拍柄稍离开鱼际肌，拇指和食指向外捻动拍柄，拍面更为后仰。推球时，身体稍往前移，右前臂往前伸并带内旋，手腕和手指控制拍面角度，手腕由后伸至伸直并闪腕，食指向前压，小指和无名指突然握紧拍柄，拍子急速地由右经前上至左挥动推球，使球沿边线飞向对方后场底角。在挥动过程中，拍子回收。（图 3-5-16）

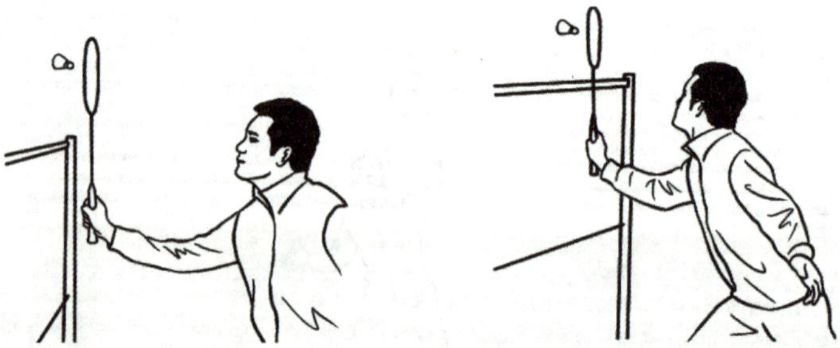

图 3-5-16

（2）反手推球。

动作要领：站在左网前，以反手握拍前臂往前上方伸举。在前臂稍向左胸前收引，肘关节微屈，手腕外展时，变成反手推球的握拍法，球拍松握，反拍面迎球。当前臂前伸并带外旋，手腕由外展到伸直闪腕，中指、无名指和小指突然握紧拍柄，拇指顶压，

往右前方挥拍时，推击球托的左侧后部，使球沿对角线方向飞行。击球后，手臂回收，恢复击球前的准备姿势。（图 3-5-17）

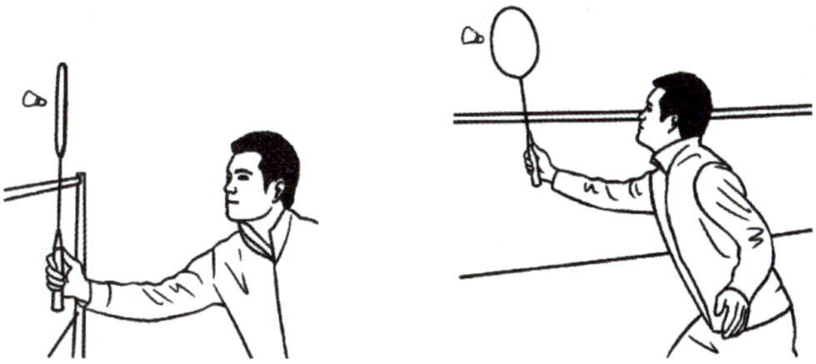

图 3-5-17

8. 搓球

（1）正手搓球。

正手搓球是用正手握拍以正拍面将网前位置的来球运用“搓”“切”等动作回击到对方网前区域附近的击球技术。

动作要领：侧身到右边网前，正手握拍，将球拍举高。两臂抬起，以获得身体平衡，同时身体转向侧面。注意伸出左手以获得身体平衡，这一点很重要。当球拍举至最高点时，右前臂向外旋，手腕由后伸转至稍内收闪腕，握拍手的食指和拇指夹住球拍，中指、无名指和小指轻握球拍柄，使球拍在手腕和手指的挥摆用力下，搓击来球的右下底部。注意球拍拍面不是像直线那样切过去，而是要稍稍带一点倾斜度，这样才能使球旋转起来，翻滚过网。（图 3-5-18）

图 3-5-18

（2）反手搓球。

反手搓球是用反手握拍以反拍面将网前位置的来球运用“搓”“切”等动作回击到

对方网前区域附近的击球方式。

动作要领：运用反手上网步法向来球方向移动，击球前的动作同正手搓球。前臂随步法移动过程调整为反手握拍。前臂举起，手腕前屈，手背约与球网同高，拍面低于网顶，用反拍面迎球。击球时手腕由展腕至收腕发力，击球时由左至右切击球托的左后侧部位。击球后动作同正手搓球，注意握拍要从反手握拍还原至手放松握拍。（图 3-5-19）

图 3-5-19

9. 勾球

勾球是将对方击到自己前场区域位置的球还击到与之成对角线位置的对方网前区域内的击球技术。

（1）正手勾球。

勾球一般采用并步加蹬跨步上网的步法。

动作要领：其准备活动与正手搓球相同。在步法移动的同时，球拍随着前臂往右前上方举起，前臂在前伸的同时稍外旋，手腕微后伸。这时的握拍稍有变化，将拍柄稍向外捻动，使拇指贴在拍柄的宽面上，食指的第二指节贴在与其相对的另一个宽面上，拍柄不触及掌心。击球后，将球拍回收至右肩前。（图 3-5-20）

图 3-5-20

（2）反手勾球。

动作要领：其准备活动同正手勾球。在步法移动的同时，将手臂向左前方平举（不要完全伸直，肘关节稍弯曲）。击球时，肘部下压，同时前臂稍外旋，手腕由稍屈至后伸闪腕，拇指内侧和中指把拍柄往右侧一拉，其他手指突然紧握拍柄，拨击球托的左侧面，使球沿着对角线飞行。击球后，将球拍往右回收。（图 3-5-21）

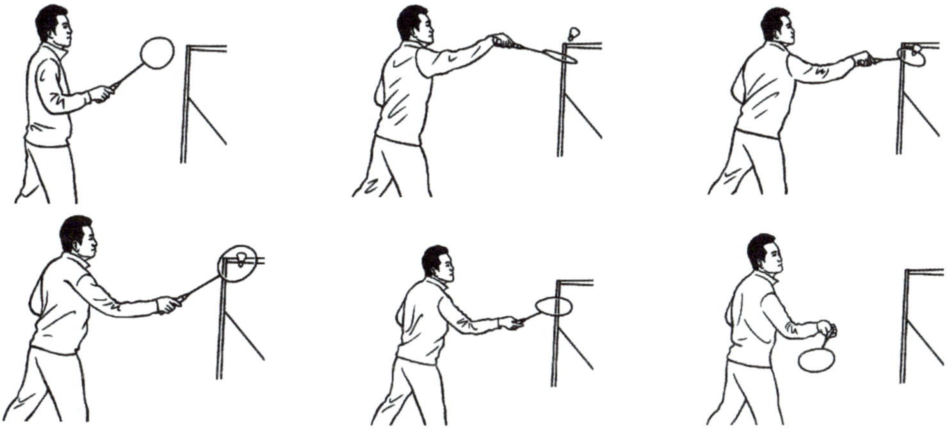

图 3-5-21

10. 扑球

（1）正手扑球。

动作要领：迅速移向网前，右脚在前，上体直立。在跑动过程中完成击球准备，拍头要过头顶。击球时，随着手臂由屈到伸，手腕由后伸至向前闪动，手指顶压，将球扑下。（图 3-5-22）

图 3-5-22

（2）反手扑球。

动作要领：迅速近网，右脚在前，上体直立。在跑动过程中球拍高举过头。向左转动球拍，使拍面正对球网。击球时，前臂伸直外旋带动手腕内收至外展，拇指顶压，加速挥拍扑球。如果来球靠近网顶，手腕可外展由左向右拉切击球，以免触网。（图 3-5-23）

图 3-5-23

11. 挑球

（1）正手挑球。

动作要领：正手握拍举在胸前，右脚向右前跨出一大步，左脚在后，侧身向前，重心在右脚上。同时右臂向后摆，自然伸腕，使球拍后引。然后以肘关节为轴，屈臂内旋，并握紧球拍，用食指及手腕的力量，将球向前上方击出。（图 3-5-24）

图 3-5-24

（2）反手挑球。

动作要领：反手握拍举在胸前，右脚向左前方跨出一大步，重心放在右脚上。同时右肩向网，屈肘引拍至左肩旁，然后以肘关节为轴，握拍经体前由下往上，用拇指第一指节压住拍柄的宽面，用力将球击出。（图 3-5-25）

图 3-5-25

二、羽毛球基本战术

羽毛球战术是指运动员在比赛中为表现出高超的竞技水平和战胜对手而采取的计谋和行动。在羽毛球比赛中，运动员要控制对手，力争主动，以己之长，克彼之短，抑彼之长，避己之短，根据不同对手的特点，采取相应变化的技术手段战而胜之，这便是战术的意义。

中国羽毛球运动战术的指导思想是“以我为主”“以快为主”“以攻为主”，同时也确定了中国运动员“快、狠、准、活”的技术风格。

（一）目的

1. 调动对方位置

对方一般站在场地中心位置，全面照顾各个角落，以便回击各种来球。如果把对手调离中心位置，对手的场区就会出现空当，这空当就是下一拍进攻的目标。

2. 迫使对方击出中后场高球

以平高球、劈杀、劈吊或网前搓球等技术造成对方还击的困难，迫使对方击来的高球不能到达本方场区的底线，从而增加本方大力扣杀和网前扑杀的威力，给对方以致命一击。

3. 使对方重心失控

利用重复球或假动作打乱对方的步法，使对方重心失去控制，来不及还击或延误击球时间导致回球质量差，造成被动。

4. 消耗对方体力

控制球的落点，最大限度地利用整个场地，把球击到场地的 4 个角上或离对方最远的地方，使对方在每一次回球时尽量消耗体力。在争夺一球的得失时，也应以多拍调动对方，让对方多跑动，多做无效的杀球，以此消耗对方体力，为本方后程比赛奠定体能基础。

（二）单打基本战术

1. 发球抢攻战术

发球抢攻战术，即发球不受对方干扰，发球者可以根据规则，随心所欲地以任何方式将球发到对方接球区的任意位置；善于利用多变的发球术，先发制人，取得主动；发平快球和网前球配合，争取创造第三拍的主动进攻机会。

2. 攻后场战术

攻后场战术，即采用重复打高远球或平高球的技术，压对方后场两点，迫使对方处于被动状态，一旦其回球质量不高，便伺机杀球、吊球一击制敌。

3. 逼反手战术

一般来说，后场反手击球的进攻性不强，球路也较简单，对于后场反手较差的对手要毫不放松地加以攻击，可先拉开对方位置，使对方反手区露出空当，然后把球打到反手区，迫使对方使用反拍击球。例如，先吊对方正手网前球，对方挑高球时，便以平高球攻击对方反手区。在重复攻击对方反手区迫使其远离中心位置时，突然吊对角网前球。

4. 四方球突击战术

四方球突击战术，即以快速的平高球、吊球准确地打到对方场区的 4 个角落，迫使对方前后、左右奔跑，当对方来不及回中心位置或失去重心时，抓住空当和弱点进行突击。

5. 吊、杀上网战术

吊、杀上网战术，即先在后场以轻杀配合吊球把球下压，落点要选择在场地两边，使对方被动回球，若对方还击网前球，便迅速上网搓球或勾对角快速平推球；若对方在网前挑高球，可在其后退途中把球直接杀到对方身上。

（三）双打基本战术

1. 攻人（二打一）战术

这是一种经常运用的行之有效的双打战术。当发现对方有一个人的防守能力或心理素质较差、失误率比较高或防守球路单调时，就可采用这种战术，把球攻到这个较弱者的一边。这种战术可集中优势兵力以多打少，以优势打劣势，造成主动或得分；有利于打乱对方防守站位，另一个不被攻的人由于没有球可打，站位会慢慢地偏向同伴，形成站位上的空当，有利于本方突击另一线而成功；有利于造成对方思想上的矛盾而互相埋怨，影响其士气。

2. 攻中路战术

攻中路战术，即不论对方把球打到什么位置，攻球的落点都应集中在对方两人之间的位置，并靠近防守能力较差者一侧或在中线上。攻中路战术可以造成对方抢球或漏球，也可以限制对方挑出大角度的球路，有利于本方网前的封网。

3. 攻直线战术

攻直线战术，即杀球路线和落点均为直线，没有固定的目标和对象，只依靠杀球的力量和落点来得分。当对方的来球靠边线时，攻球的落点在边线上；当对方的来球在中间区时，就朝中路进攻。这个战术在使用上较易记住和贯彻。杀直线球虽然难度高一些，但效果不错，便于网前同伴的封网。

4. 后攻前封战术

后攻前封战术，即当本方取得主动攻势时，后场运动员逢高球必杀，前场运动员积极移动封网扑打。

5. 防守反击战术

防守反击战术，即防守时，对方攻直线球，本方挑对角平高球；本方攻对角球，我方挑直线平高球，以达到调动对方移动的目的。然后中方可采用挡或勾网前的精巧网前球技术迫使对手起球，为中方创造后场进攻机会，达到反守为攻的目的。

—— 思政小课堂 ——

中国羽毛球队起步较晚，曾与世界顶尖水平有着较大差距。新中国成立后，被誉为新中国羽毛球事业“拓荒者”的王文教在 1954 年不顾印度尼西亚方面和家人的反对，与搭档陈福寿等华侨青年一起归国，为祖国羽毛球事业的发展贡献力量。如今，中国无疑是世界羽毛球运动的强国，运动健儿们在各大国际赛事上为祖国顽强拼搏、奋勇夺金，他们登上领奖台，五星红旗在赛场上飘扬、嘹亮的国歌奏响时，彰显着羽球大国魅力。通过学习华侨归国指导和运动健儿奋勇夺金的事例，大学生能深深体会到为祖国贡献自己力量的爱国主义精神，意识到，自己走上社会，也应尽自己的最大力量为祖国无私奉献。

羽毛球竞赛规则

任务六　网　球

网球运动起源于 12—13 世纪的法国，诞生在英国，普及和形成的高潮在美国。1896 年在雅典举行的第 1 届现代奥运会上，网球的男子单打与双打被列为正式比赛，后来，由于国际奥委会和国际网球联合会在“业余运动员”问题上有分歧，已经连续进行了 7 届奥运会的网球比赛项目被取消。直到 1984 年的洛杉矶奥运会上，网球才被列为奥运项目。1988 年在汉城（今首尔）奥运会上，网球重新被列为正式比赛项目。

李娜，中国女子网球运动员，2008 年北京奥运会女子单打第四名，2011 年法国网球公开赛、2014 年澳大利亚网球公开赛女子单打冠军，亚洲第一位大满贯女子单打冠军。

2011 年 1 月 14 日，WTA 顶级巡回赛澳大利亚悉尼站，李娜以 2:0 击败赛会三号种子、前世界第一克里斯特尔斯，首次获得 WTA 顶级巡回赛冠军。同月，李娜创纪录地在澳大利亚网球公开赛中打进决赛，但在决赛中以 1:2 落败于克里斯特尔斯，获得亚军。这创出了亚洲女子单打选手在大满贯中的最好成绩，这是亚洲球员历史上首次杀入大满贯决赛。在 2011 年法国网球公开赛上，李娜先是在前两轮险胜斯特里科娃和埃斯皮诺萨；随后又在第三轮横扫前赛会八强科斯蒂亚；第四轮面对夺冠热门科维托娃时，李娜上演了逆转；之后又完胜阿扎伦卡和莎拉波娃两位夺冠热门人物闯进了决赛；决赛中面对卫冕冠军斯齐亚沃尼时，李娜最终在第二盘抢七中送出鸭蛋以 6:4 和 7:6 锁定胜利，夺得了中国乃至亚洲的第一座大满贯单打冠军奖杯。

2014 年 1 月 4 日，李娜在深圳赛上再次斩获冠军，这也是李娜职业生涯首次实现卫冕。1 月 23 日，李娜在 2014 年澳大利亚网球公开赛上连续第二年打进澳网决赛。1 月 25 日，2014 澳网公开赛女单决赛，李娜两盘以 2:0 击败斯洛伐克选手齐布尔科娃，获得自己第二个大满贯女单冠军，这也是澳网百年历史上亚洲选手首个澳网单打冠军及公开赛以来澳网最年长的单打冠军。

2014 年 9 月 19 日，作为亚洲首位网球大满贯得主的李娜正式宣布退役。9 月 30 日，李娜退役仪式在国家网球中心钻石球场举行，在简短的仪式过程中，李娜 4 次落泪，透露出她对球员好友、对球场、对球迷的不舍之情。同年 11 月 10 日，WTA 公布了女子年终世界排名，李娜的积分正式清零，世界排名被清除，这意味着一个时代彻底终结，她位列世界前十的周数定格在了 205 周。

一、网球基本技术

（一）正手击球

1. 握拍方式

（1）手掌定位。

以食指的指根和小鱼际底部来定位，以食指的指根为主（图 3-6-1）。球拍柄水平放置，拍面与地面垂直，拍柄的 8 个面中最上面的面定为第 1 平面，按顺时针依次为第 1 至第 8 平面（图 3-6-2）。

正手击球技术

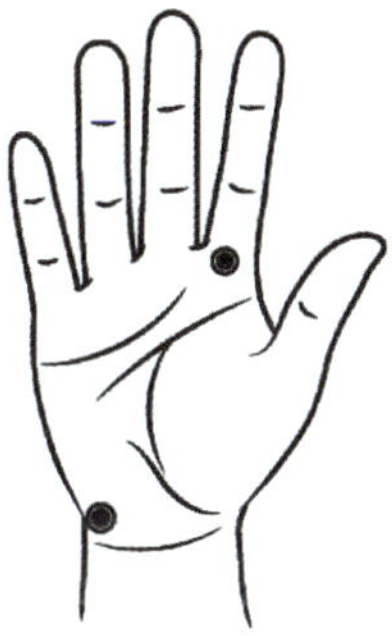

图 3-6-1

图 3-6-2

（2）握拍方式的选择。

正手击球的握拍常用的方式有（以右手持拍为例）：大陆式、东方式、半西方式和西方式 。（图 3-6-3）

大陆式：握拍时食指根部紧贴第 2 平面，虎口对准第 1 平面即可。

东方式：握拍时食指的根部紧贴和拍面平行的第 3 平面，食指和中指分开，中指及余下两指自然环扣拍柄，拇指自然弯曲，缠绕拍柄。

半西方式：半西方式握拍是介于东方式和西方式之间的一种握拍方法。握拍时食指的根部紧贴第 3 平面和第 4 平面之间的区域，食指和中指略微分开，其余的手指自然握拍。

西方式：握拍时食指的根部紧贴在拍柄的第 5 平面上，手掌虎口形成的 “V” 字形对准第 3 平面，即和拍面平行的面，拇指垫按在第 1 平面上。

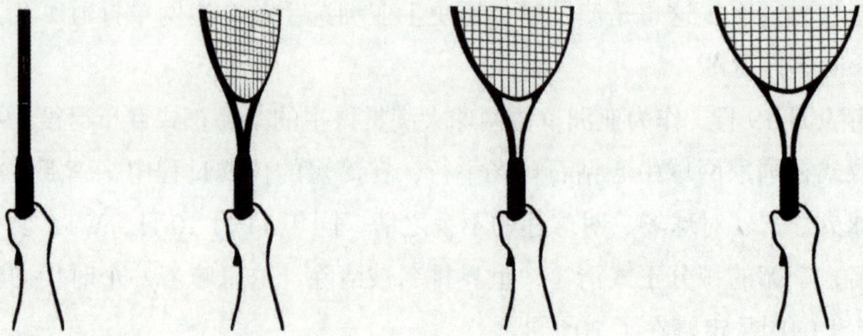

图 3-6-3

2. 准备姿势

准备击球时面对球网，双脚开立约同肩宽，双膝微屈，上体微微前倾，重心在两脚的前脚掌上，右手握拍，左手轻抚拍柄的上端或者拍颈，两手自然置于体前，拍头指向前上方并高于拍柄，拍面略微倾斜，目平视前方。（图 3-6-4）

图 3-6-4

3. 移动及后摆引拍

预判来球的方向并双脚垫步起动，球在空中飞行时快速向球移动，在移动过程中完成后摆引拍。

（1）移动步法及步法模式。

交叉步：类似于跑步。这种步法能够迅速地移动，让运动员快速靠近球。

并步：很适合近距离移动。垫步完成后，直接向移动方向并步过去。并步类似于滑行，但是应该注意：滑行时不要有太大的重心起伏，不然就是在浪费体能。

调整步：亦称小碎步。这种步法对于微调平衡和位置达到最佳的击球点至关重要。

以上几种步法的组合以及击球前移动的最后一步脚的位置，决定了步法模式。步法模式通常分为开放式、半开放式、关闭式等几种类型。

（2）后摆引拍。

判断来球的方向，在转身转体的带动下，做弧形的后摆引拍动作。引拍时在右肩向后转的基础上把球拍向后引出，整个过程中肘关节微屈，拍头微微向上，后摆至拍底指向来球，拍头指向后面的挡网，拍面略微向下关闭。

4. 挥拍击球

借助转体的力量，利用离心力大力摆动身体并挥出球拍，拍头从外侧向内侧加速。从后摆进而向前挥动时向前迎击来球，争取在球的上升期击打来球。球触拍后，挥拍沿着球飞行的方向向前、向左上方送出，重心移落在左脚，身体也随着转向球网，挥拍动作在左肩上方结束，左手在右肩的上方扶住拍颈。（图 3–6–5）

图 3-6-5

5. 快速回位

在移动回位的时候双眼要始终盯住来球，同时选择尽可能快的步伐迅速回到最有利于下一次击球的位置。回位时多采用并步或者交叉步。

（二）反手击球

1. 握拍方式

反手击球的握拍以食指的指跟和小鱼肌底部为定位点：左手的食指指根和小鱼际底部成一直线握在拍柄的第 7 平面上，右手的食指指根和小鱼际底部成一直线握在拍柄的第 2 平面上。（图 3–6–6）

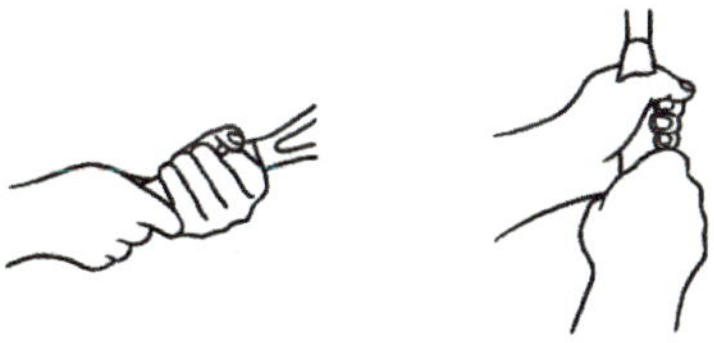

图 3-6-6

2. 准备姿势

准备击球时面对球网，双脚开立约同肩宽，双膝微屈，上体微微前倾，重心在两脚的前脚掌上，右手握拍，左手轻抚拍柄的上端或者拍颈，两手自然置于体前，拍头向前上方并高于拍柄，拍面略微倾斜，双眼平视前方。

3. 移动及后摆引拍

球离开对手的球拍正是你开始准备的时刻。对手击球瞬间你完成预判和垫步，在球空中飞行的过程中快速移动并完成换握拍及后摆引拍动作。

（1）移动步法及步法模式。

反手击球的移动步法及步法模式和正手击球相同，在垫步后，起动脚为左脚，左脚后撤再依次右—左—右—左完成步法的移动；或者垫步后直接迈出右脚，然后依次左右交换完成移动。

（2）后摆引拍。

当判断来球为反手时，在肩的带动下双手向后摆动引拍。引拍时右手肘关节尽量伸直，让上臂紧贴身体，拍头高于拍柄，拍面向下，拍底指向来球方向。

4. 挥拍击球

挥拍击球时，左脚蹬地发力，转髋带肩、手臂及球拍迎着来球的方向向前挥动。在球的上升期击打来球，击球点在右脚侧前方腰部高度，前挥动作要平滑、连贯，击球前瞬间拍头低于来球，击打时靠左手向前挥动的力量把球拍向前上方带出。挥拍动作结束时重心移落在右脚，身体也随之转向球网，挥拍动作在右肩上方结束。（图 3–6–7）

图 3–6–7

5. 快速回位

在移动回位的时候保持双眼始终紧盯来球，选择能保持场上位置的回位方式。在场地上尽量保持最有利、最熟悉的站位。

（三）发球

发球技术是网球技术中极其重要、特别的技术之一，也是网球技术中完全由球员控制的技术 。一次好的发球，可以在较大程度上发挥出个人的特点，用以控制对方，最大限度地施展自己的战术意图，甚至可能直接得分。发球质量的好坏取决于球的速度、落点和旋转这3项指标。所以，球员都力求较全面地掌握各种发球技术，以争取在比赛中获得先机。

发球技术动作

1. 握拍方式

发球通常使用大陆式握拍。这种握拍为形成扣腕动作和握拍臂动作提供大的活动范围，适合于高点击球时，充分发挥腕的力量。

2. 准备姿势

单打在右区发球时，站在端线后中心标志点稍右侧的位置，左脚脚尖朝向左边网柱，与底线成 45° 角，两脚分开约与肩同宽，两脚的连线指向发球区。在左区发球时，左脚脚尖对准右侧网柱，右脚约与端线平行。无论在哪个区域发球，人的重心都放在左脚上。抛球手拇指、食指和中指轻轻拖住球，掌心向上。球拍置于身体前方，拍头稍稍向前上方倾斜，呼吸均匀，注意力集中。双打发球站位与单打略有不同，一般站在边线与中心标志点的中间，这样做可以更好地保护自己的半场。（图 3-6-8）

图 3-6-8

3. 抛球与后摆引拍

做好准备动作后，双手同时向下运动，当持球手向下到左大腿内侧时，持拍手运动到右大腿外侧，重心从左脚转移到右脚。当球拍从身后向头上方做大弧度的摆动，身体做转体、屈膝、展肩时，持球手柔和地在身前左脚前方上举，直至伸直高及头顶抛出球。此时身体重心转向左脚，双腿膝关节微屈，左侧腰、胯成 弓形。抛球时，动作要协调、平稳，球送至最高点再离开手，顺势到空中，右肘向后外展约同肩高，拍头指向天空，

拍底指向地面，双肩与球网约成直角。（图 3–6–9）

图 3–6–9

4. 挥拍击球

当左手抛出球时，抬肘转体让球拍继续一个向上摆起的趋势，在向前转动的身体和顶出的右肩带动下，使手臂产生一个完美的绕圈。此时，肘关节、球拍拍底向上，拍头向下。当球下降至击球点时，左脚上蹬，伸膝转髋发力，使手臂和身体充分伸展，迅速向前、向上挥拍击球。身体向前上方伸展击球时，肩、手臂回转，双肩与球网平行，持拍手腕带动前臂做旋内“鞭打”动作。这是发球技术的关键环节，也是其他诸如重心前移、蹬地、转体、挥拍等环节聚集的结果。（图 3–6–10）

图 3–6–10

5. 随挥

在球拍撞击球后，球员应顺着身体及挥拍动作的惯性做收腹、转肩及收拍的动作。这一系列动作称为随挥。随挥时球拍经过左腿外侧，并收于左侧身体腋下，右腿小腿上翘来维持身体平衡。（图 3–6–11）

图 3–6–11

发球可分为平击发球、上旋发球和切削发球 3 类。平击发球的速度最快，击球点在身体的前上方，以拍面中心平直对准球的后中部，发球时前臂和手腕做旋内“鞭打”动作，以提高发球的速度和命中率。上旋发球能够产生足够的旋转，球抛到头部偏左一点的位置，球拍迅速从左下方向右上方挥动，从左下方向右上方摩擦球的背面。切削发球能够产生较大的速度与向右的旋转，发球时把球拍快速从右上方向左下方挥动，击打球的外侧，使其产生右侧旋转。

（四）接发球

接发球技术和底线正反手抽击球动作十分类似，但更加简洁。它是接发球员根据对方发球的速度、旋转、落点和弹跳弧度等，所采用的各种正反手击球手法的集合，其主要目的是把对方发来的极具威胁的球回击到对方的场地。

1. 握拍与站位

右手普遍采用正手击球的握拍方法，左手用反手击球的握拍方法。这样接发球员既可以快速接发正手位的球，又可以快速变换握拍接发反手位的球。站位采用低重心、大分开脚步、上体略微前倾的方式，当在右区接发球时右脚基本在边线的延长线上，在左区接发球时左脚基本在距离边线半步内。（图 3–6–12）

2. 引拍

在接发球区准备好后，当对方准备发球时，两脚快速地在原地交换重心；对方发球瞬间向前快速分腿垫步，眼睛紧盯来球，并转身转体向后小幅度地引拍，随时准备向前上脚迎击来球。接发球的引拍动作比一般的正反手击球引拍动作幅度要小，但均为直线小摆动拉拍，总体归结为转体、侧身上步和手臂随身体小幅度转动拉拍。（图 3–6–13）

图 3–6–12

图 3–6–13

3. 挥拍击球

发球的力量大、速度快、旋转强，导致接发球的挥拍和击球时间很短。接发球不同于底线抽击球依靠身体旋转来增加力量，而是借助身体重心的前移。接发球挥拍击球时应注意以下几点。

（1）快速侧身后，减小挥拍动作幅度。拍头向前加速包裹来球，前挥完整，动作流畅、不间断。

（2）掌握拍形。在击球瞬间握紧球拍，使拍头稳定。

（3）击球位置固定。球拍与球接触位置尽可能控制在球拍的甜点（球拍中心）上，使球身与拍面完全接触。

（4）注意球身与身体的距离，一般小于正常击球距离，使手臂带动身体转动，借助身体的力量将球击出。

（5）后腿蹬地，重心向前转移。（图 3–6–14）

图 3–6–14

4. 随挥

接发球时基于动作的稳定性要求，随挥要求球拍向前推送完整，以便产生足够的撞击力度，并由前臂带动球拍自然向前、向上，使整个接发球动作完整、自然、流畅。（图 3–6–15）

（五）截击

截击是指来球过网未落地之前在空中飞行时被凌空回击到对方场区的击球技术，又称拦网。

1. 握拍与站位

正反手截击常用的握拍方式都为大陆式，这样在截击时就省去了换握拍的麻烦。在准备截击时两脚平行站立，与肩同宽，脚跟稍稍抬起，膝关节微屈，上体略微向前倾斜，以便灵活移动，非持拍手扶拍颈将球拍置于胸前，拍头竖起指向前方。（图 3–6–16）

图 3–6–15

图 3–6–16

2. 引拍

截击技术的引拍动作要迅速、简练。不管是正手截击，还是反手截击，引拍动作一定是先分腿垫步再以肩转动引拍。正手引拍以右脚为轴向右侧转动，球拍略微向后打开，后引不要超过右肩，身体面向来球方向，拍头高于手腕，手腕高于肘关节，保持手腕固定，眼睛紧盯来球。反手引拍以左脚为轴向左侧转动，同时左手辅助拍颈将球拍向后拉，持拍手的肘关节弯曲，拍头向上竖立，球拍置于来球后方，重心移向左腿。（图 3–6–17）

3. 上步击球

看准来球，正手时右脚蹬地向前上方跨出左脚，反手时左脚蹬地向前上方跨出右脚。触球应该迅速、干脆、简短，手腕紧固，保持拍面的稳定。一般来说，击球点位置越低，拍面就越接近水平；击球点位置越高，拍面就越接近垂直，甚至是略微向下。与此同时，球拍的触球部位也由球的底部到后中上部发生微妙的变化。（图 3–6–18）

图 3–6–17

图 3–6–18

4. 随挥和回位

截击的随挥动作要短而脆，随球动作幅度极小。完成截击动作时，身体重心在跨出去的脚上，拍面指向出球方向。完成一次截击后应立刻收回跨出去的脚，回到刚开始的准备姿势，或者向前跟进准备。

（六）凌空抽击

当对方的回球是较高、较慢的中前场球时，越来越多的选手选择用正反手的大力抽击球把球回击到对方场地，这就是凌空抽击。其动作要点是：击球点必须靠前，击球的高度在腰部和肩部之间；击球时，向前迈出的脚要大跨步，同时夹紧腋下，更多地使用前臂的力量；击球后球拍大幅度地随挥出去，结束时身体重心明显前移。（图 3–6–19）

图 3–6–19

（七）高压球

所谓高压球，是指在头顶以类似发球的动作用扣压方式完成的一种击球技术。高压球根据击球方式的不同可以分为正手高压球和反手高压球，根据球是否落地又可以分为落地高压球和凌空高压球。其动作都与发球相似。

1. 握拍与步法

高压球的握拍基本为大陆式握拍。侧并步是在高压球中比较常见的步法，多用于对手被动挑高球时运动员主动高压。此时，侧身引拍后，后脚带领前脚小步后撤，类似于侧滑步移动。侧后交叉步比侧并步难度稍大一点。侧身引拍时，前脚经后脚后方向做后撤步，再让后脚移动至两脚平行位置，两脚依次交替移动。不论采用哪种移动方式，最后都是双脚一前一后的站位，两脚的连线几乎与球网垂直，人体的重心在后面的脚上。

2. 侧身举拍

高压球的动作与发球相似，但球拍直接从体前举起，并迅速侧身，持拍手向后抬起，将球拍放置于脑后偏上位置，非持拍手高高抬起，向前上方伸展指向来球，并维持身体平衡。（图 3-6-20）

3. 扣腕击球

当来球接近击球区域时，后脚蹬地发力，由上肢带动肩部回转，快速向前上方挥动手臂，在手臂带动下拍头快速向前、向上挥动。击球时上臂、前臂完全伸展于高点，前臂内旋以做到拍面平击来球。跳起扣杀时，在击球瞬间前后脚在空中交换，落地时非发力脚先落地。（图 3-6-21）

图 3-6-20

图 3-6-21

（八）挑高球

挑高球技术是把对方来球向空中高高挑起，使球越过对方或对方队友，落入其球场后端，为自己赢得回位时间或直接得分的技术。

1. 上旋挑高球

正手上旋挑高球大多采用半西方式握拍。准备击球前，上步转肩向后做弧线引拍动作，向前击球的瞬间，拍头低于手腕的位置，采用手腕与前臂的旋内动作，由后下方向前上方挥拍，做弧线“鞭打”以加强球拍对球的擦击。（图 3–6–22）

图 3-6-22

反手上旋挑高球时，侧身转肩，右脚向前跨出，身体重心在右脚。转髋转腰，球拍由后下方向前上方挥出，拍面尽量垂直于地面，拍头略低于手腕。通过手腕与前臂的强力旋内动作触击球的中部或中下部，使球产生强烈上旋。（图 3–6–23）

图 3-6-23

2. 下旋挑高球

正手下旋挑高球采用大陆式握拍。转肩向后引拍，球拍要低于预期的击球点，膝关节要微屈，非持拍手前伸维持身体平衡。在上步击球时球拍拍头向前加速，并确保拍面微微打开。拍面打得越开，球的飞行轨迹就越高，相应的，就会影响击球的深度。击球点在身体前面腰部高度。通过微微向下摩擦球体的后中下部使其产生下旋，最后以向前、向上的随挥动作结束击球。

反手下旋挑高球，引拍类似于反手切削球。拍头始终处于低点，以便能做出从低往高的挥拍动作。保持膝关节弯曲，两脚前后开立，向前上脚时向上、向前加速挥拍。

（九）放小球

放小球就是轻轻将球放到对方网前的一种击球技术。其目的是把球打到对方场区靠近网的位置，以调动对方，争取比赛的主动权。放小球的技术要领如下。

（1）采用与底线正反手抽击球相同的握拍方式，在向前挥击球瞬间将握拍方式调整为大陆式握拍或根本不换握拍的方式。为保证放小球动作的隐蔽性和突然性，尽可能把换握拍的时间推后，以免让对手过早察觉击球意图。

（2）击球前的准备姿势、后摆拉拍和前挥动作与正反手抽击球相似，动作要尽可能隐蔽，使对手无法判断。

（3）击球时，侧身对网，手腕保持适度紧张，拍面稍向后仰，拍头高于设想的击球点。

球拍触球瞬间，手腕放松，拍面打开，从球后部向下摩擦球，使球产生下旋，前臂和手腕前送、上托将球轻柔地送过网。

（4）击球后身体重心向击球方向跟进，自然、协调、连贯地完成随挥动作。

（十）反手切削球

反手切削球的适用范围非常广泛，在比赛中可以达到化解危机、改变球的旋转、调整击球节奏的目的。反手切削球的技术要领如下。

（1）持拍手的握拍为大陆式。当决定用反手切削球技术时，立即向非持拍手的一侧转体、转肩带动手臂转动，基本上让背部对准对手。两脚的连线基本与端线垂直，双膝微屈。保持拍面微微打开，拍头上翘，并高于拍柄。持拍手在肩部高度弯曲肘关节。

（2）击球时，左脚向前蹬地发力，向前大步跨出右脚。向前顶髋，转肩，保持人体重心向前转移；持拍手臂由后上方向前下方挥出，手腕保持紧张，拍面微微向上打开，在身体的左前方切击球的后中下部。左手也随之向后摆出，以维持身体的平衡。整个过程中眼睛始终紧盯来球。

（3）击完球后，身体重心惯性前移。手臂、球拍也随惯性前移，挥击至右肩高度，在身体右前方肩部高度结束动作。

二、网球基本战术

就战略战术而言，对不同水平的网球运动员有不同的要求。运用战术要从实际出发，根据双方的打法和场上的具体情况而定。另外，场地条件（如沙土地、硬地和草地）、环境条件（如风、阳光和室内室外）以及心理因素等都决定了对不同战术的要求。

（一）单打基本战术

1. 全面了解对手，争取战术主动

比赛前，要经过调查研究，对对手及自己进行全面分析，然后制订几套作战方案。要了解对手技术状况（如握拍方法、正反手击球的特点、路线、力量、站位习惯和发球威力等）、竞技状况（年龄、体力、个性和素质等）、心理素质及性格特征等；从思想上和心理上做好准备。

2. 稳定性击球与冒险性击球的合理选用

在网球比赛中，运动员击球的目的是打死对方或迫使对方失误。因此，在早期的网球练习中应强调稳定性为主，努力提高击球成功率，避免无故失误。当运动员的信心和技术有所提高后，应加强对击球落点的控制，鼓励他们冒险打一些角度大、速度快、非

常有威胁的球。

3. 积极调动对手，寻找进攻机会

在比赛中，利用打底线两角大角度调动对手，迫使对方在跑动中击球，消耗其体力，同时利用刁钻的落点（如短球、小角球等）打乱对方的步伐节奏，寻找进攻机会。

4. 攻其弱点，掌握主动

绝大部分运动员的反手相对较弱，可通过反复球连续攻击对方反手，造成其心理压力，迫使对方逐步离开场区的有利位置，再突然回击直线球攻其正手，或打反复球（回头球）使其转身不及，判断失误失分。

5. 发球上网

发球是创造上网截击的最佳途径，是获取胜利的有效手段。但也绝非一发球就能上网。要根据发球的效果，创造机会迅速上网。

6. 随球上网

在底线往返抽球过程中，对方一出现短（浅）球，应立即抓住时机将球打到对方底线反手深处，随球上网，准备打截击球。

7. 接发球上网截击

当对方发球后不上网且球的力量不大、角度不刁时，接发球者应打其反手深处或后场，随即上网截击。若因二发球的落点浅、反弹高，则可用切削放短球（小球）的方法迫使对手被动回球，随即上网截击。

8. 阻止对方发球上网

当对方发球上网时，最有效的方法是把球击向对方脚部。如对方已占据网前有利位置，则应采用角度较大的两边破网战术和挑得既高又深的挑高球战术应对。

总之，在单打战术的运用上，要力争牵着对方打，使对方跟着自己的节奏变化而变化，决不能跟着对方走。要善于抓住对方弱点，用好自身长处。要根据场上情况，灵活多变，不断进行战术调整，使技术发挥充分，争取胜利。

（二）双打基本战术

双打是两人配合的比赛项目，运动员只有能够预料和理解同伴的意图，在站位和技术上互补，才能打出好的战术配合。相对于单打战术而言，双打战术更为复杂，对技术的要求更全面，其战术体系与单打战术体系不一样。双打战术与单打战术主要有以下几点区别。

1. 第一发球的方式及命中率要求不同

一般单打第一发球的力量较大，多用平击的大力发球，因此命中率比较低。而双打要求发球上网（特别是男子双打必须发球上网），要求第一发球的命中率在 90% 以上，所以多采用命中率较高的切削发球或上旋发球，落点发在对手的弱点上，以利于上网。

2. 击球的路线和落点不同

以单打的底线战术为例，在慢速场地和女子比赛中广为流行的战术是以正、反拍抽击直线深区为基本路线和落点来组织进攻的。而双打由于两人并肩站位，有效的击球线路和落点多为中路和小斜线，球过网的高度要尽量低，以防对手截击。高水平的双打有时会拉开对方，攻中间空当，巧妙地把球打到对方的脚下，迫使对方从下向上击球，从而抓住时机上网截击。有时落点比力量更重要。

3. 战术的特点与分类不同

如果说单打战术可以简单地分为底线型、网前型和综合型，那么在高水平的双打比赛中，发球局几乎是清一色的网前型，不论在什么性能的场地上，也不论是男双、女双还是混双，两人不利用发球抢攻夺下发球局，想在接发球时反攻就比较困难了。即使这样，接发球时也要全力反扑，伺机上网，比赛中经常出现双方运动员都在网前激烈对攻、短兵相接的局面，且双打中可采用二打一战术，多攻较弱队员。这在单打比赛中是很少出现的。

4. 击球方式不同

双打较单打需要更加全面的技术，高水平的双打比赛几乎是发球、接发球、截击球、破网、高压球和挑高球的比赛，凌空击球的次数明显增加，随之出现了许多高难技术，如接发球破网、接发球挑高球、反弹球、截击挑高球和放轻球、追小球破网等，这都是双打战术的需要。因此，双打运动员比单打运动员要求具有更好的截击和高压球技术。

5. 双打比赛的发球局得胜率比单打比赛高

由于双打比赛发球局有一人可以抢先占据网前的进攻位置，再加上发球者的有力发球进攻，使得发球方得胜的概率明显增大。一旦一方丢失发球局，则很难挽回该盘比赛的劣势。如果在势均力敌的较量中，局数战至6平，打小分时的发球，则不可轻易丢失，不然就很难胜出。

—— 思政小课堂 ——

纵观历来职业网球比赛，还没有发现运动员打假球、服用兴奋剂现象，也没有出现“黑判”、组委会操纵比赛等不诚信现象。另外，由于网球是一项速度很快的运动，为给予运动员一个公允判罚，目前大满贯赛事都安装了“鹰眼”，运动员每盘有2次“鹰眼”挑战机会，以确认是界外球还是界内球。从这个层面来说，裁判员要公平公正，运动员也要诚实守信。此外，目前很多业余网球比赛都采用“信任制”，不再设场地裁判员，由运动员双方自主担任裁判员、报分，这就需要运动员有高度的自觉，诚实守信，实事求是。如运动员触到球网、球触运动员身体、球已弹地两次等要主动报告，如果双方有争议可以重赛。网球运动把诚实守信、公平正义体现得淋漓尽致。网球运动能够培养大学生诚实守信、谦虚谨慎的优良品质。

网球竞赛规则

项目四　形体运动

学习目标

1. 了解健美操、体育舞蹈的相关知识。
2. 学习健美操、体育舞蹈基本技术和练习方法。

任务一　健美操

健美操

健美操是在音乐伴奏下进行各种不同类型的操化动作，它融体操、舞蹈、音乐于一体，以身体练习为基本手段，有氧运动为基础，以达到增进健康、塑造形体和娱乐身心的目的。现代健美操起源于20世纪60年代末的美国，当时的美国太空总署为了对宇航员进行体能训练，由医学博士库伯尔（Cooper）根据宇航员所处的特殊环境和对身体机能的特殊要求，设计了一些配合音乐的有氧训练动作，这些训练内容后来逐步发展成为一项具有独特体系的运动。

20世纪70年代末，健美操发展成为一项独立的体育运动项目，风靡世界。好莱坞电影明星简·方达（Jane Fanda）是现代健美操运动的代表人物，她根据自己的健身体会和经验编写了《简·方达健美术》一书和录像带，该书于1981年在美国出版发行，立刻引起轰动，并被翻译成20多种文字，在全世界30多个国家出售，对健美操运动在世界范围内的推广起到了巨大的作用。

20世纪80年代初，健美操运动传入中国，从一开始就受到了青年学生的喜爱，并在高校和社会上普及开来。随后，北京、上海、广州等地相继举办了各种健身健美操活动，同时，结合中国实际情况创编出各种各样的徒手健美操和持轻器械健美操，极大地推动了中国健美操运动的发展。根据健美操练习的不同目的和任务，健美操可分为健身健美操和竞技健美操两大类。

一、健美操的基本动作

健美操的基本动作是指动作中最主要、最稳定的部分，其他动作是以此为核心产生和发展出来的。健美操的基本动作内容丰富，但相对简单，练习者易于练习和掌握，基本动作也是掌握其他动作的基础。

（一）健美操的基本手形（图 4-1-1）

健美操有多种手形，它是从爵士舞、西班牙舞、迪斯科、武术中吸收和发展起来的。手形恰到好处地运用，可以使手臂动作更加生动活泼，表现出美感，还有助于加强动作的力量性。健美操的手形主要有拳掌和两种。

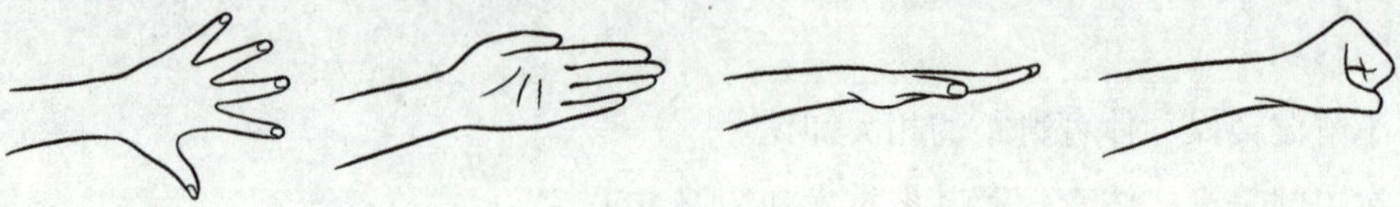

图 4-1-1

（1）开掌：五指用力伸直张开。

（2）并掌：五指并拢伸直。

（3）拳：五指弯曲紧握，拇指压在食指、中指的第二关节。

（二）头、颈基本动作（图 4-1-2）

头、颈基本动作包括屈、转、绕与绕环等动作。做各种形式的头颈动作时，节奏要慢，上体保持正直，充分伸展颈部的被动肌群。

图 4-1-2

（三）肩部动作（图 4-1-3）

肩部动作由提肩、沉肩、绕肩、肩绕环等动作组成。提肩时要尽量向上，沉肩时要尽量向下，动作幅度要大而有力，绕肩时上体不能摆动，颈与头不能前探。

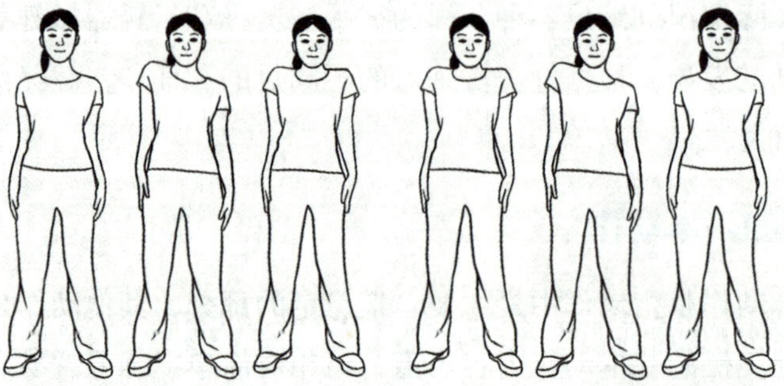

图 4-1-3

（四）臂部动作（图 4-1-4 至图 4-1-9）

臂部动作包括举、屈、伸、摆、绕、绕环、振、旋等动作。做臂部动作时，上体保持正直，位置要准确，幅度要大，力求伸展到身体的最远端。

图 4-1-4

图 4-1-5

图 4-1-6

图 4-1-7

图 4-1-8

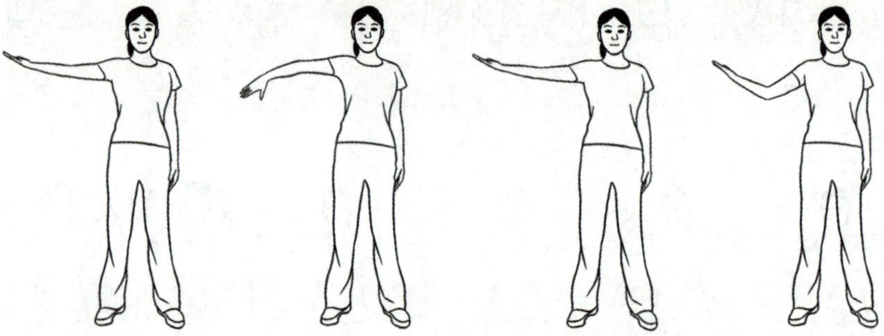

图 4-1-9

（五）胸部动作（图 4-1-10）

胸部动作由含胸、展胸、移胸等动作组成。练习时，收腹、立腰，胸的动作要达到极限。

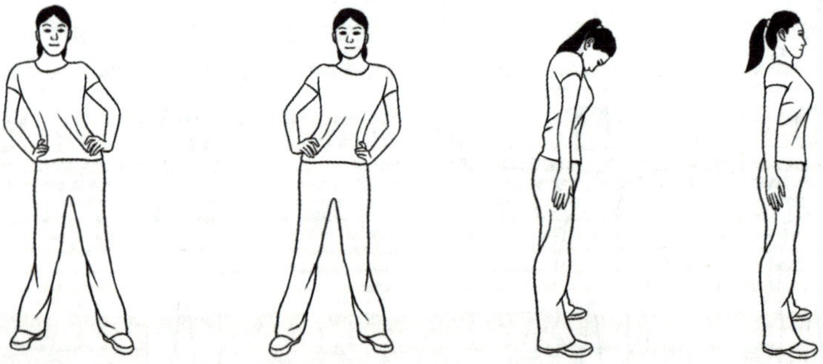

图 4-1-10

（六）腰部动作（图 4-1-11）

腰部动作由屈、转、绕、绕环等动作组成。做腰部动作时，身体远端尽力向外延伸，前驱、转时，上体立直，绕和绕环时，速度放慢，要充分及连贯。

图 4-1-11

（七）髋部动作（图 4-1-12、图 4-1-13）

髋部动作由顶髋、提髋、绕髋和髋绕环等动作组成。练习髋部动作时，上体放松，髋关节应平稳、柔和、协调，并稍带弹性。

图 4-1-12

图 4-1-13

（八）健美操的基本步伐（图 4-1-14、图 4-1-15）

健美操基本步伐是体现健美操练习者下肢动作基本姿态的主要练习手段，基本步伐的练习能培养练习者的协调性和节奏感。健美操规则规定的 7 个基本步伐是踏步、吸腿跳、踢腿跳、后踢腿跳、弹踢腿跳、开合跳和弓步跳。

（1）踏步：两腿交替，不间断地做屈膝上提然后踏地的动作。踏步动作包括脚尖不离地的踏步、脚离地的踏步、高抬腿的大幅度踏步。

（2）吸腿跳：单腿跳起，同时另一腿屈膝向前、侧上提。

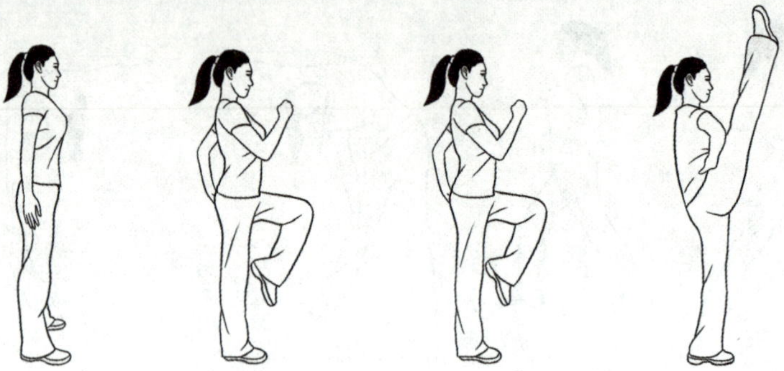

图 4-1-14

图 4-1-15

（3）踢腿跳：单腿跳起，同时另一腿直腿向前、侧方向踢出。包括小幅度和大幅度的踢腿。

（4）后踢腿跳：两脚交替有短暂腾空过程（类似跑步），小腿向后屈。

（5）弹踢腿跳：单腿跳起，同时另一腿经屈膝向前、侧方向弹踢。

（6）开合跳：并腿跳起，分腿落地，然后分腿跳起，并腿落地。

（7）弓步跳：并腿跳起，落地时成前（侧、后）弓步。

在进行基本步伐的练习时，跳跃要轻松自如，有弹性，注意呼吸的配合。

二、健美操的动作编排

健身健美操的动作编排以 32 拍为一个单位，也就是 4 个 8 拍为一组。

（一）基本动作节拍

例如，1 个踏步 = 1 拍 = 1×8 拍（可做 8 次）；1 个开合跳 = 2 拍 = 1×8 拍（可做 4 次）。

（二）组合动作的基本方式

掌握健美操的基本步伐后，就可以利用这些动作开始进行锻炼了。为了进一步理解和巩固这些动作，最初可以反复练习，当步伐熟练后，就可以把这些单个步伐按照自己的实际水平组合在一起，变成一组一组的动作，避免反复练习单一动作的枯燥感。初学者一组动作可包括 2～4 种步伐，对于中级水平的练习者来说一组动作可包括 5～6 种步伐。通常 4 个 8 拍（32 拍）为一个组合。

例如，4 个动作组成一个组合。8 次踏步（1×8 拍），4 次弓步跳（1×8 拍），4 次吸腿跳（1×8 拍），4 次开合跳（1×8 拍），共 32 拍。

（三）动作的变化方式

在熟练掌握健美操的基本步伐，学会将单个步伐组合成 32 拍的动作组合后，为了使动作组合变得更加丰富、更具挑战性，还要懂得运用动作变化的基本要素。

①方向变化：在完成某一个动作时进行不同方向和不同度数的变化。例如，顺时针转 90°，向左、向右转。

②动作杠杆的变化：在完成动作时改变手臂和腿的用力长度。

③冲击力的变化：在不改变动作结构的前提下，改变冲击力。

④路线变化：在进行健美操练习时，沿不同的路线做动作，如“Z”“L”“W”形等。

⑤风格的变化：在不改变动作结构的前提下，改变动作的风格，如踏步加上摆髋变成拉丁操的风格。

⑥手臂动作的变化：在不改变基本步伐的基础上，不断改变手臂动作。

—— 思政小课堂 ——

健美操项目，尤其是引入啦啦操项目特征的健美操课程，是一种讲究团队精神的大众体育运动。每一个项目参与者都要出色地完成任务，无论站在团队的哪个位置，团队成员之间都需要相互配合，沟通协作，这能很好地培养大学生的集体主义观念、换位思考能力、团结协作精神和协调决策能力。

任务二　体育舞蹈

体育舞蹈起源于西方国家，经历了原始舞蹈—公众舞—民间舞—宫廷舞—社交舞—新旧国际标准舞等数百年的发展阶段，也称交际舞、交谊舞。

体育舞蹈起源于14—15世纪的意大利，16—17世纪流传到欧美各国，后在法国得到较快发展。1768年巴黎举办了第一个收费的舞会，法国大革命推动了舞会交际舞的发展，华尔兹成为19世纪中叶主要的舞会交际舞。1924年开始，英国皇家舞蹈教师协会对华尔兹、探戈、维也纳华尔兹、狐步、快步等舞的舞姿、舞步和跳法加以规范和整理，称作国际标准舞。第二次世界大战后，英国皇家舞蹈教师协会又将伦巴、恰恰恰、桑巴、斗牛、牛仔等拉丁舞整理并纳入了国际标准舞范畴。此时，国际标准舞已包括了标准舞、拉丁舞，并发展到了10个舞种。国际标准舞以其特有的风格和魅力在极短的时间里风靡世界，并获得了极高的国际声誉。其本身具有的文明典雅和规范化的基本舞步以及日趋清晰的技巧体系，得到了公众的认可，并获得了广泛的发展。

国际标准舞的普及推动了其竞赛的开展。1959年，国际交际舞理事会制定了规则，举行了第1届交际舞世界锦标赛，此后每年举行一次。1960年，拉丁舞正式列入世界锦标赛比赛项目。1964年，国际标准舞又增加了新的表演和比赛项目——团体舞(也称队列舞)，使国际标准舞10个舞种的风格特点得到更为鲜明的体现。至此，国际标准舞已发展成为标准舞、拉丁舞、团体舞3种形式，每年在国际上都有不同地区、不同规模、各种级别的多种比赛，后被称为体育舞蹈。

一、体育舞蹈的常用名词及术语

（1）舞程向：在同一舞池中，为避免舞者相碰撞，规定必须按逆时针方向行进。这一行进方向称舞程向。

（2）舞程线：沿舞程向方向行进的路线叫舞程线。（图 4–2–1）

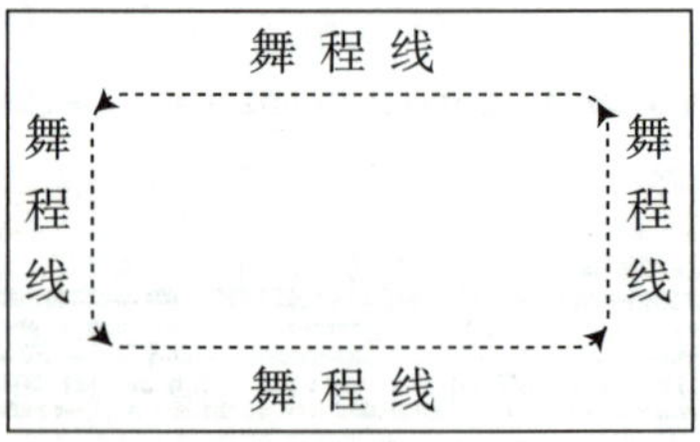

图 4–2–1

（3）舞姿：舞姿泛指舞者跳舞的姿态。

①合对位舞姿（闭式舞姿）：“合”指男女交手握抱；“对”指男女面对面，泛指男女面对双手扶握的身体位置。

②侧行位舞姿（简称 P.P.）：指男士的右侧与女士左侧身体贴靠，身体的另一侧略向外展开呈“V”字形的站立或行进的身体位置。

③外侧位舞姿（简称 O.P.）：指在标准舞中，男女舞伴的一侧脚向舞伴同侧脚的外侧（右外侧或左外侧）前进所形成的身体位置。

④并肩位舞姿：指拉丁舞中，男女面对同一方向肩臂相并的身体位置，以男士为基准，男士左肩与女士右肩相并叫“左并肩位”；男士右肩与女士左肩相并叫“右并肩位”。

⑤影子位舞姿：男女舞伴面向同一方向重叠而立，形影相随的身体位置，以女士居前较常见。

（4）反身动作：一侧脚前进或后退时，同侧肩和胯后让或前送，使身体与舞步形成反向配合的身体动作。

（5）反身动作位置：在身体不转动的情况下，一脚在身前或身后形成交叉，以保证两人身体维持相靠姿态的身体位置叫反身动作位置，常用于外侧舞伴姿态、侧行位置姿态的舞步中。

（6）升降动作（起与伏）：指在跳舞时身体的上升与下降，升降动作是在膝、踝、趾关节的屈和伸动作的转换中完成的。

（7）倾斜动作：指在跳一些舞步时，身体倾斜的动作。从形体上讲，它指肩的平衡线向左向右倾斜，与地面的水平线呈三角斜线。

（8）节奏：通常指以一定规律反复出现、赋予音乐以性格的具有特色的节拍。

（9）速度：这里指音乐速度，即每一分钟内所演奏的小节总数。

（10）准线：指的是双脚的位置或双脚方向与场地的关系。

（11）平衡：舞蹈中身体重心的准确分配。

（12）基本舞步：构成一种特定舞蹈的基调舞步型。

（13）滑步：指在第二步双脚并拢的三步组成的舞步。

（14）踌躇步：前进暂时受阻的舞步型或舞步型部分重心停留于一脚超过一拍。

（15）锁步：两脚前后交叉的舞步。

（16）脚跟转：向后迈出的脚的脚跟转。在动作过程中并上的脚必须与主力脚平行，旋转结束时身体重心移动至并上的那只脚。

（17）脚跟轴转：不变重心的单一脚跟旋转。

（18）开式转：第三步不是并靠而是超越第二步的旋转。

（19）轴转：一脚脚掌旋转，另一脚处于或前或后的反身动作位置。

二、体育舞蹈的创编

体育舞蹈的创编就是将单个动作按一定的时间、场地、范围和方向路线，合理地连贯起来，组成一套动作。体育舞蹈的创编在体育舞蹈教学、训练和比赛中都十分重要。

（一）体育舞蹈的创编原则

体育舞蹈的创编必须有一个总体构思。首先要确定整套动作的风格、结构、运动负荷、主体动作和动作顺序，进行精心设计。其次要选择适宜的音乐，解决好单个动作、组合动作的连接，使音乐格调、节奏与动作协调，力求动随音转，音随动张，相辅相成，相得益彰。在创编的过程中要遵循如下原则。

1. 目的性原则

①根据不同的目的任务创编。

②根据不同对象的特点创编。

③根据体育美学的形式美创编。

2. 全面性原则

①身体各部位活动全面。

②动作的时空变化丰富。

3. 合理性原则

①恰当编排动作。

②科学安排运动负荷。

4. 艺术性原则

①音乐选配的艺术性。

②动作设计的艺术性。

（二）体育舞蹈的创编步骤

①创编前的准备。

②制定总体方案。

③音乐选择与剪接。

④进行动作创编。

⑤练习与调整。

⑥撰写文字说明与绘图。

（三）体育舞蹈的创编方法

①设计新颖独特的开始与结束。

②多种方法创编单个动作。

③以独特的思路创编成套动作。

三、体育舞蹈基本技术实践

（一）标准舞

标准舞，体育舞蹈项群之一，在此介绍最常见的华尔兹舞种。

1. 华尔兹的基本知识

①风格特点：庄重典雅，华丽大方，动作流畅起伏，婉转多变，舞姿飘逸洒脱，男士气宇轩昂，女士雍容大方。

②音乐节奏：3/4 拍，一般情况下 30 ～ 32 小节 / 分钟，音乐华丽，节奏明显。

③基本步伐：左脚并换步、右转步、右脚并换步、左转步、叉形步、侧行追步、后

退锁步、后叉形步、纺织步、右旋转步。

2. 华尔兹的握抱姿势

①闭式舞姿。（图 4–2–2 至图 4–2–4）

图 4–2–2

图 4–2–3

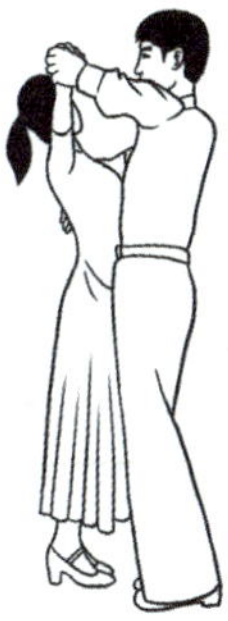

图 4–2–4

②散式舞姿。（图 4–2–5）

③外侧舞姿。（图 4–2–6、图 4–2–7）

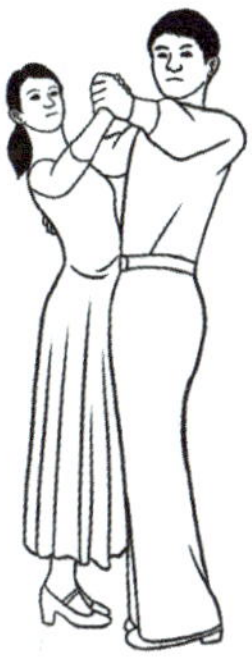

图 4–2–5

图 4–2–6

图 4–2–7

3. 华尔兹的基本步伐

①左脚并换步：开始姿势采用闭式舞姿，结束姿势采用闭式舞姿。1 ～ 3 步动作及脚迹图示见图 4–2–8 至图 4–2–12。

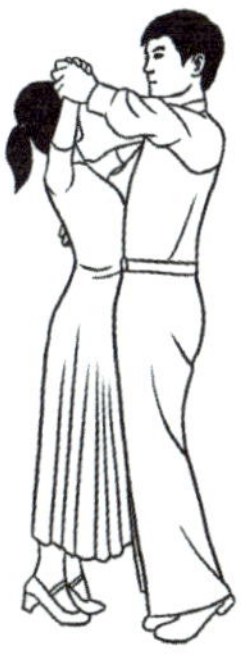

图 4–2–8

图 4–2–9

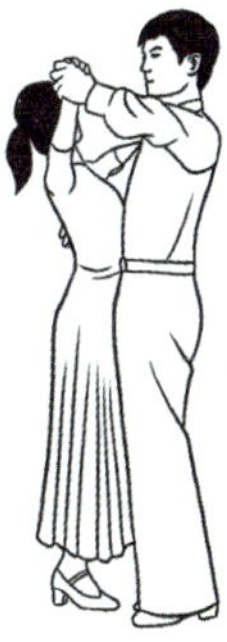

图 4–2–10

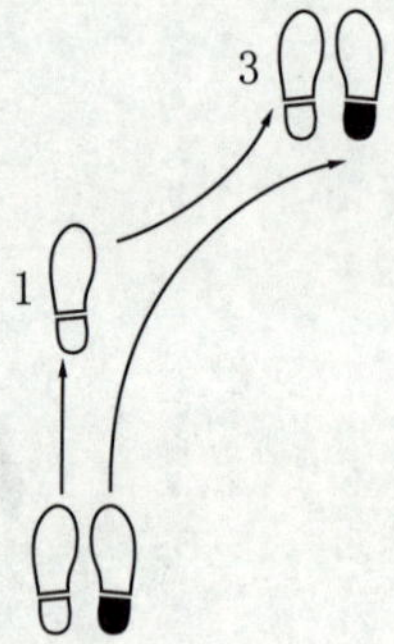

图 4-2-11

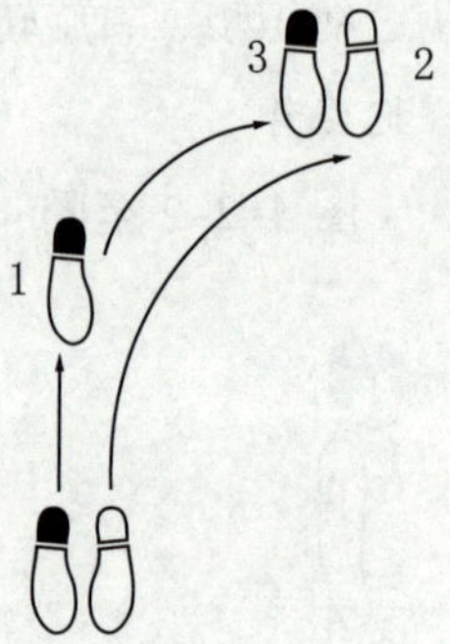

图 4-2-12

②右转步：开始姿势采用闭式舞姿，结束姿势采用闭式舞姿。1 ～ 6 步动作及脚迹图示见图 4-2-13 至图 4-2-20。

图 4-2-13

图 4-2-14

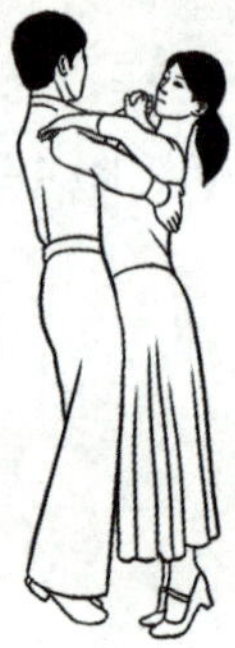

图 4-2-15

图 4-2-16

图 4-2-17

图 4-2-18

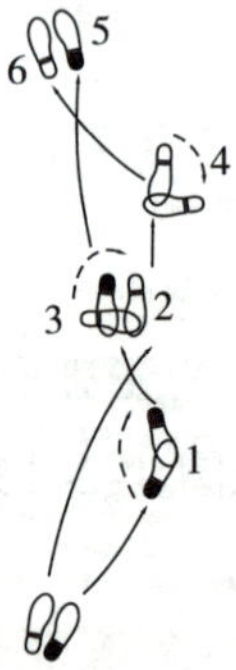

图 4-2-19

图 4-2-20

③右脚并换步：开始姿势采用闭式舞姿，结束姿势采用闭式舞姿。1 ～ 3 步动作及脚迹图示见图 4-2-21 至图 4-2-25。

图 4-2-21

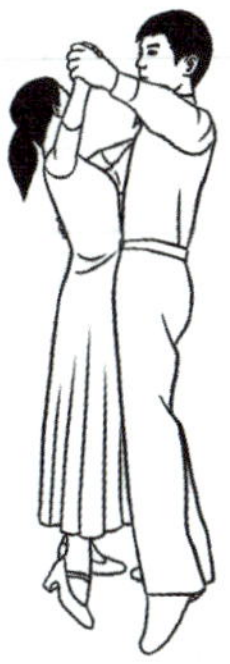

图 4-2-22

图 4-2-23

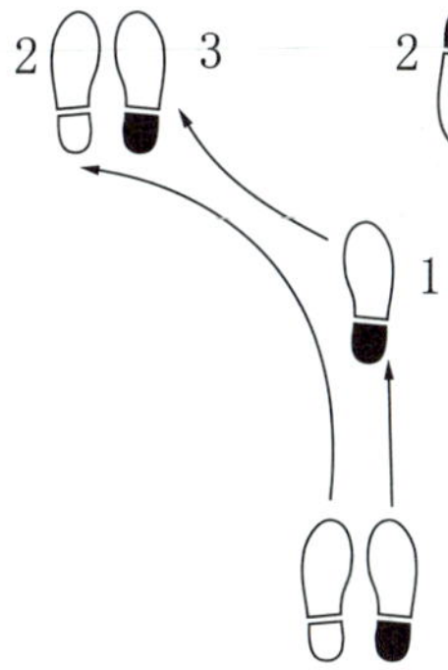

图 4-2-24

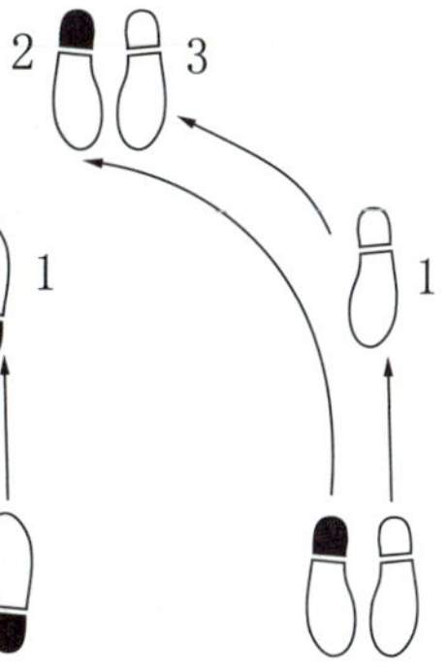

图 4-2-25

④左转步：开始姿势采用闭式舞姿，结束姿势采用闭式舞姿。1 ～ 6 步动作及脚迹图示见图 4-2-26 至图 4-2-33。

图 4-2-26

图 4-2-27

图 4-2-28

图 4-2-29

图 4-2-30

图 4-2-31

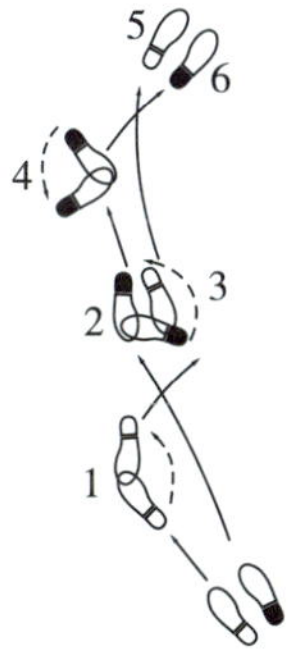

图 4-2-32

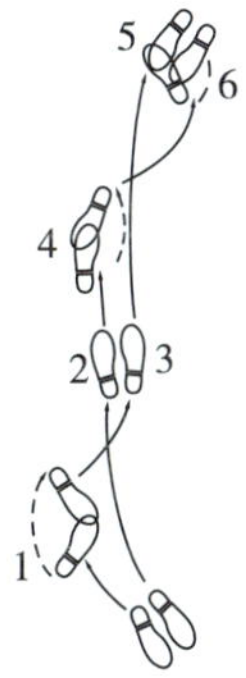

图 4-2-33

⑤叉形步：开始姿势采用闭式舞姿，结束姿势采用 P.P. 舞姿。1 ～ 3 步动作及脚迹图示见图 4-2-34 至图 4-2-38。

图 4-2-34

图 4-2-35

图 4-2-36

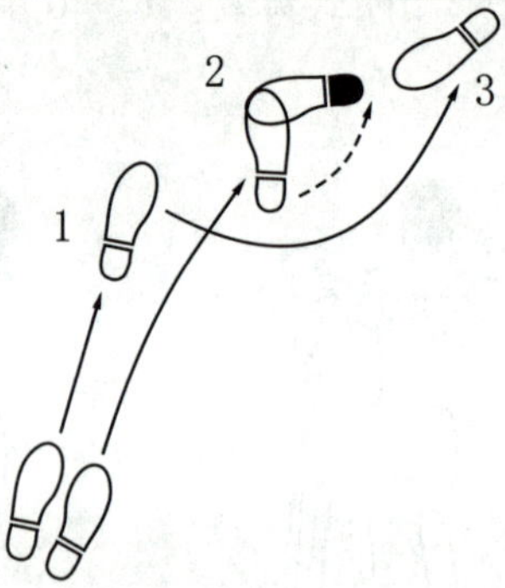

图 4-2-37

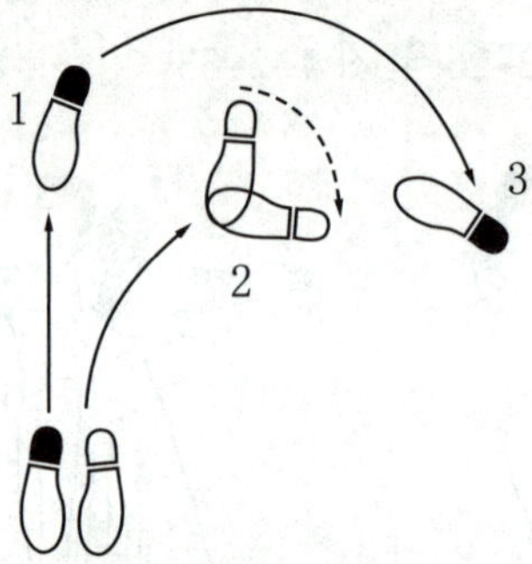

图 4-2-38

⑥侧行追步：开始姿势采用 P.P. 舞姿，结束姿势采用闭式舞姿。1 ～ 4 步动作及脚迹图示见图 4-2-39 至图 4-2-44。

图 4-2-39

图 4-2-40

图 4-2-41

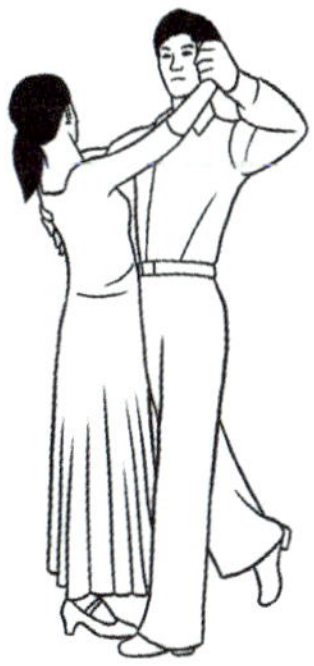

图 4-2-42

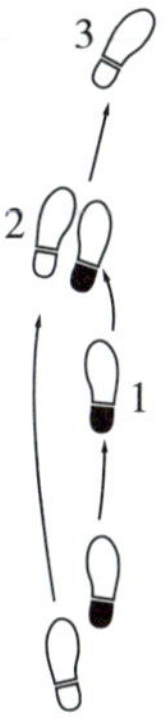

图 4-2-43

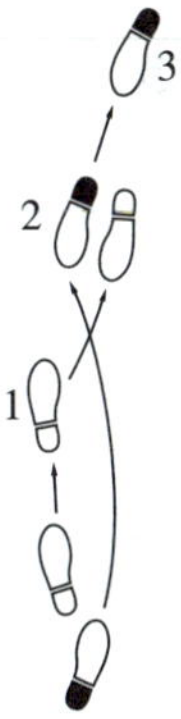

图 4-2-44

⑦后退锁步：开始姿势采用闭式舞姿，结束姿势采用闭式舞姿。1 ～ 4 步动作及脚迹图示见图 4-2-45 至图 4-2-50。

图 4-2-45

图 4-2-46

图 4-2-47

图 4-2-48

图 4-2-49

图 4-2-50

⑧后叉形步：开始姿势采用闭式舞姿，结束姿势采用 P.P. 舞姿。1 ～ 3 步动作及脚迹图示见图 4-2-51 至图 4-2-55。

图 4-2-51

图 4-2-52

图 4-2-53

图 4-2-54

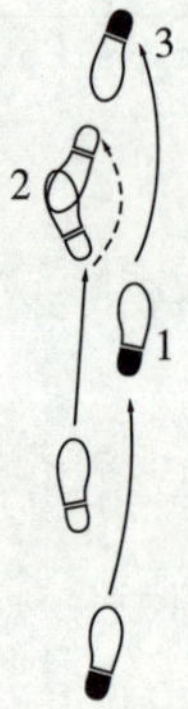

图 4-2-55

⑨纺织步：开始姿势采用 P.P. 舞姿，结束姿势采用闭式舞姿。1 ～ 6 步动作及脚迹图示见图 4-2-56 至图 4-2-63。

图 4-2-56

图 4-2-57

图 4-2-58

图 4-2-59

图 4-2-60

图 4-2-61

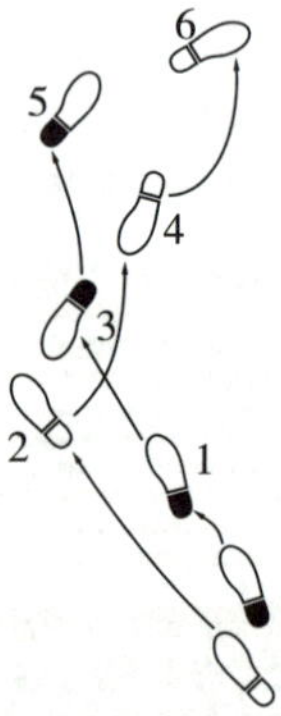

图 4-2-62

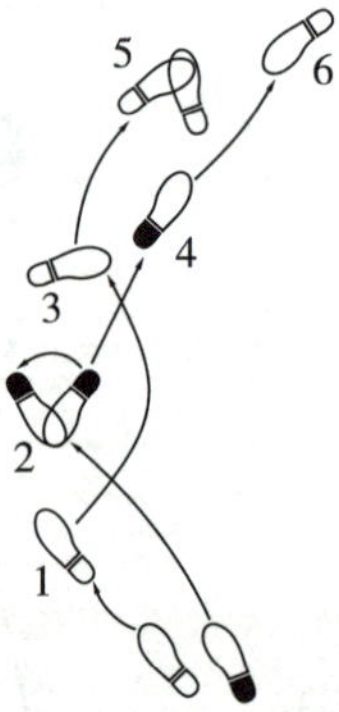

图 4-2-63

⑩右旋转步：开始姿势采用闭式舞姿，结束姿势采用闭式舞姿。1 ～ 3 步动作及脚迹图示见图 4-2-64 至图 4-2-68。

图 4-2-64

图 4-2-65

图 4-2-66

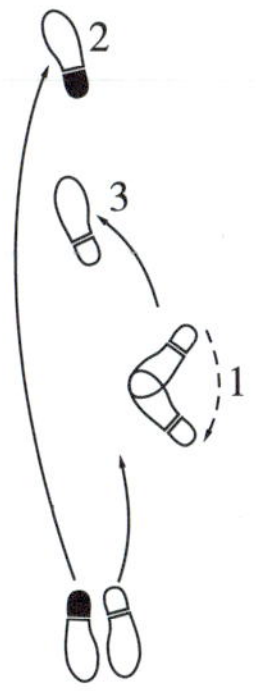

图 4-2-67

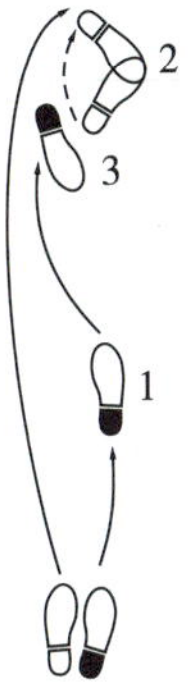

图 4-2-68

（二）拉丁舞

拉丁舞，体育舞蹈项群之一，在此介绍其中的一个舞种——伦巴。

1. 伦巴舞的基本知识

①风格特点：以胯部的转动带动腿和手臂的运动，在节奏中一张一弛。2、3 拍移动步中的前半拍为张力，后半拍为松弛 4、1 拍逗留步中的第 4 拍和第 1 拍中的前半拍为张力，第 1 拍后半拍为松弛。这样就形成了胯的摆动。

②音乐节奏：一般是 4/4 拍，每分钟为 28 ～ 31 小节，重音在第 1 拍和第 3 拍。

③基本步伐：基本步、纽约步、定点转、开式扭臀步、扇形步、曲棍步、右陀螺转、闭式扭臀步、阿里曼娜、手接手、阿伊达。

2. 伦巴舞的握持姿势

①闭式舞姿。（图 4-2-69）

②开式舞姿。（图 4-2-70、图 4-2-71）

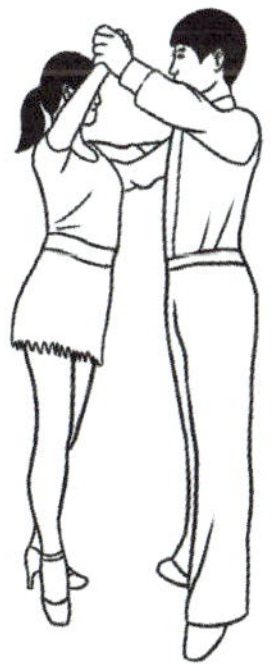

图 4-2-69

图 4-2-70

图 4-2-71

③并行舞姿。（图 4-2-72）

④并肩舞姿。（图 4-2-73、图 4-2-74）

图 4-2-72

图 4-2-73

图 4-2-74

⑤影位舞姿。（图 4-2-75、图 4-2-76）

⑥扇形舞姿。（图 4-2-77）

图 4-2-75

图 4-2-76

图 4-2-77

3. 伦巴舞的基本步伐

①基本步：开始姿势采用闭式舞姿，开立，重心男在右脚女在左脚，结束姿势采用闭式舞姿。1 ～ 6 步动作图示见图 4-2-78 至图 4-2-83。

图 4-2-78

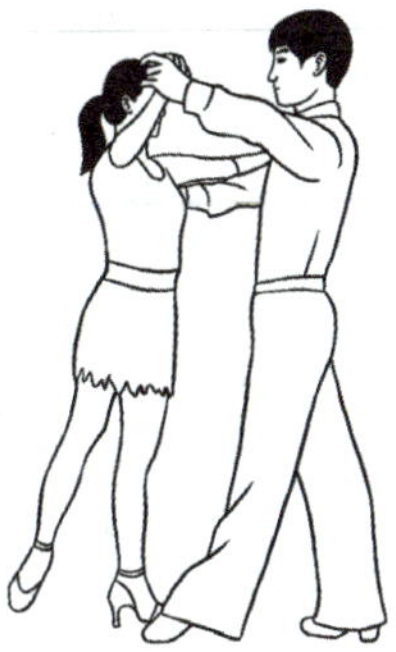

图 4-2-79

图 4-2-80

图 4-2-81

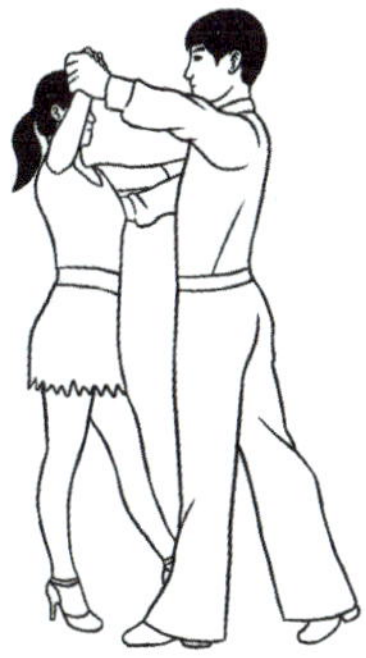

图 4-2-82

图 4-2-83

②纽约步：开始姿势采用开式舞姿，开立，重心男在右脚女在左脚，过程姿势采用并肩姿势，结束姿势采用开式舞姿。1 ～ 6 步动作图示见图 4-2-84 至图 4-2-89。

图 4-2-84

图 4-2-85

图 4-2-86

图 4-2-87

图 4-2-88

图 4-2-89

③定点转：开始姿势采用开式舞姿，开立，重心男在右脚女在左脚，结束姿势采用开式舞姿。1～6 步动作图示见图 4-2-90 至图 4-2-95。

图 4-2-90

图 4-2-91

图 4-2-92

图 4-2-93

图 4-2-94

图 4-2-95

④开式扭臀步：开始姿势采用开式舞姿，开立，重心男在右脚女在左脚，结束姿势采用女士左肩正对男士成 90° 。1～3 步动作图示见图 4-2-96 至图 4-2-98。

图 4-2-96

图 4-2-97

图 4-2-98

⑤扇形步：开始姿势采用开式舞姿，或开式扭臀步结束姿势开始，并立，重心男在左脚女在右脚，结束姿势采用扇形位。1 ～ 3 步动作图示见图 4-2-99 至图 4-2-101。

图 4-2-99

图 4-2-100

图 4-2-101

⑥曲棍步：开始姿势采用扇形舞姿，开立，重心男在右脚女在左脚，结束姿势采用开始舞姿。1 ～ 6 步动作图示见图 4-2-102 至图 4-2-107。

图 4-2-102

图 4-2-103

图 4-2-104

图 4-2-105

图 4-2-106

图 4-2-107

⑦右陀螺转：开始姿势采用闭式舞姿，开立，重心男在左脚女在右脚，结束姿势采用闭式舞姿。1 ～ 3 步动作图示见图 4-2-108 至图 4-2-110。

图 4-2-108

图 4-2-109

图 4-2-110

⑧闭式扭臀步：开始姿势采用闭式舞姿，开立，重心男在右脚女在左脚，结束姿势采用并行舞姿。1 ～ 3 步动作图示见图 4-2-111 至图 4-2-113。

图 4-2-111

图 4-2-112

图 4-2-113

⑨阿里曼娜：开始姿势采用扇形舞姿，开立，重心男在右脚女在左脚，结束姿势采用开式舞姿。1 ～ 6 步动作图示见图 4-2-114 至图 4-2-119。

图 4-2-114

图 4-2-115

图 4-2-116

图 4-2-117

图 4-2-118

图 4-2-119

⑩手接手：开始姿势采用开式舞姿，开立，重心男在右脚女在左脚，过程姿势采用并肩舞姿，结束姿势采用开式舞姿。1 ～ 6 步动作图示见图 4-2-120 至图 4-2-125。

图 4-2-120

图 4-2-121

图 4-2-122

图 4-2-123

图 4-2-124

图 4-2-125

⑪阿伊达：开始姿势采用开式舞姿，开立，男士重心在左脚女士重心在右脚，结束姿势采用并肩舞姿。1 ～ 3 步动作图示见图 4-2-126 至图 4-2-128。

图 4-2-126

图 4-2-127

图 4-2-128

—— 思政小课堂 ——

体育舞蹈是集音乐、体育、审美于一体的艺术活动。体育舞蹈的人文知识、舞美、音乐美和艺术美对大学生的气质、形象、艺术素养的提高具有良好作用。经常参与体育舞蹈学习的人的气质、形象、人文艺术气息一般较练习其他体育项目的人好。体育舞蹈训练很枯燥和辛苦，所以，体育舞蹈训练和比赛可以培养大学生吃苦耐劳、持之以恒、精益求精、积极进取、尊重规则的优良品质。

项目五　武术与健身气功

学习目标

1. 了解基本长拳、24 式太极拳、健身气功的基本理论。

2. 通过学习武术、健身气功的动作技术，发展协调、灵敏、柔韧等素质。

3. 通过对传统体育文化的学习，涵养道德，培养爱国主义、民族自豪和文化自信，振奋民族精神；充分汲取民族优秀德、礼文化，塑造高尚人格和规范行为。

任务一　基础长拳

一、基本手形、步形

（一）拳

（1）动作教学：四指并拢卷握，拇指扣压于食指第二指关节处。拳眼向上为立拳（图 5–1–1），拳心向下为平拳。

（2）动作要点：手指握紧，手腕挺直。

（二）掌

（1）动作教学：四指并拢伸直，拇指弯曲扣于虎口处为柳叶掌。（图 5–1–2）

（2）动作要点：掌指并拢，立掌背伸，小指侧朝前。

（三）勾

（1）动作教学：屈腕，五指指尖捏拢。（图 5–1–3）

（2）动作要求：指尖捏紧，屈腕成勾手。

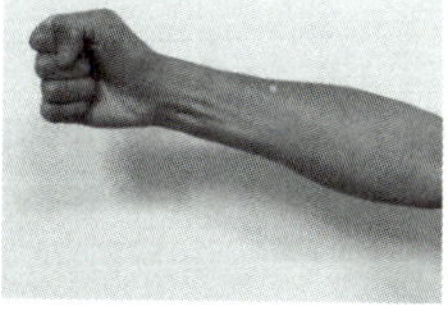

图 5–1–1

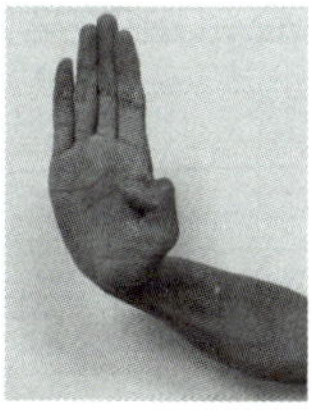

图 5–1–2

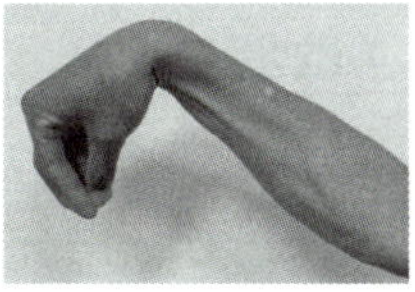

图 5–1–3

（四）弓步

（1）动作教学：两脚前后开立（约为本人 3.5 倍脚长）；前腿屈膝半蹲，小腿垂直于脚面；后腿挺膝伸直，后脚尖内扣约 45°；髋关节下沉内扣，上体正对前方（图 5–1–4）。左腿在前为左弓步，右腿在前为右弓步。

（2）动作要点：后腿挺膝伸直；后脚要全脚掌着地。

（五）马步

（1）动作教学：两脚平行开立（约为本人 3 倍脚长）；屈膝半蹲；大腿接近水平；身体重心落于两腿之间。（图 5–1–5）

（2）动作要点：挺胸、塌腰、展髋，脚跟外蹬。

图 5–1–4

图 5–1–5

（六）仆步

（1）动作教学：两脚开立，一腿全蹲，大小腿贴紧，全脚掌着地，膝关节外展；另一腿平仆伸直，脚尖内扣，全脚掌着地；开胯、挺胸、塌腰（图 5–1–6）。仆左腿为左仆步，仆右腿为右仆步。

（2）动作要点：两脚全脚掌着地；仆步腿膝关节要伸直。

（七）虚步

（1）动作教学：两脚前后开立，重心放在后腿，后腿屈膝半蹲，脚尖外展约 45°；前腿微屈膝，脚尖绷直稍内扣，虚点地面，挺胸立腰（图 5–1–7）。左脚在前为左虚步，右脚在前为右虚步。

（2）动作要点：后腿支撑身体重心，虚实要分明。

（八）歇步

（1）动作教学：两腿交叉屈膝全蹲，前脚全脚掌着地，脚尖外展；后脚脚跟离地，臀部坐于小腿上，接近脚跟。挺胸立腰。（图 5–1–8）

（2）动作要点：两腿交叉紧靠。

图 5-1-6

图 5-1-7

图 5-1-8

二、形神拳

形神拳是一套基础长拳套路，注重形与神、气与力整体配合，强调手、眼、身法、步形的协调锻炼。其包含 5 种步形：弓步、马步、仆步、虚步、歇步；3 种手形：拳、掌、勾；2 种腿法：蹬腿、弹腿。动作难度不大，动作流畅，舒展大方，长拳风格突出，适合初学者习练。

预备势：两脚并拢，头正颈直，精神集中，五指并拢，两臂下垂贴于大腿外侧；目视前方。（图 5-1-9）

并步抱拳两手握拳抱于腰间，拳心向上，两肩后展，下颌微收，头向左转；目视左前方。（图 5-1-10）

（一）丁步抱拳礼

右脚向右后退一步，同时两拳变掌在胸前交叉，两臂内旋从胸前向上、向两侧画弧，目视右手（图 5-1-11）。左掌掩右拳经腰间向前推出成抱拳礼；同时，左脚收于右脚内侧成丁步，目视前方（图 5-1-12）。

图 5-1-9

图 5-1-10

图 5-1-11

图 5-1-12

（二）左、右侧冲拳

两手变拳收至腰间，左脚向左上一步，右脚随之并于左脚；同时冲左拳，拳心向下；

目视左拳（图 5–1–13）。右脚向右上一步，左脚随之并于右脚；同时冲右拳，拳心向下，目视右拳（图 5–1–14）。

（三）开步推掌、翻掌抱拳

左脚向左侧开一步，两脚距离与肩同宽，同时两拳变掌至体侧斜下方，目视前方（图 5–1–15）。两臂屈肘上举于两耳侧，目视前方（图 5–1–16）；两掌缓慢向前推，小指一侧向前，掌根与肩同高，目视前方（图 5–1–17）。两手腕外旋翻掌变手心向前，随即直线收回腰侧抱拳，同时左脚向右脚并拢，目视左前方（图 5–1–18、图 5–1–19）。

图 5–1–13

图 5–1–14

图 5–1–15

图 5–1–16

图 5–1–17

图 5–1–18

图 5–1–19

（四）震脚砸拳、马步冲拳

右腿屈膝上提，同时右手握拳上冲于头上；右脚向左脚内侧震踏，两腿屈膝半蹲；同时，右拳背向下砸击左掌心，目视右拳（图 5–1–20、图 5–1–21）。蹬左腿，冲右拳，随之左脚下落成马步，冲左拳，冲右拳，目视左、右拳（图 5–1–22 至图 5–1–24）。左腿屈膝上提，同时左手握拳上冲于头上；左脚向右脚内侧震踏，两腿屈膝半蹲；同时左拳背向下砸击右掌心，目视左拳（图 5–1–25、图 5–1–26）。蹬右腿，冲左拳，随之右脚下落成马步，冲右拳，冲左拳，目视右、左拳（图 5–1–27 至图 5–1–29）。

图 5-1-20

图 5-1-21

图 5-1-22

图 5-1-23

图 5-1-24

图 5-1-25

图 5-1-26

图 5-1-27

图 5-1-28

图 5-1-29

（五）插步摆掌、勾手推掌、弹踢推掌、弓步冲拳

右脚向左脚后插一大步，右腿伸直，前脚掌着地，左腿屈膝，重心压于左腿；同时，两拳变掌向下、向右、向上经头前摆至左侧，与肩同高，左臂伸直立掌，右臂屈肘立掌于左肩内侧，目视左掌（图 5-1-30、图 5-1-31）。上体右转 180° 成右弓步，两手收回腰间，右手向后成勾手，钩尖向上，左掌向前推掌，目视左掌（图 5-1-32）。重心移至右腿，左腿绷脚尖向前弹踢，左手变拳收至腰间，同时右勾手变掌向前推击成弹踢推掌，

目视右掌（图 5–1–33）。左腿下落成弓步，同时右掌变拳收至腰间，左拳从腰间向前冲出，拳心向下，目视左拳（图 5–1–34）。

图 5–1–30

图 5–1–31

图 5–1–32

图 5–1–33

图 5–1–34

（六）抡臂砸拳、马步冲拳

身体右转 180° 成右弓步，左拳变掌向下、向右前方画弧，同时右拳变掌立于左肩前，目视左掌（图 5–1–35）。上动不停，两臂立圆抡臂，左手继续向上、向左、向下画弧至小腹前，掌心向上；右手向下、向右、向上握拳；同时，右腿屈膝上提，目视前方（图 5–1–36）。上动不停，右拳下落，以拳背砸击左掌心，同时右脚下落震脚成并步

图 5–1–35

图 5–1–36

半蹲，两膝并拢，目视前下方（图 5–1–37）。左脚向前上一步成左弓步，同时冲左拳，目视左拳（图 5–1–38）。左拳不动上体右转 180°，左脚蹬地迅速转髋成右弓步，同时冲右拳，目视右拳。（图 5–1–39）

（七）震脚弓步双推掌、抡臂拍脚、弓步顶肘

身体右转 90°，同时右脚提起向下震脚，左脚屈膝提起收于右脚内侧，同时两拳变掌体前交叉，内旋经头上画弧分开收至腰侧；左脚向前上一步成左弓步，同时双手从腰间向前推掌，目视前方（图 5–1–40）。左手经右肩内侧向下、向前画弧于头前上方，同时右手向上、向后经下往上以右手背拍击左掌心，眼随右掌转视（图 5–1–41）。上动不停，右脚绷紧直腿上踢，用右手拍击右脚面，目视前方（图 5–1–42）。随上势，右脚向右落成右弓步，右臂屈肘于右胸前，同时左臂屈肘，以左掌心附于右拳面上向右顶出，目视肘尖方向（图 5–1–43）。

图 5–1–37

图 5–1–38

图 5–1–39

图 5–1–40

图 5–1–41

图 5–1–42

图 5–1–43

（八）歇步冲拳、提膝穿掌、仆步穿掌、虚步挑掌，震脚提膝上冲拳

身体向左转体 180°，左脚向右腿后插一步，同时右拳变掌经头上向体前盖掌，掌外沿向前，左掌变拳收回腰间，目视右掌（图 5–1–44）。上动不停，两腿屈膝下蹲成歇步，同时左拳经右掌上方向前冲出，拳心向下，右掌变拳收回腰间，目视左拳（图 5–1–45）。

身体左后转，左拳变掌，掌心向下，右拳变掌，掌心向上由左手背上穿出，同时左腿屈膝上提，左手顺势收回腋下，目视右手（图 5–1–46）。左脚向左铲出成仆步，左臂外旋转掌心向前，掌指向左沿左腿内侧穿出，目视左掌（图 5–1–47）。动作不停，重心前移，左腿屈膝前弓，右脚蹬地向前上步成右虚步，同时左手向上、向后画弧成勾手，稍高于肩；右手由下向前上挑，掌指向上，高与肩平，目视前方（图 5–1–48）。右腿屈膝上提，随即向下震脚，随之左腿屈膝上提，脚面绷直，脚尖下垂内扣，左勾手变掌向右、向下立掌于右胸前，拇指一侧贴胸；同时右掌握拳经腰间向上冲拳，拳心向左，目视左前方（图 5–1–49）。

图 5–1–44

图 5–1–45

图 5–1–46

图 5–1–47

图 5–1–48

图 5–1–49

（九）弓步架拳、蹬腿架拳、转身提膝双挑掌

左脚向左上一步，身体左转 90° 成左弓步；同时左臂内旋屈肘向上架拳于头前左斜上方，拳心向左；右拳向下经腰间向前冲出，拳心向下，目视右拳（图 5–1–50）。重心前移至左腿，右腿屈膝提起，勾脚尖向前下蹬踢，高不过膝；同时两臂外旋收拳抱于右腰侧，拳心向上，目视前方（图 5–1–51）。上动不停，右脚后撤一步还原成左弓步架打姿势（图 5–1–52）。两拳变掌经头上随上体右转 180° 摆至右侧，动作不停，两掌继续向下、向左、向上双挑掌，同时提左膝，脚面绷直，目视两掌（图 5–1–53）。

图 5-1-50

图 5-1-51

图 5-1-52

图 5-1-53

（十）提膝穿掌、仆步穿掌

左腿下落，脚尖点地；右掌变拳收至腰间，拳心向上，同时左掌向上、向右画弧盖掌于胸前，掌心向前，身体随盖掌右转，目视左掌（图 5-1-54）。上动不停，左腿屈膝上提，脚尖内扣；同时右掌从腰间经左臂内向前上方穿出，掌心向上，稍高于肩；左掌随穿掌收于右腋下，目视右掌（图 5-1-55）。右腿全蹲，左腿向左铲出成左仆步；右臂不动，左掌转掌心向前沿左腿内侧向左脚面穿出，目视左掌（图 5-1-56）。

图 5-1-54

图 5-1-55

图 5-1-56

（十一）仆步抡拍、弓步架栽拳

上动不停，身体重心移至左腿成左弓步；同时左手向上，右手向下立圆抡臂（图 5-1-57）；上动不停，身体向右转体成右弓步，同时右臂由前向上、向后抡臂画弧至头右上方，左掌下落至左侧方（图 5-1-58），动作不停，上体右转，同时右臂直臂向下、向后抡臂画弧至后上方；左臂直臂向上、向左抡臂画弧于左上方（图 5-1-59）。上动不停，左腿全蹲成右仆步，同时右臂伸直向上、向下抡臂画弧拍于右脚内侧；左臂向下、向左抡臂画弧停于左上方，目视右掌（图 5-1-60）。身体上起成右弓步，同时右掌变拳，由下向右、向上架拳于头部右上方；左掌变拳由左向上、向右下栽拳于右膝上方，上体左转，眼随视右拳，转视左前方（图 5-1-61）。

图 5–1–57

图 5–1–58

图 5–1–59

图 5–1–60

图 5–1–61

（十二）收势

左脚向前上一步，同时两拳变掌经头上交叉，臂内旋向两侧打开，目视右掌（图 5–1–62）。右脚向左脚并拢，同时两臂屈肘抱拳于腰间；头左转，目视左前方（图 5–1–63）。还原，两手五指并拢，直臂下垂贴于大腿外侧，目视前方（图 5–1–64）。

图 5–1–62

图 5–1–63

图 5–1–64

三、初级长拳（第三路）

初级长拳（第三路）创编于 1957 年，全套动作除预备势和结束动作外，共 36 个动作，分为四段。其长拳风格突出，包括：拳、掌、勾 3 种手形；弓、马、仆、虚、歇 5 种步形；手法有冲、劈、抡、砸、栽等拳法，推、挑、穿、摆、亮等掌法；盘、顶等肘法；弹、蹬、踹、拍等腿法。其套路编排科学，布局合理，由易到难，是一套不可多得的基础性长拳套路，适合初学者学练。

预备势

两脚并步站立，两臂垂于体侧，五指并拢贴于大腿外侧。目视前方。（图 5–1–65）

1. 虚步亮掌

（1）右脚向右后方退一步成左弓步。同时右掌向右、向上、向前画弧成砍掌，掌心向上；左臂屈肘，左掌提至腰间，掌心向上。目视右掌。（图 5–1–66）

（2）右腿微屈，重心后移，左脚脚尖点地，成左虚步。左掌经胸前从右臂上向前穿出伸直，左臂内旋向左、向后画弧成勾手，勾尖向上；右臂屈肘，右掌收至腰间，掌心向上，动作不停，右手继续向后、向右、向前上方画弧，屈肘抖腕在头前上方成亮掌，掌心向前，掌指向左。目视左方。（图 5–1–67）

图 5–1–65

图 5–1–66

图 5–1–67

2. 并步对拳

（1）右腿蹬直，左腿提膝，脚尖里扣，上肢动作不变。（图 5–1–68）

（2）左脚向前落步，重心前移。左臂屈肘，左勾手变掌经左肋前伸；右臂外旋向前下落于左掌右侧，两掌与胸同高，掌心均向上。目视两掌。（图 5–1–69）

（3）右脚向前上一步，两臂下垂后摆。（图 5–1–70）

（4）左脚向右脚并步，两臂向外向上经胸前屈肘下按，两掌变拳，拳心向下，停于小腹前。目视左侧。（图 5–1–71）

图 5-1-68

图 5-1-69

图 5-1-70

图 5-1-71

第一段

3. 弓步冲拳

（1）左脚向左上一步，脚尖向斜前方；右腿微屈，成半马步。左臂向上向左格打，拳眼向后，拳与肩同高；右拳收至腰间，拳心向上。目视左拳。（图 5-1-72）

（2）右腿蹬直成左弓步。左拳收至腰间，拳心向上；右拳向前冲出，高与肩平，拳眼向上。目视右拳。（图 5-1-73）

4. 弹腿冲拳

重心前移至左腿，右腿屈膝提起，小腿顺势向前弹出，脚面绷直，高与腰平。右拳收至腰间；左拳向前冲出，拳眼向上。目视前方。（图 5-1-74）

图 5-1-72

图 5-1-73

图 5-1-74

5. 马步冲拳

右脚向前落步。脚尖里扣，上体左转。左拳收至腰间，两腿下蹲成马步；右拳向前冲出，拳眼向上。目视右拳。（图 5-1-75）

6. 弓步冲拳

（1）上体右转，右脚尖外撇向斜前方，成半马步。右臂屈肘向右格打，拳眼向后，

高与肩平。目视右拳。（图 5–1–76）

（2）左腿蹬直成右弓步。右拳收至腰间；左拳向前冲出，拳眼向上。目视左拳。（图 5–1–77）

图 5–1–75

图 5–1–76

图 5–1–77

7. 弹腿冲拳

重心前移至右脚。左腿屈膝提起，脚面绷直，猛力向前弹出伸直，高与腰平。左拳收至腰间，右拳向前冲出，拳眼向上。目视前方。（图 5–1–78）

8. 大跃步前穿

（1）左腿屈膝。右拳变掌内旋，向下挂掌于左膝外侧，上体前倾。目视右手。（图 5–1–79）

（2）左脚向前上步，两腿微屈。右掌继续向后挂，左拳变掌，向后、向下伸直。目视右掌。（图 5–1–80）

图 5–1–78

图 5–1–79

图 5–1–80

（3）右腿屈膝向前提起，左腿蹬地向前跃起。两掌向前、向上画弧摆起。目视左掌。（图 5–1–81）

（4）右腿落地全蹲，左腿随即落地向前铲出成仆步。右掌变拳抱于腰间，左掌由上

向右下画弧立掌于右胸前。目视左脚。（图 5–1–82）

9. 弓步击掌

右腿蹬直成左弓步。左掌经左脚面向后画弧至身后成勾手，左臂伸直，勾尖向上；右拳变掌从腰间向前推出，掌指向上，掌外侧向前。目视右掌。（图 5–1–83）

10. 马步架掌

（1）重心移至两腿中间，左脚脚尖里扣成马步，上体右转。右臂向左侧平摆，稍屈肘；同时左勾手变掌经腰间向前上穿出，两掌心均向上。目视左掌。（图 5–1–84）

（2）右掌立于左胸前；左臂向左上屈肘抖腕亮掌于头部左上方，掌心斜向上。目转视右方。（图 5–1–85）

图 5–1–81

图 5–1–82

图 5–1–83

图 5–1–84

图 5–1–85

第二段

11. 虚步栽拳

（1）右脚蹬地，屈膝提起；左腿伸直，以前脚掌为轴向右后转体 180°。右掌由左胸前向下经右腿外侧向后画弧成勾手；左臂随身体转动外旋，掌心向右。目视右手。（图 5–1–86）

（2）右脚向右落地，重心移至右腿，下蹲成左虚步。左拳向下栽拳于左膝上，拳

眼向里，拳心向后；右勾手变拳，屈肘向上架拳于头右上方，拳心向前。目视左方。（图5–1–87）

图 5–1–86

图 5–1–87

12. 提膝穿掌

（1）右腿稍伸直。右拳收至腰间，拳心向上；左拳变掌向上、向左画弧盖压于头上方，掌心向前。（图 5–1–88）

（2）右腿蹬直，左腿屈膝提起，脚尖内扣。右拳变掌从腰间经左臂内向右前上方穿出，掌心向上；左掌立于右胸前。目视右掌。（图 5–1–89）

图 5–1–88

图 5–1–89

13. 仆步穿掌

右腿全蹲，左腿向左后方铲出成左仆步。右臂不动，左掌由胸前向下沿左腿内侧向左脚面穿出。目随左掌转视。（图 5–1–90）

14. 虚步挑掌

（1）右腿蹬直，重心前移成左弓步。右掌稍下移，左掌随重心向前挑起，高与肩平。目视左掌方向。（图 5–1–91）

（2）右脚向左前方上步，脚尖点地；左腿半蹲成右虚步。身体随之左转。同时，左掌向前、向上、向后画弧成立掌，右掌由后向下、向前上挑成立掌，指尖高与眼平。目视右掌。（图 5–1–92）

图 5-1-90

图 5-1-91

图 5-1-92

15. 马步击掌

（1）右脚踏实，脚尖外撇，重心右移，左掌变拳收至腰间，右掌俯掌向外掳手。（图 5-1-93）

（2）左脚向左上一步成马步，身体随之右转 180°。左拳变掌从腰间向左击出，右掌变拳收至腰间。目视左掌。（图 5-1-94）

16. 叉步双摆掌

（1）重心稍右移，同时两掌向下向右摆，掌指均向上。目视右掌。（图 5-1-95）

图 5-1-93

图 5-1-94

图 5-1-95

（2）右脚向左腿后插步，脚掌着地。两臂继续向上、向左画弧摆至身体左侧成立掌，右掌停于左肘窝处。目随左掌转视。（图 5-1-96）

17. 马步击掌

（1）两腿不动。左掌收至腰间，掌心向上；右掌向上向右画弧，掌心向下（图 5-1-97）。

（2）左腿后撤一步成右弓步。右掌向下向后成勾手，勾尖向上；同时左手向前立掌推出。目视左掌。（图 5-1-98）

图 5-1-96

图 5-1-97

图 5-1-98

18. 转身踢腿马步盘肘

（1）以脚掌为轴，身体向左转 180°；同时左臂向上向前画半立圆，右臂向下向后画半立圆。（图 5-1-99）

（2）上动不停，两腿不动；右臂由后向上、向前画半立圆；左臂由前向下、向后画半立圆。（图 5-1-100）

（3）上动不停，右臂向下成勾手，勾尖向上；左臂向上亮掌于头前上方。右腿伸直，脚尖勾起，向额前踢出。（图 5-1-101）

图 5-1-99

图 5-1-100

图 5-1-101

（4）右脚向前落地，脚尖里扣。右手不动，左臂屈肘下落至胸前，掌心向下。目视左掌。（图 5-1-102）

（5）上体左转 90°，两腿下蹲成马步。同时左掌向左平掳变拳收至腰间，右勾手变拳向右、向前平摆至体前时屈肘，肘尖向前，高与肩平，拳心向下。目视肘尖。（图 5-1-103）

图 5-1-102

图 5-1-103

第三段

19. 歇步抡臂砸拳

（1）重心稍升起，右脚尖外撇。右臂由胸前向上向右抡直，左拳向下向左抡直。目视右拳。（图 5-1-104）

（2）上动不停，以脚掌为轴，向右转体 180°。右臂向下向后抡摆，左臂向上向前随身体转动。（图 5-1-105）

（3）上动不停，两腿全蹲成歇步。左臂随身体向下平砸，拳心向上，臂微屈；右臂伸直上举。目视左拳。（图 5-1-106）

图 5-1-104

图 5-1-105

图 5-1-106

20. 仆步亮掌

（1）左脚由右腿后抽出前上一步，左腿蹬直成右弓步。上体微右转。左拳收至腰间，右拳变掌向下经胸前向右横击掌。目视右掌。（图 5-1-107）

（2）右脚蹬地屈膝提起，上体右转。左拳变掌从右掌上穿出，掌心向上；右掌平收至左肘下。（图 5-1-108）

（3）右脚向右落步，屈膝全蹲，左腿伸直成仆步。左掌向下向后画弧成勾手，勾尖向上；右掌向右向上画弧亮掌于头前上方，掌心向前。目先随右手转视，至亮掌时，目视左方。（图 5-1-109）

图 5-1-107

图 5-1-108

图 5-1-109

21. 弓步劈拳

（1）右脚蹬地立起；左脚收回并向左前方上步。右掌变拳收至腰间，左勾手变掌由下向前上经胸前向左搂手。（图 5-1-110）

（2）右脚经左脚前方向左绕上一步，左腿蹬直成右弓步。左手向左平搂后再向前挥摆，虎口朝前。

（3）在左手平搂的同时，右掌向后平摆再向前向上做抡劈拳，高与耳平，拳心向上；左掌外旋接扶于右前臂。目视右拳。（图 5-1-111、图 5-1-112）

图 5-1-110

图 5-1-111

图 5-1-112

22. 换跳步弓步冲拳

（1）重心后移，右脚稍向后移动。右拳变掌内旋向下挂掌于右膝内侧；左掌背贴靠右肘外侧，掌指向前。目视右掌。（图 5-1-113）

（2）右腿自然上抬，上体稍向左扭转。右掌挂至身体左侧，左掌伸至右腋下。目随右掌转视。（图 5-1-114）

（3）右脚向下震跺，同时左脚急速提起。右手由左向上向前搂盖后变拳收至腰间；左掌伸直向下、向上、向前屈肘下按，掌心向下。上体右转，目视左掌。（图 5-1-115）

图 5-1-113

图 5-1-114

图 5-1-115

（4）左脚向前落步成左弓步。右拳向前冲出，高与肩平，拳眼向上。左掌收藏于右腋下。目视右拳。（图 5-1-116）

23. 马步冲拳

上体右转 90°，重心移至两腿之间成马步。右拳收至腰间，左掌变拳向左冲出，拳眼向上。目视左拳。（图 5-1-117）

24. 弓步下冲拳

右腿蹬直，上体向左转成左弓步。左拳变掌向下经体前向上架于头左上方，掌心向上。右拳向左前斜下方冲出。目视右拳。（图 5-1-118）

图 5-1-116

图 5-1-117

图 5-1-118

25. 叉步亮掌侧踹腿

（1）上体稍右转。左掌由头上下落搭于右手腕上，右拳变掌，两手交叉成十字。目视双掌。（图 5-1-119）

（2）右脚向左腿后插步，前脚掌着地。左掌由体前向下向后画弧成勾手，勾尖向上；右掌由前向右向上画弧抖腕亮掌，掌心向前。目视左侧。（图 5-1-120）

（3）重心移至右腿，左腿提膝提起，向左上方猛力踹出。上肢动作不变。目视左侧。（图 5-1-121）

图 5-1-119

图 5-1-120

图 5-1-121

26. 虚步挑拳

（1）左脚在左侧落地。右掌变拳稍后移，左勾手变拳由体后向左上挑，拳背向上。（图 5-1-122）

（2）上体左转 180°，左拳继续向前向上画弧上挑，右拳向下向前画弧挂于右膝外侧，同时右膝提起。目视右拳。（图 5-1-123）

（3）上动不停，右脚向左前方上步，脚尖点地，重心落于左脚，左腿屈膝下蹲成右虚步。左拳向后画弧收至腰间，拳心向上；右拳屈臂挑出，拳眼斜向上，与肩同高。目视右拳。（图 5-1-124）

图 5-1-122

图 5-1-123

图 5-1-124

第四段

27. 弓步顶肘

（1）重心升起，右脚踏实。右臂内旋向下伸直，画弧下挂于右膝内侧，左拳不变。目视前下方。（图 5-1-125）

（2）左腿蹬直，右腿屈膝上抬。左拳变掌，右拳不变，两臂向前向上画弧摆起。目随右拳转视。（图 5-1-126）

（3）左脚蹬地起跳，身体腾空，两臂继续画弧至头上方。（图 5-1-127）

图 5-1-125

图 5-1-126

图 5-1-127

（4）右脚先落地，右腿屈膝，左脚向前落步，脚掌着地。同时，两臂向右下屈肘停于右胸前，右拳变掌，左拳变拳。右掌心贴靠左拳面，目视右前方。（图 5-1-128）

（5）左脚向左上一步，左腿屈膝成左弓步；同时，右掌推左拳，以左肘尖向左顶出，高与肩平。目视左方。（图 5-1-129）

28. 转身左拍脚

（1）以两脚掌为轴，身体向右后转 180°。随着转体，右臂向上、向右、向下画弧抡摆，同时左拳变掌向下、向后抡摆。（图 5-1-130）

图 5-1-128

图 5-1-129

图 5-1-130

（2）左腿伸直向前上踢出，脚面绷直，左掌变拳收至腰间，右掌由体后向上、向前拍击左脚面。（图 5-1-131）

29. 右拍脚

（1）左脚向前落地，左拳变掌向下向后摆，右掌变拳收至腰间。（图 5-1-132）

（2）右腿伸直向前上踢出，脚面绷直。左掌由后向上、向前拍击右脚面。（图 5-1-133）

图 5-1-131

图 5-1-132

图 5-1-133

30. 腾空飞脚

（1）右脚落地。（图 5-1-134）

（2）左脚向前摆起，右脚蹬地跳起，左腿屈膝继续前上摆。同时，右拳变掌向前向上摆起，左掌先上摆再下降拍击右掌背。右腿继续上摆，脚面绷直。右手拍击右脚面，左掌由体前向后上举。（图 5-1-135、图 5-1-136）

图 5-1-134

图 5-1-135

图 5-1-136

31. 歇步下冲拳

（1）左、右脚先后落地，左掌变拳收至腰间。（图 5-1-137）

（2）身体右转 90°，两腿全蹲成歇步。右掌抓握、外旋变拳收至腰间；左拳由腰间向前下方冲出，拳心向下。目视左拳。（图 5-1-138）

图 5-1-137

图 5-1-138

32. 仆步抡劈拳

（1）重心升起，右臂由腰间向体后伸直，左臂随身体重心升起向上摆起。（图 5-1-139）

（2）以右脚掌为轴，左腿屈膝提起，上体左转 270°。左拳由前向后下画立圆一周；右拳由后向下向前上画立圆一周。（图 5-1-140）

（3）左脚向后落一步屈膝全蹲，右腿伸直成右仆步。右拳由上向下抡劈，拳眼向上；左拳后上举，拳眼向上。目视右拳。（图 5-1-141）

图 5-1-139

图 5-1-140

图 5-1-141

33. 提膝挑掌

（1）重心前移成右弓步。同时右拳变掌由下向上抡摆，掌心向左；左拳变掌稍下落，掌心向右。目视前方。（图 5-1-142）

（2）左、右臂由前向后抡臂划立圆一周。右臂伸直停于头上，掌心向左；左臂伸直停于身后成勾手，勾尖向上；同时右腿屈膝提起，左腿挺膝伸直独立。目视前方。（图 5-1-143）

34. 提膝劈掌弓步冲拳

（1）下肢不动。右掌由上向下猛劈伸直，停于右小腿内侧；左勾手变掌，屈臂向前停于右上臂内侧，掌心向左。目视右掌。（图 5-1-144）

图 5-1-142

图 5-1-143

图 5-1-144

（2）右脚向右后落地；身体右转 90°。同时左掌变拳收至腰间，右臂内旋向右画弧做劈掌。（图 5-1-145）。

（3）上动不停，左腿蹬直成右弓步。右手抓握变拳收至腰间，左拳以右腰间向左前方冲出。目视左拳。（图 5-1-146）

图 5-1-145

图 5-1-146

收势动作

35. 虚步亮掌

（1）右脚扣于左膝后，两拳变掌，两臂右上左下屈肘交叉于体前。目视右掌。（图 5-1-147）

（2）右脚向右后落步，重心后移，右腿半蹲，上体稍右转。同时右掌向上、向右、向下画弧停于左肘前，左掌向左、向上画弧停于右肘内侧。两掌心左下右上。目视左掌。（图 5-1-148）

（3）左脚尖稍右移，右腿屈蹲成左虚步。左臂伸直向左、向后画弧成勾手，勾尖向上；右臂伸直向下、向右、向上画弧抖腕亮掌，掌心向前。目视左方。（图 5-1-149）

图 5-1-147

图 5-1-148

图 5-1-149

36. 并步对拳

（1）左腿后撤一步，同时亮掌从两腰侧向前穿出伸直，掌心向上。（图 5-1-150）

（2）右腿后撤一步，同时两臂分别向体后下摆。（图 5-1-151）

（3）左脚后退半步向右脚并拢。两臂由后向上经体前屈臂下按，两掌变拳，停于腹前，拳心向下，拳面相对。目视左方。（图 5-1-152）

37. 还原

两臂自然下垂。目视正前方。（图 5-1-153）

图 5-1-150

图 5-1-151

图 5-1-152

图 5-1-153

任务二　24 式简化太极拳

24 式简化太极拳是 1956 年国家体委（现国家体育总局）为了更好地推广、普及太极拳，充分发挥传统太极文化的健身、养生作用，化繁为简，以杨式太极拳为基础，融合其他太极拳运动风格而创立的适合大众习练的太极拳套路，共 24 个动作。

24 式简化太极拳

1. 起势

（1）两脚并拢，自然站立；百会虚领，下颌微收，眼平视，舌尖轻抵上颚；沉肩坠肘，含胸拔背，身体中正安舒，呼吸自然。（图 5–2–1）

（2）两脚开立。身体重心移至右脚，左脚向左侧开半步，脚尖向前，与肩同宽；随之重心移至两腿之间，两臂自然下垂，两手轻贴大腿外侧目视前方。（图 5–2–2）

（3）两臂前举。两臂缓慢平举，高与肩平，与肩同宽，手心向下，指尖向前。（图 5–2–3）

（4）屈膝按掌。上体保持中正，两腿屈膝下蹲；同时两掌轻轻下按，落于小腹前；肘、膝相对，肩、胯相合目视前方。（图 5–2–4）

图 5–2–1

图 5–2–2

图 5–2–3

图 5–2–4

2. 左右野马分鬃

（1）左野马分鬃。

①收脚抱球。上体微向右转，身体重心移至右腿；同时右臂收于胸前平屈，手心向下；左手经体前向右下画弧至右腹前，手心向上，两手心相对成抱球状；左脚随即收到右脚内侧，脚尖点地；目视右手。（图 5–2–5）

②转身迈步。上体微左转，左脚向左前方上一步，脚跟着地，左腿自然伸直；同时左、右手分别向左上、右下分开；目随左手移动。（图 5–2–6）

图 5–2–5

图 5–2–6

③弓步分掌。重心前移，左脚踏实，右腿自然伸直，成左弓步；同时上体继续向左转，两手随转体左上、右下分掌拉开，左手高与眼平（手心斜向上），肘微屈；同时右手下落按掌于右胯旁，掌心向下，指尖向前；目视左手。（图 5-2-7）

（2）右野马分鬃。

①后坐翘脚。上体慢慢后坐，身体重心移至右腿，右腿屈膝，左腿自然伸直，脚尖翘起；目视左手。（图 5-2-8）

②收脚抱球。身体左转，左脚尖外撇约 45°，随后全脚掌踏实，左腿屈膝，身体重心移至左腿；右脚随之收至左脚内侧，脚尖点地；同时左手翻转画弧至左胸前平屈，右手向左上画弧至左手下，两手心相对成抱球状；目视左手。（图 5-2-9）

图 5-2-7

图 5-2-8

图 5-2-9

③转身迈步。上体微右转，右脚向右前方上一步，脚跟着地，右腿自然伸直；同时右、左手分别向右上、左下分开；目随右手移动。（图 5-2-10）

④弓步分掌。重心前移，右脚踏实，左腿自然伸直，成右弓步；同时上体微右转，两手手随转体右上、左下分掌拉开，右手高与眼平（手心斜向上），肘微屈；同时左手下落按掌于左胯旁，掌心向下，指尖向前；目视右手。（图 5-2-11）

图 5-2-10

图 5-2-11

（3）左野马分鬃：左野马分鬃与右野马分鬃相同，唯左右相反。（图 5–2–12 至图 5–2–15）

图 5–2–12

图 5–2–13

图 5–2–14

图 5–2–15

3. 白鹤亮翅

（1）跟步抱球。接上式，上体微向左转，重心前移，右脚向前跟进半步，前脚掌着地，落于左脚后约 20 厘米处；同时左手翻掌向下，左臂平屈胸前，右手翻掌向上画弧至左腹前，与左手成抱球状；眼看左手。（图 5–2–16）

（2）虚步分掌。上体后坐，身体重心移至右腿，右腿屈蹲，右脚踏实；同时上体先向右转，两手右上、左下分开；目随右手转视，动作不停，上体稍左转，左脚稍前移，脚尖点地成左虚步；同时右手继续向右上画弧至右额前约 45° 方向，掌心向左后方，指尖稍高于头；左手下按落于左胯前，手心向下，指尖向前；目平视前方。（图 5–2–17、图 5–2–18）

图 5–2–16

图 5–2–17

图 5–2–18

4. 左右搂膝拗步

（1）左搂膝拗步。

①收脚托掌。接上式，上体微左转再右转；左脚收至右脚内侧，脚尖点地；同时右手体前弧形下落，经右胯侧向右肩外侧画弧至与耳同高，成托掌，掌心斜向上，肘微屈；左手由左下向上经面前再向右下画弧至右肩前，肘微屈，掌心斜向下；目视右手。

（图 5–2–19）

②转身上步。上动不停，上体左转，左脚向左前方上一步，脚跟着地，左膝自然伸直；同时右臂屈肘，右掌收于右肩上，掌心斜向前，指尖向上；左手下按至右腹前成搂手，掌心向下，指尖向右；目视前方。（图 5–2–20）

③弓步搂推。上动不停，重心前移，左腿屈膝成左弓步，右腿自然伸直；同时左手经左膝前搂过，按于左胯侧稍前，掌心向下，指尖向前；右手逐渐转掌心向前推出，腕与肩同高，指尖向上；目视右手。（图 5–2–21）

图 5–2–19

图 5–2–20

图 5–2–21

（2）右搂膝拗步。

①后坐翘脚。重心后移，右腿屈膝，左腿自然伸直，脚尖翘起；同时右臂微收，掌心旋向左前方，左手微向外画弧；目视右手。（图 5–2–22）

②收脚托掌。左脚外撇踏实，重心前移，右脚随之收至左脚内侧，脚尖点地；同时左手向左上托至左肩外侧，与耳同高成托掌；右手随转体微向上画弧收于左肩前，掌心斜向下；目视左手。（图 5–2–23）

③转身上步。上动不停，上体右转，右脚向右前方上一步，脚跟着地，右膝自然伸直；同时左臂屈肘，左掌收于左肩上，掌心斜向前，指尖向上；右手下按至左腹前成搂手，掌心向下，指尖向左；目视前方。（图 5–2–24）

图 5–2–22

图 5–2–23

图 5–2–24

④弓步搂推。上动不停，重心前移，右腿屈膝成右弓步，左腿自然伸直；同时右手经右膝前搂过，按于右胯侧稍前，掌心向下，指尖向前；左手逐渐转掌心向前推出，腕与肩同高，指尖向上；目视左手。（图 5–2–25）

（3）左搂膝拗步：左搂膝拗步与右搂膝拗步相同，唯左右相反。（图 5–2–26 至图 5–2–29）

图 5–2–25

图 5–2–26

图 5–2–27

图 5–2–28

图 5–2–29

5. 手挥琵琶

右脚跟进半步，上体后坐，身体重心移至右腿，上体半面向右转，左脚略提起稍向前移，变成左虚步，脚跟着地，脚尖翘起，膝部微屈；同时左手由左下向上挑，高与鼻平，掌心向右，肘微屈；右手回收合于左肘里侧，掌心向左；目视左手。（图 5–2–30、图 5–2–31）

6. 左右倒卷肱

（1）左倒卷肱。

①转体撤掌。上体右转，两手翻掌心向上，右手下撤，经腰间向右后上方画弧至与耳同高，掌心斜向上，肘微屈；目先视右手，再转视左手。（图 5–2–32、图 5–2–33）

图 5-2-30

图 5-2-31

图 5-2-32

图 5-2-33

②提膝屈肘。上体微左转，左腿屈膝提起，脚尖自然下垂；同时右臂屈肘，右手收于右耳侧，掌心斜向前下方；目视前方。（图 5-2-34）

③退步推掌。上动不停，上体继续左转，左脚向左后方退一步，脚掌先着地，再过渡到全脚掌踏实，屈膝微蹲，身体重心移至左腿，右脚跟离地，脚尖点地，右膝微屈，成右虚步；同时右手经耳侧向前推出，高与鼻平，左臂屈肘收至左胯旁，掌心向上；目视右手。（图 5-2-35）

图 5-2-34

图 5-2-35

（2）右倒卷肱。

①转体撤掌。上体左转，左手向左肩外侧画弧上举至与耳同高，掌心斜向上，肘微屈；右手随之翻至掌心向上；目先视左手，再转视右手。（图 5-2-36）

②提膝屈肘。上体微右转，右腿屈膝提起，脚尖自然下垂；同时左臂屈肘，左手收于左耳侧，掌心斜向前下方；目视前方。（图 5-2-37）

③退步推掌。上动不停，上体继续右转，右脚向右后方退一步，脚掌先着地，再过渡到全脚掌踏实，屈膝微蹲，身体重心移至右腿，左脚跟离地，脚尖点地，左膝微屈，成左虚步；同时左手经耳侧向前推出，高与鼻平，右臂屈肘收至右胯旁，掌心向上；目视左手。（图 5-2-38）

图 5-2-36

图 5-2-37

图 5-2-38

（3）左倒卷肱。动作与“（1）左倒卷肱”动作相同。（图 5-2-39 至图 5-2-41）

（4）右倒卷肱。动作与“（2）右倒卷肱”动作相同。（图 5-2-42 至图 5-2-44）

图 5-2-39

图 5-2-40

图 5-2-41

图 5-2-42

图 5-2-43

图 5-2-44

7. 左揽雀尾

（1）收脚抱球。上体右转，左脚随之收至右脚内侧，脚尖点地，重心落于右腿；同时，右手由胯侧向右后上方画弧屈臂收于右胸前，掌心向下；左手由体前画弧下落于右腹前，掌心向上，两掌成抱球状；目视右手。（图 5-2-45）

（2）弓步掤臂。上体微左转，左脚向左前方迈步，重心前移，屈膝成左弓步，右腿自然蹬直；同时左臂向左前方掤出（即左臂平屈成弓形，用前臂外侧和手背向前方推出），高与肩平，手心向后；右手向右下画弧按于右胯旁，掌心向下，指尖向前；目视前臂方向。（图 5–2–46）

（3）后坐捋手。上体微左转，左臂内旋前伸翻掌心向下，右臂外旋翻掌心向上，经腹前向前上伸，送至左前臂下方，两掌心斜相对（图 5–2–47）；动作不停，上体后坐，重心后移至右腿；同时两手经腹前向右后上方捋拉，至右掌心斜向上，高与耳平；左臂于胸前平屈，掌心向内；目视右掌。（图 5–2–48、图 5–2–49）

图 5–2–45

图 5–2–46

图 5–2–47

（4）弓步前挤。上体微左转，左腿屈膝前弓成左弓步，右腿自然伸直；同时右臂屈肘收回，手掌搭于左手腕处，掌心向外，双手随重心前移缓慢挤出，高与肩平，两臂抻圆；目视左腕处。（图 5–2–50、图 5–2–51）

图 5–2–48

图 5–2–49

图 5–2–50

图 5–2–51

（5）后坐收掌。左臂内旋，翻掌心向下，右手经左腕上方向前伸出，掌心向下，两掌左右分开约与肩宽（图 5–2–52）；然后上体后坐，重心后移至右腿，左腿自然伸直，脚尖翘起；同时两臂屈肘，弧形回收至腹前，掌心均向前下方；目视前方（图 5–2–53）。

（6）弓步按推。接上式，重心前移，左脚掌踏实，左腿屈膝前弓成左弓步，右腿自

然伸直；同时两手向前、向上按推，与肩同宽，腕高于肩平，掌心向前，指尖向上，肘微屈；目视前方。（图 5-2-54）

图 5-2-52

图 5-2-53

图 5-2-54

8. 右揽雀尾

（1）收脚抱球。上体右转后坐，左腿自然伸直，脚尖内扣，成右侧弓步；同时右手经面前平摆右移，掌心向外，两手腕与肩同高成侧平举，肘微屈；目随右手转（图 5-2-55）。上动不停，上体微左转，重心左移，左腿屈膝，右脚随之收至左脚内侧成右丁步；同时左臂平屈于左胸前，掌心向下；右手由体侧右下向上翻掌画弧至左腹前，掌心向上，两掌成抱球状；目视左掌（图 5-2-56、图 5-2-57）。

图 5-2-55

图 5-2-56

图 5-2-57

（2）弓步掤臂。动作与“7. 左揽雀尾”中的“（2）弓步掤臂”动作相同，唯左右相反。（图 5-2-58）

（3）后坐捋手。动作与“7. 左揽雀尾”中的“（3）后坐捋手”动作相同，唯左右相反。（图 5-2-59、图 5-2-60）

（4）弓步前挤。动作与“7. 左揽雀尾”中的“（4）弓步前挤”动作相同，唯左右相反。（图 5-2-61、图 5-2-62）

图 5-2-58

图 5-2-59

图 5-2-60

图 5-2-61

图 5-2-62

（5）后坐收掌。动作与“7. 左揽雀尾”中的“（5）后坐收掌”动作相同，唯左右相反。（图 5-2-63、图 5-2-64）

（6）弓步按推。动作与“7. 左揽雀尾”中的“（6）弓步按推”动作相同，唯左右相反。（图 5-2-65）

图 5-2-63

图 5-2-64

图 5-2-65

9. 单鞭

（1）转体扣脚。上体左转，重心左移，左腿屈膝，右腿自然伸直，右脚尖内扣；同时左手经面前画弧平摆至身体左侧，肘微屈，掌心向左，指尖向上；右手向下经腹前向左画弧至腹前，肘微屈，掌心向后上方；目随左手转视。（图 5–2–66）

（2）丁步勾手。上动不停，上体微右转，屈右膝，左脚收至右脚内侧，脚尖点地成左丁步；同时右手逐渐翻掌向右上方画弧，经面前至身体右侧时变勾手，勾尖向下，腕高与肩平，肘微屈；左手向下经腹前向右上方画弧至右肩前，掌心转向内；目随右手转视。（图 5–2–67、图 5–2–68）

图 5–2–66

图 5–2–67

图 5–2–68

（3）弓步推掌。上体左转，左脚向左上步，重心前移成左弓步，右腿自然伸直；同时左掌随转体经面前翻掌向前推出，掌心向前，腕与肩平；目随左手转视。（图 5–2–69、图 5–2–70）

图 5–2–69

图 5–2–70

10. 云手

（1）云手一。

①转体扣脚。身体右转，右腿屈膝半蹲，身体重心移至右腿，左脚尖翘起、内扣、着地；同时左手下落经腹部向右上画弧至右肩前，掌心斜向后，右勾手勾尖朝下；目视右手。（图 5–2–71）

②收脚左云。上体左转，身体重心随之左移；右脚随重心移动收至左脚内侧，前脚

掌着地，逐渐全脚掌踏实，两脚平行，两膝微屈；同时，左手画弧经面前向左运转，至身体左侧时内旋外撑，掌心向外，腕与肩平；右手下落经腹前向左上方画弧，至左肩前，掌心斜向里；目视左手。（图 5–2–72、图 5–2–73）

图 5–2–71

图 5–2–72

图 5–2–73

（2）云手二。

①开步右云。上体右转，左脚向左横跨一步，脚尖向前，前脚掌着地，逐渐全脚掌踏实，两脚平行，两膝微屈，身体重心随之右移；同时，右手画弧经面前向右运转，至身体右侧时内旋外撑，掌心向外，腕与肩平；左手下落经腹前向右上方画弧，至右肩前，掌心斜向里；目视右手。（图 5–2–74）

②收脚左云。动作与“（1）云手一”中的“②收脚左云”动作相同。（图 5–2–75）

（3）云手三。

云手三动作与云手二动作相同。（图 5–2–76、图 5–2–77）

图 5–2–74

图 5–2–75

图 5–2–76

图 5–2–77

11. 单鞭

（1）转体勾手。上体右转，左脚并至右脚，脚跟提起，身体重心移至右腿；同时右手经面前向右画弧至身体右侧，内旋、五指捏拢成勾手，勾尖向下；左手向下经腹前向右上画弧至右肩前，掌心斜向内；目视右勾手。（图 5–2–78 至图 5–2–80）

图 5–2–78

图 5–2–79

图 5–2–80

（2）弓步推掌。该动作与 9. 单鞭中的（3）弓步推掌相同。（图 5–2–81、图 5–2–82）

图 5–2–81

图 5–2–82

12. 高探马

（1）跟步翻掌。右脚跟进半步，前脚掌着地，上体微右转；屈膝后坐，重心移至右腿，左脚跟提起；同时右勾手变掌，两掌心翻转向上，两肘微屈；目视左手。（图 5–2–83）

（2）虚步推掌。上体微左转，左脚稍前移，脚尖点地，成左虚步；同时右臂屈肘，经耳侧向前推掌，腕与肩平，掌心向前，左手收至左腰前，掌心向上；目视右掌。（图 5–2–84）

图 5–2–83

图 5–2–84

13. 右蹬脚

（1）弓步分掌。左脚向左前侧方迈步，脚尖稍外撇成左弓步，身体重心随之移至左腿；同时左手前伸至右手腕背面，两腕背交叉，腕与肩平，左掌心向后，右掌心斜向前下；随即两手分开，经两侧向腹前画弧，肘微屈；目视前方。（图 5–2–85、图 5–2–86）

（2）提膝抱手。上动不停，右脚收至左脚内侧，屈膝上提；同时两手下落经腹前向上合抱于胸前，两手腕相搭，右手在外，掌心均向内；目视右前方。（图 5–2–87、图 5–2–88）

图 5–2–85

图 5–2–86

图 5–2–87

图 5–2–88

（3）蹬脚分掌。接上式，右脚向右前方缓慢蹬出，脚尖向上，力达脚跟；同时两手翻掌左右分开，经面前至侧平举，肘微屈，腕与肩平，掌心均向外；右臂与右腿上下相对；目视右手。（图 5–2–89）

14. 双峰贯耳

（1）屈膝合掌。身体右转，右腿屈膝，小腿回收，脚尖自然下垂；同时左手摆至体前，两手合于体前，掌心向上，约与肩同高；目视前方。（图 5–2–90）

（2）迈步落手。右脚向前方下落，脚跟着地；同时两手下落至两胯旁，掌心均斜向上；目视前方。（图 5–2–91）

图 5–2–89

图 5–2–90

图 5–2–91

（3）弓步贯拳。重心前移成右弓步；同时两手向后画弧，并内旋握拳，从两侧向前、向上弧形摆至面部前方，与耳同高，拳眼斜向下，两臂微屈；目视右拳。（图 5–2–92）

15. 转身左蹬脚

（1）转体分掌。上体向左后转，左腿屈膝，重心移至左腿，右脚尖内扣；同时两拳变掌，向左右两侧分开平举，掌心斜向外，肘微屈；目视左手。（图 5–2–93）

图 5–2–92

图 5–2–93

（2）提膝抱手。上动不停，身体重心左移，左脚收至右脚内侧，屈膝上提；同时两手画弧下落经腹前向上合抱于胸前，两手腕相搭，左手在外，掌心均向内；目视前方。（图 5–2–94 至图 5–2–96）

（3）蹬脚分掌。接上式，左脚向左前方缓慢蹬出，脚尖向上，力达脚跟；同时两手翻掌左右分开，经面前至侧平举，肘微屈，腕与肩平，掌心均向外；左臂与左腿上下相对；目视左手。（图 5–2–97）

图 5–2–94

图 5–2–95

图 5–2–96

图 5–2–97

16. 左下势独立

（1）收脚勾手。左腿平屈回收，脚尖自然下垂，随之身体右转；同时右手变勾手，勾尖向下，左手向上、向右经面前画弧下落，立于右肩前，掌心斜向后；目视右手。（图 5–2–98）

（2）仆步穿掌。右腿屈膝下蹲，左脚向左侧偏后伸出，成左仆步；同时左手外旋翻掌心沿左腿内侧向前穿出；目视左手。（图 5-2-99、图 5-2-100）

图 5-2-98

图 5-2-99

图 5-2-100

（3）弓步立掌。重心前移成左弓步；同时左臂继续前伸，立掌上挑，掌心斜向右，右勾手内旋下落于身后，勾尖向上，右臂伸直斜下举；目视前方。（图 5-2-101）

（4）提膝挑掌。身体重心继续前移，右腿慢慢屈膝提起，与腹同高，脚尖自然下垂，左腿微屈支撑。同时右勾手变掌，下落经右腿外侧向体前画弧挑起，屈臂立于右腿上方，肘膝相对，掌心斜向左，指尖向上，腕与肩平，左手下按于左胯旁，掌心向下，指尖向前；目视右手方向。（图 5-2-102）

17. 右下势独立

（1）落脚勾手。右脚落于左脚右前方，脚尖点地，然后左脚脚跟以前脚掌为轴内转，身体随之左转；同时左手向左后侧提起，成左勾手平举，勾尖向下，腕与肩平，臂微屈；右手经面前向左画弧至左肩前，掌心斜向后；目视左勾手。（图 5-2-103）

图 5-2-101

图 5-2-102

图 5-2-103

（2）仆步穿掌。左腿屈膝下蹲，右脚向右侧偏后伸出，成右仆步；同时右手外旋翻掌心沿右腿内侧向前穿出；目视右手。（图 5-2-104、图 5-2-105）

（3）弓步立掌。重心前移成右弓步；同时右臂继续前伸，立掌上挑，掌心斜向左，左勾手内旋下落于身后，勾尖向上，左臂伸直斜下举；目视前方。（图 5–2–106）

图 5–2–104

图 5–2–105

图 5–2–106

（4）提膝挑掌。身体重心继续前移，左腿慢慢屈膝提起，与腹同高，脚尖自然下垂，右腿微屈支撑；同时左勾手变掌，下落经左腿外侧向体前画弧挑起，屈臂立于左腿上方，肘膝相对，掌心斜向右，指尖向上，腕与肩平，右手下按于右胯旁，掌心向下，指尖向前；目视左手方向。（图 5–2–107）

18. *左右穿梭*

（1）左穿梭。

①落脚转体。上体左转，左脚向左前方落地，脚跟着地，脚尖外摆，两腿屈膝；同时左手内旋，屈臂于左胸前，掌心向下，右手外旋摆至腹前，掌心向上；目视左手。（图 5–2–108）

②收脚抱球。上动不停，左脚踏实，重心前移，右脚收至左脚内侧，脚尖点地；同时两手左上右下成抱球状；目视左手。（图 5–2–109）

③弓步架推。上体右转，右脚向右前方上步，成右弓步；同时右手内旋，向前、向上画弧，架于右额前，掌心斜向上；左手向左下画弧至左肋前，再向前上推出，与鼻同高，掌心向前；目视左手。（图 5–2–110）

图 5–2–107

图 5–2–108

图 5–2–109

图 5–2–110

（2）右穿梭。

①收脚抱球。右脚尖外撇，重心前移，左脚收至右脚内侧，脚尖点地；同时右臂屈肘落于右胸前，掌心向下，左手外旋，向下、向右画弧落于右腹前，掌心向上，两手右上左下在右胸前成抱球状；目视右手。（图 5–2–111）

②弓步架推。上体左转，左脚向左前方上步，成左弓步；同时左手内旋，向前、向上画弧，架于左额前，掌心斜向上；右手向右下画弧至右肋前，再向前上推出，与鼻同高，掌心向前；目视右手。（图 5–2–112）

19. 海底针

（1）跟步提手。上体微右转，右脚向前跟进半步，右腿屈膝微蹲，左脚稍提起，重心在右腿；同时右手下落经体侧向后、向上屈臂提至右耳侧，掌心斜向前下，左手经体前下落至腹前，掌心向下，指尖斜向右前方；目视右前方。（图 5–2–113）

图 5–2–111

图 5–2–112

图 5–2–113

（2）虚步插掌。上动不停，上体微左转，左脚稍向前移，成左虚步；同时右手向斜前下方插出，掌心向左，指尖向斜前下方，左手向下、向右画弧按于左大腿外侧，掌心向下，指尖向前；目视前下方。（图 5–2–114）

20. 闪通臂

（1）收脚提手。左腿屈膝提起；同时右手经体前上提至肩高，掌心向左，指尖向前；左手向前、向上画弧至右腕内侧下方，掌心向右，指尖斜向上；目视前方。（图 5–2–115）

（2）弓步推掌。上体右转，左脚向左前方上步，成左弓步，重心前移；同时，右手上提内旋外翻，屈臂上举于右额前上方，左手同时向前推出，掌心向前，高与鼻平，肘微屈；目视左手。（图 5–2–116）

图 5-2-114

图 5-2-115

图 5-2-116

21. 转身搬拦捶

（1）转体扣脚。上体右转，右腿屈膝后坐，左脚尖内扣，身体重心移至右腿；同时两手向后画弧，右手呈右侧举，左手至头左侧，掌心均向外；目视右手。（图 5-2-117）

（2）坐身握拳。上体继续右转，左腿屈膝后坐，右脚跟离地，以前脚掌为轴微向内转，重心移至左腿；同时右手向下、向左画弧，经腹前屈臂握拳，摆至左肋旁，拳心向下；左手继续上举至左额前上方；目视右前方。（图 5-2-118）

（3）摆步搬拳。上动不停，身体右转，右脚收至左踝内侧再向前迈出，脚尖外撇，脚跟先着地，再过渡到全脚掌；同时右拳经胸前向前翻转搬出，高与肩平，拳面向上，力达拳背，肘微屈；左手经右前臂外侧下落于左胯旁，掌心向下，指尖向前；目视右拳。（图 5-2-119）

图 5-2-117

图 5-2-118

图 5-2-119

（4）上步拦掌。身体右转，左脚向前上步，脚跟着地；同时左手向前上画弧拦出，高与肩平，掌心斜向后，指尖向上；右拳内旋向右侧外画弧，再外旋回收至右腰旁，掌心向上；目视左手。（图 5-2-120、图 5-2-121）

（5）弓步打锤。重心前移，左腿屈膝成左弓步；同时右拳向前打出，高与胸平，拳眼向上，肘微屈；左手微内收，附于右前臂内侧，掌心向右，指尖向上；目视右拳。（图 5-2-122）

图 5-2-120

图 5-2-121

图 5-2-122

22. 如封似闭

（1）穿手翻掌。右拳变掌，左掌经右前臂下向前伸出，两手交叉，随即分别向两侧分开，翻掌心向上，两掌约与肩同宽；目视前方。（图 5-2-123）

（2）后坐收掌。上动不停，右腿屈膝，上体后坐，左脚尖翘起，重心移至右腿；同时两臂屈肘回收，两手翻转向下，经胸前内旋按掌于腹前，掌心斜向下；目视前方。（图 5-2-124）

（3）弓步推掌。上动不停，重心前移，左腿屈膝成左弓步；同时两手向上、向前推出，肘微屈，腕与肩平，掌心向前；目视前方。（图 5-2-125）

图 5-2-123

图 5-2-124

图 5-2-125

23. 十字手

（1）转体分掌。上体右转，右腿屈膝后坐，脚尖外撇，左腿自然伸直，脚尖内扣，成右侧弓步；同时右手随转体向右平摆画弧，两臂侧平举撑掌，肘微屈，掌心斜向前；目视右手。（图 5-2-126）

（2）收脚抱手。身体重心左移，成左侧弓步；右脚随重心左移向左回收，脚尖向前，两脚平行，脚距约与肩同宽，身体重心落于两腿之间；同时两手下落经腹前向上翻掌交叉合抱于胸前，腕与肩平，两臂撑圆，两掌心均向内，右手在外，成十字手；目视前方。（图 5-2-127、图 5-2-128）

图 5-2-126

图 5-2-127

图 5-2-128

24. 收势

（1）翻掌分手。两手向外翻，掌心向下，左右分开，与肩同宽；目视前方。（图 5-2-129）

（2）按掌落手。两臂缓慢下按至两胯外侧，自然垂落于裤缝外侧；目视前方。（图 5-2-130）

（3）并步还原。重心移至右腿，左脚随之提起收至右脚内侧并步，两脚尖向前，还原成无极式；目视前方。（图 5-2-131）

图 5-1-129

图 5-1-130

图 5-1-131

—— 思政小课堂 ——

太极拳动作蕴含丰富的文化内涵。大学生通过身体力行来学习传统文化，感悟其中的哲理，修养身心。

任务三 健身气功

一、健身气功概述

2000年9月8日，国家体育总局颁布《健身气功管理暂行办法》，对健身气功的概念进行初步界定："本办法所称健身气功是中华悠久文化的组成部分，是以自身形体活动、呼吸吐纳、心理调节相结合为主要运动形式的民族传统体育项目。"正式确立了健身气功的概念。调身、调息、调心三调合一的运动形式，是健身气功区别于其他体育项目的本质属性。

二、健身气功的特点

（一）注重整体锻炼

健身气功以中国传统哲学"天人合一"整体观为指导，既重视人体自身的统一和完整，又重视人与外界客观环境的和谐统一，注重调身、调息、调心的综合锻炼，从人体形、气、神三位一体生命观整体出发，主动地、内向性地运用主观意识，调整人体内在潜能，从而改善人体整体功能，增进身心和谐、阴阳平衡，达到强身健体、延年益寿的目的。正所谓形不正则气不顺，气不顺则意不灵，意不灵则神灵涣乱，三者互为作用，方能达到和谐统一。

（二）动作柔和缓慢

柔和缓慢是健身气功的显著特征，习练健身气功时，肢体活动与呼吸调控相配合，动作轻松自如、舒展大方、圆活连贯，精神放松、心境平和，呼吸深、细、匀、长。

（三）养生效果明显

养生又称摄生，其"治未病"思想与今天的疾病预防异曲同工。现代研究证明，健身气功独特的习练形式能有效预防和改善许多慢性综合疾病。从心理学的角度看，人体的各种意识活动超过心理调节的范围，就会引起体内阴阳、气血、脏腑的功能失调而导致亚健康状态或疾病。习练健身气功，要求肌体放松、呼吸平缓、心神宁静，直接作用于中枢神经及自主神经系统，能有效减少不良情绪对大脑的刺激，降低大脑应急反应，从而维持人体内环境的相对稳定，达到抵御外邪、祛病延年的作用。正如《素问·上古天真论》所言："恬淡虚无，真气从之，精神内守，病安从来。"

三、健身气功·八段锦

（一）基本手形

握固：拇指掐抵无名指指根内侧，其余四指屈拢握拳。（图5–3–1）

自然掌：五指自然伸直，稍分开，掌心微含。（图 5–3–2）

八字掌：拇指与食指竖直分开成“八”字形，其余三指第一、二指关节屈收，指尖见缝，大小鱼际稍内收，掌心微含中空，似握羽毛球拍柄。（图 5–3–3）

龙爪：五指并拢，拇指第一指节和其余四指第一、二指节屈收扣紧，掌心微张。（图 5–3–4）

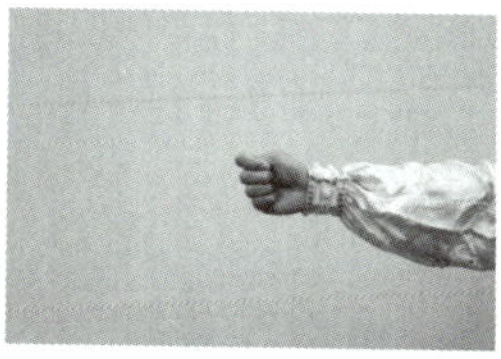

图 5–3–1

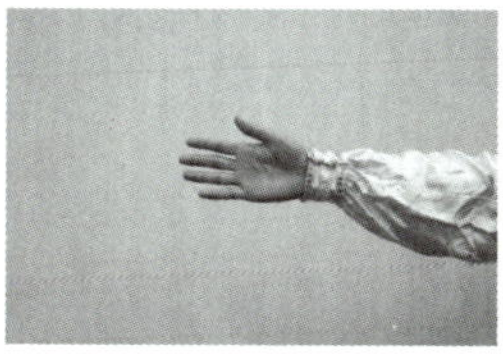

图 5–3–2

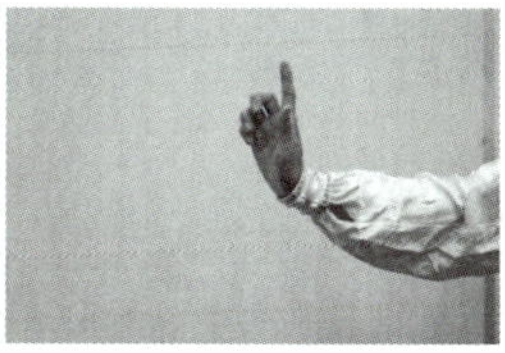

图 5–3–3

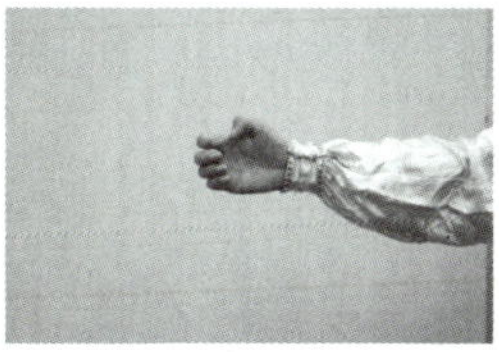

图 5–3–4

（二）基本步形

马步：开步站立，两脚间距约为本人脚长的 3 倍，屈膝半蹲，脚尖向前，大腿略高于水平，膝盖不超过脚尖；上体保持中正，目视前方。（图 5–3–5）

并步：两脚并拢，身体直立；两臂自然垂于体侧，头正颈直；目视前方。（图 5–3–6）

开步：两脚开立，约与肩同宽，脚尖朝前；两臂自然垂于体侧，头正颈直；目视前方。（图 5–3–7）

图 5–3–5

图 5–3–6

图 5–3–7

（三）基本桩形

无极桩：两脚并步站立，两臂自然垂于体侧，百会虚领，下颌微收，唇齿轻闭，沉肩坠肘，腋下虚掩，胸部安舒，腰腹、膝关节放松；目视前方。（图 5–3–8）

抱球桩：两脚开步站立，约与肩同宽，脚尖向前；两臂环抱于腹前，与脐同高，掌心向内，指尖相对，相距 10 ～ 20 厘米；屈膝蹲腿，膝盖不超过脚尖；目视前方。（图 5–3–9）

捧掌桩：捧掌桩是式与式之间的过渡桩型。两脚开步站立，约与肩同宽，脚尖向前，平行站立；身体中正，两手捧于小腹前，掌心向上，相距约 10 厘米，小指侧离腹部约

10 厘米；目视前方。（图 5–3–10）

扶按桩：两脚开步约与肩同宽，脚尖向前，两腿屈膝下蹲，膝盖不超过脚尖；两臂微屈，两掌扶按于胯旁，掌与胯间距约为 5 厘米，掌心向下，指尖向前；目视前方。（图 5–3–11）

图 5–3–8

图 5–3–9

图 5–3–10

图 5–3–11

（四）功法套路

预备势

动作一：两脚并步站立；头颈正直，后顶上领，下颌内收，唇齿轻闭，身心放松；两臂自然垂于体侧，沉肩坠肘，腋下虚掩，松腕舒指，中指腹轻贴裤缝线；目视前方。（图 5–3–12）

动作二：松腰沉髋，身体重心移至右腿，左脚向左侧开半步，约与肩同宽，脚尖向前，继而重心平移至两腿之间；目视前方。（图 5–3–13）

动作三：两臂内旋，两掌向两侧摆起，臂与身体夹角约 45°，掌心向后；目视前方。（图 5–3–14）

动作四：上动不停，身体重心缓慢下降，两腿膝关节弯曲；同时，两臂外旋转掌心向前，随之两掌向前合抱至斜前方 45°，然后屈肘、屈腕成抱球桩；目视前方。（图 5–3–15）

图 5–3–12

图 5–3–13

图 5–3–14

图 5–3–15

第一式 两手托天理三焦

动作一：接上式。两臂外旋下落于小腹前，掌心向上，成捧掌桩；目视前方。（图 5-3-16）

动作二：动作微停，两掌五指分开在小腹前交叉；目视前方。（图 5-3-17）

动作三：上动不停，身体重心徐缓升起；同时，两臂屈肘，两掌垂直向上抬至与胸同高，掌心向上；目视前方。（图 5-3-18）

图 5-3-16

图 5-3-17

图 5-3-18

动作四：上动不停，两腿徐缓伸直，同时，两臂内旋，垂直向上托起，肘关节微屈，掌心向上；抬头，目视两掌。（图 5-3-19）

动作五：上动不停，两掌继续上托，肘关节伸直；同时，下颌内收，头转正，两臂保持抻拉，动作略停；目视前方。（图 5-3-20）

动作六：身体重心缓慢下降，膝关节弯曲；同时，十指慢慢分开，两臂向两侧下落至斜下方 45° 时屈肘，两掌捧于腹前，成捧掌桩；目视前方。（图 5-3-21）

本式托举、下落为 1 遍，共做 6 遍；缩短版做 3 遍。

图 5-3-19

图 5-3-20

图 5-3-21

第二式 左右开弓似射雕

动作一：接上式。身体重心移至右腿，松腰沉胯，左脚向左再开半步，随之重心缓慢移至两腿之间，膝关节自然伸直；同时，两臂屈肘交叉搭腕于胸前，掌根与膻中穴同高，左掌在外，右掌在内，掌心皆向内；目视前方。（图 5-3-22）

动作二：两臂沉肩稍内收，同时，右掌屈肘成龙爪，左臂外旋坐腕成八字掌，掌心斜向前，食指指尖向上；目视前方。（图 5-3-23）

图 5-3-22

图 5-3-23

动作三：上动不停，两腿屈膝下蹲成马步；同时，左掌向左侧推出，腕与肩平，指尖向上，右龙爪向右平拉至肩前成拉弓射箭势，左掌心与右肘尖保持直线对拉；目视推掌方向。（图 5-3-24）

动作四：身体重心右移，左腿膝关节自然伸直；同时，右爪变掌向上、向右画弧，腕与肩同高，掌心斜向前，指尖向上；左八字掌变自然掌，掌心斜向前；目视右掌。（图 5-3-25）

动作五：上动不停，重心右移，左脚收回成并步站立；同时，两掌分别从两侧下落，屈肘，捧于小腹前，掌心向上，指尖相对，相距约 10 厘米；目视前方。（图 5-3-26）

图 5-3-24

图 5-3-25

图 5-3-26

右式动作与左式相同，唯方向相反。（图 5–3–27 至图 5–3–31）

本式一左一右为 1 遍，共做 3 遍，缩短版做 1 遍。

最后一动时，重心左移，右脚收回成开步站立，成捧掌桩；目视前方。（图 5–3–32）

图 5–3–27

图 5–3–28

图 5–3–29

图 5–3–30

图 5–3–31

图 5–3–32

第三式 调理脾胃须单举

动作一：接上式。重心稍上起；同时，左臂内旋上抬，左掌与胸同高，掌心向内，指尖斜向上；右臂内旋，掌心对腹部，指尖斜向下，两臂如怀抱婴儿；目视前方。（图 5–3–33）

动作二：上动不停，左臂继续内旋上举，翻掌上托于头左上方，肘关节微屈，力达掌根，掌心斜向上，指尖向右，中指尖垂线在肩井穴正上方；同时，右臂继续内旋按掌于右胯旁，掌离身体约 10 厘米，肘关节微屈，力达掌根，掌心向下，指尖向前；两掌上抻下按，保持对拉；目视前方。（图 5–3–34）

动作三：松腰沉胯，重心缓缓下降，两腿膝关节稍屈；同时，左肩下沉，左臂屈肘外旋下落，掌与胸同高，掌心向内，掌指斜向上；右臂外旋收至腹前，掌心向内，指尖斜向下；目视前方。（图 5–3–35）

动作四：上动不停，身体重心继续下降，两腿膝关节弯曲；同时，两臂外旋下落成

捧掌桩；目视前方。（图 5-3-36）

右式动作与左式相同，唯方向相反。（图 5-3-37 至图 5-3-40）

本式动作一左一右为 1 遍，共做 3 遍；缩短版做 1 遍。

图 5-3-33

图 5-3-34

图 5-3-35

图 5-3-36

图 5-3-37

图 5-3-38

图 5-3-39

图 5-3-40

最后一动时，右臂外旋，转指尖向后；重心下降，两膝弯曲；同时，右掌向前下落，按于胯旁约 10 厘米处，成扶按桩；目视前方。（图 5-3-41、图 5-3-42）

图 5-3-41

图 5-3-42

第四式 五劳七伤往后瞧

动作一：接上式。两腿徐缓伸直；两肩下沉，两臂伸直，掌心向后，指尖向斜下伸出；目视前方。（图 5–3–43）

动作二：上动不停，两臂外旋，上摆至与体侧约成 45°，掌心向斜后上方；同时，头向左后方转动，展肩扩胸；动作略停，保持抻拉；目视左斜后方。（图 5–3–44）

动作三：松腰沉髋，重心缓慢下降，膝关节弯曲；同时，头转正，两臂内旋屈肘还原成扶按桩；目视前方。（图 5–3–45）

图 5–3–43

图 5–3–44

图 5–3–45

右式动作与左式相同，唯方向相反。（图 5–3–46 至图 5–3–48）

本式动作一左一右为 1 遍，共做 3 遍；缩短版做 1 遍。

最后一动时，两腿膝关节弯曲；同时，头转正，两臂内旋，屈肘，两掌捧于小腹前成捧掌桩；目视前方。（图 5–3–49）

图 5–3–46

图 5–3–47

图 5–3–48

图 5–3–49

第五式 摇头摆尾去心火

动作一：接上式。身体重心左移；右脚向右开步站立，两脚间距约三脚长，膝关节自然伸直；同时，两掌上托至胸高时内旋翻掌向上分托至头斜上方，肘关节微屈，掌心斜向上，指尖相对；目视前方。（图 5–3–50）

动作二：上动不停，身体重心下降，两腿缓慢屈膝下蹲成马步；同时，两臂从两侧弧形下落，肘关节弯曲，两掌指扶于膝关节上方，手腕松沉，指尖斜向前；目视前方。（图 5–3–51）

动作三：上动不停，重心稍起；目视前方。（图 5–3–52）

动作四：上动不停，随之重心右移，右腿膝关节弯曲，左腿膝关节稍屈；同时，上体右倾约 45°；目视前方。（图 5–3–53）

图 5–3–50

图 5–3–51

图 5–3–52

图 5–3–53

动作五：上动不停，重心稍下降成右偏马步；同时，上体右转俯身；目视右脚尖。（图 5–3–54）

动作六：上动不停，身体重心左移成左偏马步；同时，上体保持俯身左旋至斜前方；目视右脚跟。（图 5–3–55）

动作七：上动不停，身体重心稍右移，右髋向右侧顶出，尾闾随之向右、向前、向左、向后旋转至正后方；同时，身体重心随尾闾转移至两腿之间，膝关节弯曲；微含胸，头向左、向后转至正后方；目视上方。（图 5–3–56）

动作八：上动不停，下颌与尾闾同时内收；身体重心下降成马步；目视前方。（图 5–3–57）

图 5–3–54

图 5–3–55

图 5–3–56

图 5–3–57

右式动作与左式相同，唯方向相反。

本式动作一左一右为 1 遍，共做 3 遍；缩短版做 1 遍。（图 5-3-58 至图 5-3-63）

图 5-3-58

图 5-3-59

图 5-3-60

图 5-3-61

图 5-3-62

图 5-3-63

接上式，随身体重心左移，两掌从两侧向上外旋翻转，掌心向上，与肩同高；动作不停，右脚随之收回成开步站立，与肩同宽；随重心升起，膝关节自然伸直；同时，两臂上举，掌心相对；目视前方（图 5-3-64）。重心下降，膝关节弯曲；同时，两臂屈肘经面前按掌于小腹前，掌心向下，指尖相对，相距约 10 厘米，拇指侧距腹部约 10 厘米；目视前方（图 5-3-65）。

图 5-3-64

图 5-3-65

第六式　两手攀足固肾腰

动作一：接上式。两腿挺膝伸直站立；同时，两掌转指尖向前，两臂向前、向上举起，肘关节伸直，掌心向前；目视前方。（图 5–3–66）

动作二：上动不停，两臂外旋转掌心相对，随之两臂屈肘经脸前按于胸前，掌心向下，指尖相对；目视前方。（图 5–3–67）

动作三：上动不停，两臂外旋转掌心向上，掌指经腋下向后反插；目视前方。（图 5–3–68）

动作四：上动不停，两掌心贴背沿脊柱两侧向下摩运至臀部环跳穴；目视前方。（图 5–3–69）

图 5–3–66

图 5–3–67

图 5–3–68

图 5–3–69

动作五：上动不停，上体前俯；两掌沿腿后向下摩运至脚踝，再贴两脚外侧移至小趾处，随之旋腕扶于脚面，掌指向前；目视下方。（图 5–3–70）

图 5–3–70

动作六：上动不停，两掌不动，塌腰、翘臀、微抬头；两掌沿地面向前、向上远伸，以臂带动身体抬至水平；目视前下方。（图 5–3–71）

图 5-3-71

动作七：上动不停，两臂继续向前、向上举至头上方，身体直立，两掌约与肩同宽，掌心向前，指尖向上；目视前方。（图 5-3-72）

本式动作一下一上为 1 遍，共做 6 遍；缩短版做 3 遍。

做完后，重心缓慢下降，两膝关节弯曲；同时，两臂向前下落，沉肩坠肘，按掌于小腹前，掌心向下，指尖向前；目视前方。（图 5-3-73）

图 5-3-72

图 5-3-73

第七式　攒拳怒目增气力

动作一：接上式。重心右移；左脚向左开步，两腿缓慢屈膝下蹲成马步；同时，两手握固，收至腰间，拳眼向上，轻贴章门穴；目视前方。（图 5-3-74）

动作二：上动不停，左拳缓慢向前冲出，与肩同高，肘关节微屈，拳眼向上；当肘关节离开肋部时，逐渐用力握拳，眼睛注视左拳并逐渐睁大；同时，脚趾抓地。（图 5-3-75）

动作三：上动不停。向右转腰顺肩；同时，左臂内旋，左拳变掌前伸，掌心向外，掌指向前；目视左掌。（图 5-3-76）

动作四：上动不停。左掌指向下、向右、向上、向左再向下依次旋腕一周，随之握固，拳心向上；同时，脚趾抓地；眼睛睁圆，目视掌动。（图 5-3-77）

动作五：上动不停，左拳随屈肘收至腰间，拳眼向上；同时，脚趾放松；眼睛放松，目视前方。（图 5-3-78）

右式动作与左式相同，唯左右相反。（图 5-3-79 至图 5-3-82）

本式动作一左一右为 1 遍，共做 3 遍；缩短版做 1 遍。

做完后，身体重心右移，左脚收回成并步站立；同时，两拳变掌自然垂于体侧；目视前方。（图 5-3-83）

图 5-3-74

图 5-3-75

图 5-3-76

图 5-3-77

图 5-3-78

图 5-3-79

图 5-3-80

图 5-3-81

图 5-3-82

图 5-3-83

第八式 背后七颠百病消

动作一：接上式。后顶上领，立颈竖脊，沉肩坠肘，提肛收腹，掌指下伸；同时，脚跟提起，脚趾抓地；动作略停；目视前方。（图 5–3–84）

动作二：脚跟徐缓下落，轻震地面；同时，咬牙，沉肩，舒臂，周身放松；目视前方。（图 5–3–85）

本式动作一起一落为 1 遍，共做 7 遍；缩短版做 3 遍。

收势

动作一：接上式。两臂内旋，两掌向两侧摆起约 45°，掌心向后，掌指斜向下；目视前方。（图 5–3–86）

动作二：上动不停，两臂外旋；两掌向前画弧至斜前方 45° 时，屈肘合抱于小腹，两掌相叠（男性左手在内，女性右手在内）；目视前下方，静养片刻。（图 5–3–87）

动作三：两臂自然下落，两掌指轻贴大腿外侧；目视前方。（图 5–3–88）

图 5–3–84

图 5–3–85

图 5–3–86

图 5–3–87

图 5–3–88

—— 思政小课堂 ——

健身气功强调意守与气息调整，重视在一呼一吸中对膈肌的锻炼。习练健身气功就是延长寿命，与自然能适应，排除对自然的不适状况，能更好地感悟生命的存在，有利于个人德行的培养。

项目六　格斗项目

学习目标

1. 了解散打和跆拳道的基本技术与练习方法。
2. 培养吃苦耐劳的精神和顽强勇敢的意志。

任务一　散　打

一、散打的实战姿势

散打的实战姿势一般分为左手在前的正架和右手在前的反架两种。练习者可根据自己的习惯选择适合自己的姿势。

动作要领：两脚前后开立，距离略大于肩宽；前脚掌稍内扣，脚跟微离地，两膝微屈，重心在两脚之间，两手握拳；左手臂弯曲，肘关节夹角为 90° ～ 110° ，左拳与下颌同高，右手臂弯曲，大小臂紧贴右侧肋部；身体侧立，低头下颌微收，合齿闭唇，平视前方。（图 6–1–1）

图 6–1–1

二、散打的基本步法

步法是散打中身体向前后左右移动的方法。灵活而敏捷的步法，不仅是调节重心维持身体平衡的关键，也是进攻和防守占据有利位置、发挥最优攻势的基础。

（1）进步：前脚提起，向前进步，后脚迅速蹬地，跟进同样距离。

（2）退步：后脚向后退一步，前脚用力蹬地，迅速后退同样距离。

（3）侧跨步：前脚向左侧横跨一步，后脚脚掌内侧蹬地，迅速向左侧横跨跟进同样距离。

（4）垫步：右脚蹬地向左脚并拢，同时左脚屈膝提起向前落步，还原成实战姿势。

三、散打的基本拳法

散打的基本拳法主要有冲拳、掼拳、抄拳和鞭拳。

（一）冲拳

冲拳是散打拳法中最基本的拳法之一，属直线型进攻拳法。

1. 左冲拳

动作要领：正架站立。右脚微蹬地面，重心微向前脚移动，上体微右转。同时，左臂由屈到伸并内旋，直线向前冲出，力达拳面。冲拳的重点是掌握拧腰、转胯、送肩、发力这一串动作间的协调配合。（图 6–1–2）

2. 右冲拳

动作要领：正架站立。右脚微蹬地并向内扣转，转腰送肩的同时，上体左转，右拳内旋直线向前冲出，力达拳面，左拳自然回收于下颌前。（图 6–1–3）

图 6–1–2

图 6–1–3

（二）掼拳

掼拳是散打拳法中重要的拳法之一，属弧线型进攻拳法。

1. 左掼拳

动作要领：正架站立。左手臂内旋的同时向前上方攻击。拳心向下，拳面向右，高与头平。上臂与前臂之间，攻击目标距离近时角度小，距离远时角度大。（图 6–1–4）

2. 右掼拳

动作要领：正架站立。右手臂内旋的同时向前上方攻击。拳心向下，拳面向左，高与头平。前臂与上臂之间，攻击目标距离近时角度小，距离远时角度大。（图 6–1–5）

（三）抄拳

1. 左抄拳

动作要领：正架站立。上体微左转，重心略下沉，腰部迅速右转，左拳由下向前上方勾起，拳心朝里，力达拳面，身体左转，动作还原。（图 6–1–6）

2. 右抄拳

动作要领：正架站立。右脚蹬地，扣膝合胯，腰微右转。同时，右拳向下、向前、向上勾击，上臂与前臂夹角为 90 ～ 110°，拳心朝里，力达拳面。

图 6-1-4

图 6-1-5

图 6-1-6

四、散打的基本腿法

腿法是指以小腿前部及脚的各部分为着力点而实施攻击的各种技术。散打中的腿法技术根据运动方式、发力点部位、运行路线的不同，可分为直线型、横线型、上下型和旋转型 4 种腿法，其中直线型腿法包括蹬腿、踹腿等；横线型腿法包括鞭腿、勾踢腿等；上下型腿法包括劈腿等；旋转型腿法包括转身后摆腿和扫腿等。

（一）蹬腿

1. 左蹬腿

动作要领：预备势站立。右脚前移半步外展，右腿微屈支撑，左腿提膝抬起，勾脚，当膝稍高于髋时送髋，迅速向正前蹬出，力达脚掌，以脚跟或全脚掌为发力点。右臂在上置于胸前，左臂自然下垂，目视攻击的方向。右脚步法移动和左腿提膝要一致，左腿屈膝高抬，左髋前送，用爆发力向前蹬，动作快速连贯。

2. 右蹬腿

动作要领：预备势站立。左脚前移半步外展，左腿微屈支撑，右腿由后向前提膝抬起，勾脚。当膝稍高于髋时送髋，迅速向正前蹬出，力达脚掌，以脚跟或全脚掌为发力点。左臂在上置于胸前，右臂在下，目视攻击的方向。（图 6-1-7、图 6-1-8）

图 6-1-7

图 6-1-8

3. 转身后蹬腿

动作要领：预备势站立，左脚向右横移半步，向右内扣脚，重心移至左腿，上体向右转 180°，右脚从左腿边快速向后蹬出，摆头，目视进攻方向。左脚移动扣步与转脸要同时完成，转体以头领先。后蹬要快速连贯，发力顺畅，注意平衡。

（二）踹腿

1. 左踹腿

动作要领：预备势站立。右腿直立或稍屈支撑，左腿屈膝抬起，小腿外摆，脚尖勾起，脚掌正对攻击目标，展髋，挺膝向前踹出，力达脚掌。右拳在上置于下颌处，左臂自然下垂，头保持端正，目视踹击的方向。提膝、翻髋、踹击 3 个动作要连贯、一气呵成。踹腿时大小腿、上体要成一条直线。

2. 右踹腿

动作要领：预备势站立。左脚前移半步并外展，身体左转超过 180°，俯身并向后侧倾。同时，右腿屈膝迅速由体侧向前上方踹出，力达脚跟。左脚以脚掌为轴，脚跟向前转动，腿要充分蹬直，并结合突然送胯的力量向前踹击，左臂在上置于下颌处，右臂自然下垂，头保持端正，目视踹击的方向。右腿蹬地、重心移到左腿、提膝、翻髋、踹击 5 个动作要连贯一气呵成。踹腿时大小腿，上体要成一条直线。（图 6–1–9、图 6–1–10）

图 6–1–9

图 6–1–10

（三）鞭腿

1. 左鞭腿

动作要领：预备势站立。重心稍后移，同时左腿屈膝向前提起，支撑腿以前脚掌为轴为向右转，上体随腿部转动向右后略侧倒，左膝向内扣翻胯，大腿带动小腿横向击打，脚面绷直，力达脚背，右臂在上置下颌处，左臂自然下垂，动作完成后小腿、手臂按动作原路线收回。上体右旋、提膝、翻胯、以胯部带动大腿、以大腿带动小腿、小腿加速横向弹击要整体协调一致。

2. 右鞭腿

动作要领：预备势站立。重心前移至左腿，右腿蹬地屈膝向前提起，同时左脚以前脚掌为轴左转，身体随之向左后侧微倾，右膝向内扣翻胯，大腿带动小腿横向击打，脚面绷直，力达脚背，左臂在上置于下颌处，右臂自然下垂，动作完成后小腿、手臂按动作原路线收回。右腿蹬地上体左旋、提膝、翻胯，以胯部带动大腿，以大腿带动小腿，形成合力，横向鞭击，步法、身法、鞭打要一气呵成。（图 6–1–11 至图 6–1–13）

图 6–1–11

图 6–1–12

图 6–1–13

（四）转身后摆腿

1. 左转身后摆腿

动作要领：预备势站立。重心前移，右脚上步至左脚前方，脚尖内扣，以右脚的前脚掌为轴，身体向左后方转体 180° ，同时左脚蹬地提起，然后向左、向上横摆力达脚跟，完成动作后成反架，然后撤步调整回正架。右脚上步内扣要快，转身时要以头领先，并借其惯性，腰背发力，使出腿、摆腿的动作协调连贯。

2. 右转身后摆腿

动作要领：预备势站立。左脚内扣，重心前移，以左脚的前脚掌为轴，身体向右后方转体 180° ，右腿随身体摆转，至高点时小腿加速横摆，力达脚跟，完成动作后，收腿回到原来的姿势。左脚内扣要快，转身时要以头领先，并借其惯性，腰背发力，展髋、摆腿，动作协调连贯。

（五）勾踢腿

1. 左勾踢腿

动作要领：右腿弯曲，膝稍外展，上体稍右转，收腹合胯，带动左腿伸直勾脚向前、向右弧线擦地勾踢，力达脚弓内侧。应脚尖勾起，速度快，用力的方向顺畅，整体协调。

2. 右勾踢腿

动作要领：重心移至左腿，左腿弯曲，膝外展，身体左转 180° ，收腹合胯，带动右腿伸直勾脚向前、向右弧线擦地勾踢，脚背屈并内扣，力达脚弓内侧。应脚尖勾起，速度快，用力的方向顺畅，整体协调。

（六）扫腿

1. 前扫腿

动作要领：左脚上步，随之重心移至左脚。然后以左脚掌为轴，旋转发力于腰，右腿由屈到伸向前旋转横扫，力达脚弓内侧至小腿下端前面。同时，左臀着地，左大小腿盘起。扫腿时身体下降既要突然又要快，身体下降与扫腿要协调有力。

2. 后扫腿

动作要领：左腿屈膝全蹲，重心移至左腿，以左脚掌为轴，两手扶地向右后方转体一周，展髋，发力于腰，带动右腿由屈到伸，向左后方弧线擦地，伸直后扫，脚掌内扣，力达脚跟至小腿下端背面。同时，左臀着地，左腿盘起。扫腿时身体下降既要突然又要快，身体下降与扫腿要协调有力。

（七）劈腿

动作要领：向右微侧半身，同时左脚脚背勾起，直腿从内向外向上旋摆。当脚跟到达最高点时，上体立即左转 90° 面向正面，支撑腿稍屈，含胸收腹，重心后坐，使左脚从上到下加速劈砸，力达脚跟，目视前方。动作完成后迅速恢复正架。动作斜向发出，脚高过头，再从顶点垂直向下劈砸，此时要借助身体体重，下压发力，整个动作要连贯协调、快速有力。

五、散打基本摔法技术

摔法是散打技术动作的重要组成部分。摔法在实战中的使用情况，是胜负的重要影响因素。本部分主要介绍常用的 5 种摔法。

（一）夹颈过背摔

动作要领：两人对峙，甲以右冲拳击乙头部，乙用左前臂格挡，右臂从甲左肩上穿过后，屈臂夹甲颈部，同时右脚上步至与左脚平行，两腿屈膝，身体右转，以右侧紧贴甲身体，继而两脚蹬伸、提臀、弓腰，在对方重心离地的瞬间，拧腰、低头，将甲背起摔倒。应夹颈牢固，背步转身快，低头、蹬腿协调有力。

（二）抱腿前顶摔

动作要领：两人对峙，当甲直冲拳击乙头部时，乙迅速上步躲闪，两手抱甲双腿膝盖处，屈肘，两手用力回拉，同时用左肩前顶甲的髋关节或腹部，将甲摔倒。应下潜快，抱腿紧，顶肩有力。

（三）抱腿别腿摔

动作要领：双方对峙，当甲右鞭腿进攻时，乙接抱住，并向甲的支撑腿后插步，右腿别甲左腿，同时用胸压甲左腿，向左转成左弓步，将甲摔倒。应抱腿紧，别腿后快速转体。

（四）抱腿涮摔

动作要领：双方对峙，当甲以左蹬腿蹬乙腹部时，乙两手立即抓握甲的左腿，两腿屈膝，两手向右侧拉其右腿，随即向下、向左上方弧形摆荡提起，将甲摔倒。抓握要紧牢，拉和摆荡要连贯。

（五）接腿勾踢摔

动作要领：双方对峙，当甲右鞭腿踢乙肋部时，乙立即顺势左手紧抱甲右腿，右手由甲右肩上穿过并下压其颈部，同时右脚勾踢甲支撑腿脚踝，将甲摔倒。抱腿、压颈、后踢动作要连贯。

六、散打战术形式

散打战术形式是为了完成战术意图由各种动作组成的具体方法。在实战中，应根据对手的情况而制定战术。本部分主要介绍 4 种战术形式。

（一）直攻战术

直攻战术是指在没有虚晃及假动作的掩护下，使用某种方法直接进攻的战术形式。运用直攻战术时，要注意动作的隐蔽性，起动要快，时机要把握得好。

直攻战术一般运用于以下情况。

（1）当对方处于我方的有效进攻距离时。

（2）当对方的反击动作不够熟练、耐力较差、近战能力较差时。

（3）当对方体力不支或遭到重创而反应迟钝时。

（4）当对方防守动作出现破绽时。

（5）当比分落后、比赛所剩时间不多时。

（6）当对方的技术水平弱于自己时，如反应速度、动作速度、位移速度弱于自己。

（二）强攻战术

强攻战术是指强行突破对方防守的快速进攻。

强攻战术一般运用于以下情况。

（1）比赛经验不如对方，但身体素质较好、技术较全面时。

（2）对方的近战能力比较差时。

（3）对方的耐力较差时。

（4）对方的心理素质较差时。

（5）对方防守能力较差时。

（6）对方遭到重创，战斗力不强时。

（7）点数落后，比赛快要结束时。

（三）佯攻战术

佯攻战术是指在假动作的掩护下，误导对方，使其产生错觉，将其引入歧途，达到实现真正进攻目的的一种战术形式。在散打实战中，佯攻战术是最常见的战术形式之一。散打比赛中，对付动作反应快、防范能力强的对手时，直接进攻容易被防守或反击。这时可采用虚晃、指上打下、指左打右、上下结合、虚实结合等假动作，利用步法的快速移动和拳法、腿法的交替运用来转移、分散对方的注意力，促使其对虚假动作产生某种反应，再乘机攻击其空当部位，从而提高攻击效果。

佯攻战术一般运用于以下情况。

（1）对方处于我方的无效进攻距离时。

（2）我方直接进攻遭到对方防守截击时，可利用假动作声东击西，分散对方的注意力，然后趁机攻击其防守空当部位。

（3）矮个子进攻高个子时。

（4）对付反应快、防守能力强的对手时。

（四）迂回战术

迂回战术是指尽可能地避开对方的优势，利用步法的移动从侧面进攻对方的一种战术形式。当对方的力量大、正面攻击力强时，采取迂回故术，在其两侧移步，既可以避其锋芒，又可以制造战机。

（1）当对方进攻很强、防守很好时。

（2）当矮个子进攻高个子时。

—— 思政小课堂 ——

散打比赛关系到集体和个人荣誉，这就要求每位大学生尽自己最大的努力去挑战、去创新、去竞争。整个活动过程激励大学生不断挑战个人极限，激发大学生的进取精神，培养大学生的责任感。

任务二 跆拳道

一、跆拳道简介

跆拳道是一项起源于朝鲜半岛的古老而又新颖的竞技体育运动，是朝鲜民族在生产和生活实践中发展起来的一项运用手、脚技术和身体能力进行自身修炼和搏击格斗的朝鲜民族传统体育项目。跆拳道在朝鲜民族史上已有3000多年的历史，20世纪50年代中期，其在朝鲜半岛重新崛起，经过多年的努力传播，现在已风靡全球，成为一项新颖的竞技体育项目。

1992年，跆拳道传入中国，经过多年的发展，可谓硕果累累。目前，中国已有多位运动员获得跆拳道世界及其他国际赛事冠军，中国的民间跆拳道场（馆）更是遍及全国，为中国青少年儿童体育锻炼起到了重要作用。

跆拳道的“跆”字在朝鲜语言中意为像台风一样强劲地、猛烈地踢打；“拳”即拳头，指用拳击打；“道”是指格斗的艺术和一种原理。跆拳道即使用手脚的技术与方法，通过自身的修炼，以实现人生的武道理想目标。跆拳道习练过程非常注重跆拳道礼仪和道德修养，每一次练习都要求“以礼始，以礼终”，秉承礼义、廉耻、忍耐、克己、百折不屈的跆拳道精神。这对于培养现代青少年学生具有特殊的教育意义。

跆拳道习练者通常身着白色跆拳道服，腰系不同颜色的腰带进行训练或比赛。跆拳道一般分为十级九段，其中十级至一级为初级，腰系不同颜色的腰带，一段至九段为高级，腰系黑色腰带，通过腰带上标示的横杠区分段位的高低。在跆拳道比赛中，无论段位级别高低都统一着黑色腰带。由于跆拳道运动主要以腿法进攻为主要进攻手段，比赛双方斗智斗勇，拳来腿往，紧张激烈，具有极高的观赏价值，因此观看跆拳道比赛，可激发斗志，鼓舞精神，陶冶情操等。

跆拳道基本技术

二、跆拳道基本技术

（一）基本肢体礼仪、实战势

1. 站姿、坐姿、鞠躬礼

立正：身体直立，两脚并拢，下颌微收，两手自然下垂，贴于大腿外侧，两眼平视。（图 6–2–1）

图 6–2–1

跨立：从立正开始，右脚向右横跨一步，约与肩同宽，两脚平行，双手交叉叠于腰后，挺胸收腹。两眼平视。（图 6–2–2）

坐姿：两小腿交叉，盘腿坐下，双手握拳，拳心向下置于膝盖上，立腰竖颈。目视前方。（图 6–2–3）

鞠躬礼：面向敬礼对象并步站立，上体前倾 30°，头部前倾 15° 鞠躬致礼。礼毕还原成立正姿势。（图 6–2–4）

2. 实战势

实战势是跆拳道比赛中进攻的开始与结束，左脚在前称为左实战势，右脚在前称为右实战势。以左实战势为例（以下没有特别说明，均指左实战势），两脚前后开立约与肩同宽，左脚内扣约 45°，右脚前脚掌着地，脚跟稍抬起，两脚横向距离约 10 厘米，身体重心落于两腿之间；上体直立，斜向 45° 方向，两手屈臂握拳，拳心相对，左拳高与肩平，右拳置于胸前正中线，与胸口同高，肘关节自然下垂。（图 6–2–5）

图 6-2-2

图 6-2-3

图 6-2-4

图 6-2-5

（二）基本手形、手法

拳：四指指节回屈并拢握紧，拇指内屈紧贴食指和中指的第二关节处，拳面要平（图 6–2–6）。

冲拳：以腰部旋转带动手臂旋转出拳，放松手臂和拳头，在击中目标的一刹那，突然加速用力，握紧拳头以拳面击中目标，力达拳面（图 6–2–7）。

手刀：四指并拢微屈，拇指屈曲贴紧食指，小指的外侧沿形成手刀，拇指的内侧形成刀背。可砍击或截击，可攻击对方的颈部（图 6–2–8）。

贯手：手形和手刀相似，中指和食指微屈，基本保持四指尖齐平，拇指向掌内贴紧。戳击对方的主要器官（图 6–2–9）。

二指贯手：伸展食指和中指呈“V”字形，拇指压紧无名指和小指第二指关节处。主要攻击对方的眼睛（图 6–2–10）。

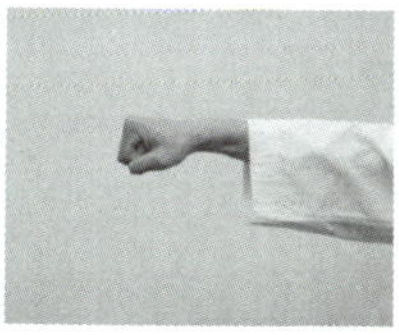

图 6-2-6

图 6-2-7

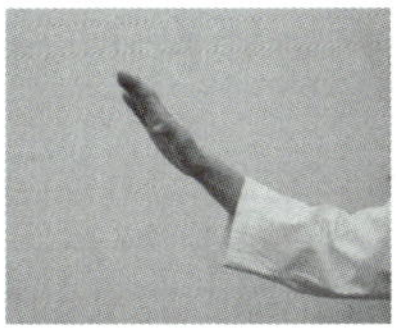

图 6-2-8

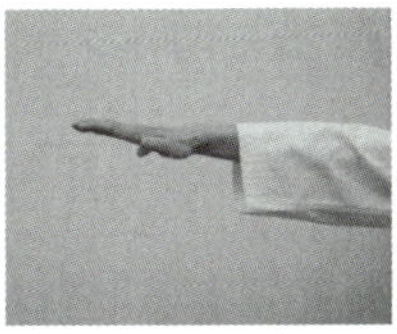

图 6-2-9

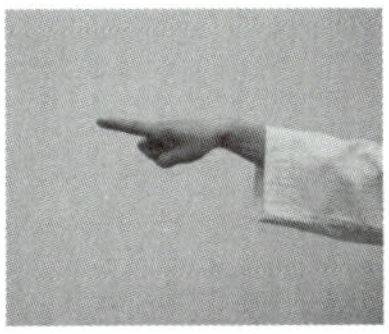

图 6-2-10

（三）基本步形、步法

1. 基本步形

并步：两腿并拢直立，两脚内侧相靠。（图 6–2–11）

开立步：两脚左右分开，约与肩同宽，平行站立；两手置于两大腿外侧。（图 6–2–12）

前行步：亦称走步，两脚尖都朝向前方，两腿伸直，形如走路停步，前脚脚尖至后脚脚跟间距三脚长。（图 6–2–13）

图 6–2–11

图 6–2–12

图 6–2–13

弓步：两脚前后开立，两脚间距约本人 3 个脚长。前腿屈膝半蹲，后腿蹬直，后脚与正前方约成 30°，挺胸塌腰，目视前方。左脚在前称为左弓步，右脚在前称为右弓步。（图 6–2–14）

马步：两脚左右分开，约本人 2 个脚长的距离，两脚平行。屈膝半蹲，膝关节投影垂线落于脚尖。（图 6–2–15）

三七步：两脚前后开立，以脚尖向前，一脚尖向左或右，两脚连线成 90°，前脚脚尖到后脚脚跟的距离约为本人 3 个脚长。两膝弯曲，30% 的重心落于前腿，70% 的重心落于后腿。左脚在前为左三七步，右脚在前为右三七步。（图 6–2–16）

虚步：两脚前后开立，一脚脚尖着地，脚跟提起；一脚脚尖与正前方成 30°。两膝弯曲，两脚间距约为本人 2 个两脚长，重心落于后脚。（图 6–2–17）

独立步：亦称鹤立步。一腿直膝站立，脚尖外展约 90°；另一腿屈膝上提，脚贴于支撑腿内侧或膝窝处。（图 6–2–18）

交叉步：亦称十字步。两腿交叉，交叉腿脚尖朝内，两小腿贴紧。交叉步有两种形式：一种是一脚向另一脚后面插步，脚掌着地，两腿膝关节交叉，称后交叉步；另一种是一脚向另一脚的前面插步，脚掌着地，两腿膝关节交叉，称前交叉步。（图 6–2–19）

图 6–2–14

图 6–2–15

图 6–2–16

图 6–2–17

图 6–2–18

图 6–2–19

2. 基本步法

跳换步：跳换步是左、右实战势相互转换的一种步法。左实战势准备。双脚同时蹬地跳起，微腾空；然后两脚沿直线前后互换，变成右实战势。（图 6–2–20）

上步：左实战势准备。以左脚掌为轴，右脚蹬地沿直线迅速向左脚前方迈一步，左脚随之自然转动，成右实战势。（图 6–2–21）

撤步：左实战势准备。以右脚掌为轴，左脚蹬地沿直线迅速向右脚后方后撤一步，右脚随之自然转动，成右实战势。撤步是上步的反向运动。（图 6–2–22）

图 6–2–20

图 6–2–21

图 6–2–22

滑步：滑步分4种，即前滑步、后滑步、左滑步和右滑步。前滑步：左实战势准备，右脚掌发力蹬地，左脚掌轻擦地面向前滑行10 ~ 20厘米，右脚随之滑动跟上相同的距离（图6–2–23）；后滑步：左实战势准备，左脚掌发力蹬地，右脚掌轻擦地面向后滑行10 ~ 20厘米，左脚随之向后滑动相同的距离（图6–2–24）；左滑步与前滑步相同，只是滑动方向为水平向左（图6–2–25）；右滑步与后滑步相同，只是滑动方向为水平向右。（图6–2–26）

图 6–2–23

图 6–2–24

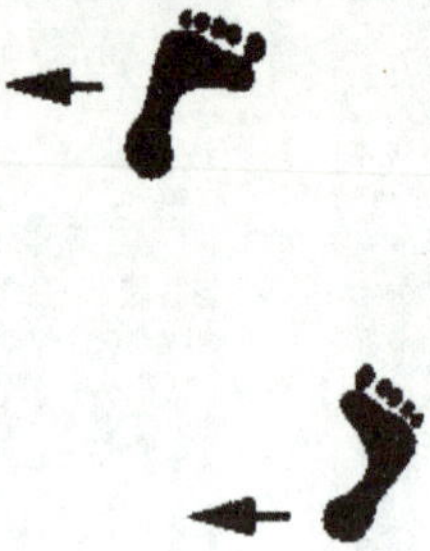

图 6–2–25

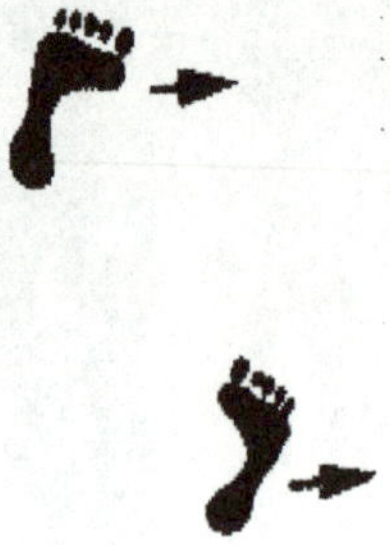

图 6–2–26

跳步：主要为前跳步和后跳步。前跳步：左实战势准备，右脚向左脚内侧快速跳进一步，重心稍后仰，左髋积极前送，右脚即将落地时左膝快速上提，做佯攻状（图6–2–27、图6–2–28）。后跳步：左实战势准备。右脚向后跳一步，脚掌着地，左脚快速向右脚内侧收靠，脚尖点地成左虚步或佯攻状（图6–2–27、图6–2–29）。

图 6–2–27

图 6–2–28

图 6–2–29

前进步：左实战势准备。右脚向左脚内侧迈步27 ～ 30厘米，在未承受体重时左脚迅速向前迈进相同的距离。这是一种快速接近对手的步法。

后退步：左实战势准备。与前进步动作相反，左脚掌向右脚内侧后退10 ～ 20厘米，右脚随之后退相同的距离，退步后保持左实战势。

（四）基本腿法

1. 前踢

左实战势准备。右脚掌蹬地发力，右腿顺势屈膝提起，大小腿折叠前送，左脚以前脚掌为轴外旋约 90°。同时，右脚迅速以膝关节为轴伸膝、送髋，将小腿快速向前或前上方踢出，力达脚背或前脚掌。踢击目标后右腿迅速放松弹回，落地还原成左实战势或落于左脚前成右实战势。（图 6–2–30 至图 6–2–33）

图 6–2–30

图 6–2–31

图 6–2–32

图 6–2–33

2. 横踢

左实战势准备。右脚掌蹬地发力，大小腿折叠向上、向前提膝。以左脚掌为轴身体拧转约 180°，髋部随之左转。当右膝关节向前抬至水平时（高横踢时大腿高于水平），小腿快速横向踢出。击打目标后小腿迅速放松回收、折叠、落地还原成左实战势。（图 6–2–34 至图 6–2–37）

图 6–2–34

图 6–2–35

图 6–2–36

图 6–2–37

3. 下劈

左实战势准备。右脚掌蹬地起动，重心稍前移，身体稍左转，右脚屈膝提起，以大腿带动小腿向上举至头部上方。此时，膝关节伸直，大小腿在一条直线上。上体保持正直，腿部稍放松。髋部发力，以脚掌击打目标，放松下落，还原成左实战势。（图 6–2–38 至图 6–2–41）

图 6-2-38

图 6-2-39

图 6-2-40

图 6-2-41

4. 推踢

左实战势准备。右脚蹬地屈膝提起，大小腿折叠压紧向胸腹部靠拢，脚尖勾起，掌心向前；同时，左脚以脚掌为轴外旋约 90°，重心落于左脚。动作不停，右脚向正前方直线踢出，力达脚掌或脚跟。踢击目标后，屈膝回收，放松下落，迅速还原成左实战势。（图 6-2-42 至图 6-2-45）

图 6-2-42

图 6-2-43

图 6-2-44

图 6-2-45

5. 侧踢

左实战势准备。右脚蹬地起腿，屈膝上提，左脚以脚掌为轴外旋约 180°，身体随之左转，右大小腿折叠压紧，脚尖勾起，脚掌对准踢击方向。动作不停，右腿快速向前直线踢出，力达脚跟。腿收回，放松下落，还原成左实战势。（图 6-2-46 至图 6-2-49）

图 6-2-46

图 6-2-47

图 6-2-48

图 6-2-49

6. 后踢

左实战势准备。左脚以脚掌为轴内旋约 180° 转至脚跟正对踢击方向，身体随腿部转动而转动，右腿屈膝向胸腹部靠拢，大小腿折叠压紧，目视踢击目标。动作不停，右腿利用身体旋转的惯性直线用力踢向攻击目标，重心前移。右腿收回，身体顺势右转，还原成左实战势。（图 6-2-50 至图 6-2-53）

图 6-2-50

图 6-2-51

图 6-2-52

图 6-2-53

7. 摆踢

左实战势准备。右脚蹬地屈膝提起，左脚以脚掌为轴外旋约 180°，右脚随即向左前方踢出。动作不停，右小腿快速勾摆，向右侧水平鞭打。击打目标后，随惯性还原成左实战势。（图 6-2-54 至图 6-2-58）

图 6-2-54

图 6-2-55

图 6-2-56

图 6-2-57

图 6-2-58

8. 旋风踢

左实战势准备。以左脚脚掌为轴，左脚跟向右后方转动约一周，右脚屈膝随身体旋转而摆转。动作不停，当身体转至正对攻击目标时，左脚蹬地挑起左横踢。踢击目标后，右、左脚依次落地还原成左实战势。（图 6-2-59 至图 6-2-63）

图 6-2-59

图 6-2-60

图 6-2-61

图 6-2-62

图 6-2-63

9. 后旋踢

左实战势准备，左脚以脚掌为轴内旋约 180°，身体随之向右后旋转至背对攻击方向，同时屈膝收腿，微含胸，目视攻击目标。动作不停，右脚随即向右后上方踢出，当右脚接近最高点时用力向右侧水平屈膝鞭打，重心在原地旋转。踢击目标后，右腿随惯性弧线下落于原来位置，还原成左实战势。（图 6-2-64 至图 6-2-69）

图 6-2-64

图 6-2-65

图 6-2-66

图 6-2-67

图 6-2-68

图 6-2-69

（五）跆拳道品势

跆拳道品势类似于武术的套路、空手道的“型”，是习练跆拳道基本技术的有效补充，是跆拳道习练者必须修炼的技术之一。每一势动作都有其具体的攻防含义，长期练习能够有效提高习练者的各项身体素质。跆拳道品势太极一章至太极八章是按照中国八卦图形含义设计的，是段前八级至一级必须修炼的品势。另外，跆拳道一段至九段也分别要修炼不同的品势套路，分别为高丽、金刚、太白、平原、十进、地跆、天拳、汉水、一如。（本书只介绍太极一章）

太极一章对应八卦中的乾卦，演武路线成“王”字形，代表万事万物的开始。（图 6-2-70）

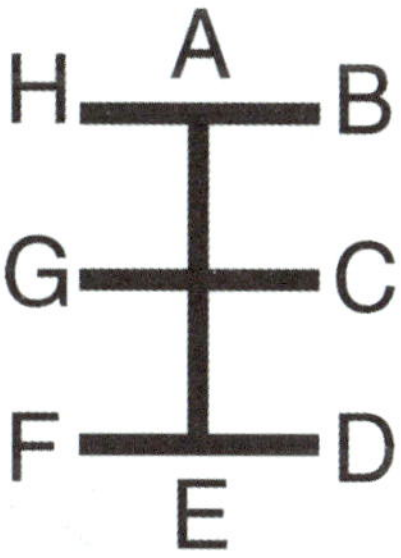

图 6-2-70

准备姿势：两脚分开约与肩宽，平行站立；双手握拳置于小腹前，手肘弯曲外撑（图 6-2-71）。站在 A 点，面向 E 点。

第 1 势

身体左转，左脚转向B方向成左前行步，左手下段左格挡，右手握拳于腰间，拳心向下。（图 6–2–72）

第 2 势

右脚向前上一步成右前行步，冲右拳攻中段，左拳顺势收于腰间。（图 6–2–73）

第 3 势

身体向右后转体 180°，右脚向 H 方向上一步成右前行步，右手下段右格挡。（图 6–2–74）

图 6–2–71

图 6–2–72

图 6–2–73

图 6–2–74

第 4 势

左脚向前上一步成左前行步，冲左拳攻中段，右拳顺势收于腰间。（图 6–2–75）

第 5 势

身体左转，左脚向 E 方向迈一步成左弓步，左手下格挡防左下段。（图 6–2–76）

第 6 势

保持身体姿势不变，冲右拳攻中段，左手顺势收于腰间。（图 6–2–77）

图 6–2–75

图 6–2–76

图 6–2–77

第 7 势

左脚不动，右脚向 G 方向前迈一步成右前行步，左手内格挡防左中段，右手收拳于腰间。（图 6–2–78）

第 8 势

左脚向 G 方向上一步成左前行步，冲右拳攻中段，左手收拳于腰间。（图 6–2–79）

第 9 势

以右脚跟为轴，身体左后转 180° 面向 C 方向，成左前行步，右手内格挡防右中段，左手收拳于腰间。（图 6–2–80）

图 6–2–78

图 6–2–79

图 6–2–80

第 10 势

右脚向前上一步成右前行步，冲左拳攻中段，右顺势收拳于腰间。（图 6–2–81）

第 11 势

以左脚为轴身体右转，右脚向 E 方向迈一步成右弓步，右手外格挡防右下段。（图 6–2–82）

图 6–2–81

图 6–2–82

第 12 势

保持身体姿势不变，冲左拳攻中段，右拳顺势收于腰间。（图 6–2–83）

第 13 势

左脚向 D 方向前迈一步成左前行步，左拳上格挡防左上段，右拳顺势收于腰间。（图 6–2–84）

第 14 势

右脚以脚趾根部右前踢，顺势落于右前方成右前行步；同时，冲右拳攻中段。（图 6–2–85、图 6–2–86）

图 6–2–83

图 6–2–84

图 6–2–85

图 6–2–86

第 15 势

以左脚跟为轴，身体向右后转 180°，右脚向 F 方向上一步成右前行步，右拳上格挡防右上段，左拳顺势收于腰间。（图 6–2–87）

第 16 势

左脚以脚趾根部左前踢，顺势落于左前方成左前行步；同时，冲左拳攻中段。（图 6–2–88、图 6–2–89）

图 6–2–87

图 6–2–88

图 6–2–89

第 17 势

以右脚为轴，身体右转朝向 A 方向，成左弓步，左手下格挡防左下段。（图 6–2–90）

第 18 势

右脚向 A 方向上一步，成右弓步，冲右拳攻中段；同时，发声气和。（图 6–2–91）

图 6–2–90

图 6–2–91

收势

以右脚跟为轴，身体向左后转 180°，还原成准备姿势。还原至起始位置，面向 E 方向。（图 6–2–92 至图 6–2–94）

图 6–2–92

图 6–2–93

图 6–2–94

三、跆拳道基本战术

凡是涉及比赛、对抗的运动项目，必然要谈到两个基本概念，即战略与战术，跆拳道也不例外。所谓战略，是指针对某系列比赛而制定训练的方案和手段，并有效地实施训练计划的过程。所谓战术，是指在比赛过程中为了战胜对手，充分发挥运动员现有的竞技水平或自身的技术特长而采取的计谋和行动。跆拳道比赛的战术就是运动员为了战胜对手，在临场复杂多变的比赛环境中，根据比赛的规律和各方面的具体情况随机应变，有判断、有目的、有预见性地决定自己对付对手的计策与方法。

以下是跆拳道比赛过程中常被运用到的基本战术。

（一）技术战术

技术战术指利用自身技术全面、熟练、有效果的特点，变化运用各种技术，发挥自己的特长、优势技术不断得分，掌握比赛的主动权，抑制对手，以达到取胜对手的目的。技术战术通常用于对手力量、速度、技术水平等实力在自己之下的比赛中，即采用主动进攻的方式取得分数，利用技术上的优势主动创造、增加得分机会。

（二）心理战术

心理战术指比赛开始前，利用情绪、动作和表情等威慑对手，比赛中用气势压倒对手，或利用规则允许和基本允许的各种手段，干扰对方情绪，给对方造成心理负担，使对手技能战术发挥失常，挫伤对方的锐气，发挥自己的优势，在气势上战胜对方。

（三）破坏战术

当比赛双方体格差异较大、强弱较为悬殊时，强的一方可使用重招使对手先受伤，失去正常比赛能力，或用技术破坏对手技术，控制其动作发挥，使对方进攻无效并且消耗更多体力、丧失信心，从而获得胜利。这便是破坏战术。

（四）假动作战术

假动作战术几乎是所用运动员必须掌握的一种战术，指运动员运用逼真的假动作或假象欺骗对手，引其上当，分散其注意力，使其露出破绽，利用对方出错的时机猛烈进行攻击而得分。

（五）先得分战术

先得分战术指比赛时利用对方立足未稳或未适应比赛的机会，积极主动先得分，占据领先优势，然后立刻转入防守，以静制动，利用防守反击战术与对方对抗，既节省体力，又能给对手压力，更能保住得分。

（六）防守反击战术

防守反击战术是一种稳扎稳打的战术，通常在自己实力不及对手的情况下，利用自身防守好的特点，等待对手进攻出现破绽，在防守的基础上利用反击技术打击对方。在跆拳道比赛中，实力差并不完全决定比赛的结果，充分利用自己特长和对手的弱点采取合理的技战术才是取胜的关键。

（七）抢分战术

抢分战术指比赛中，在得分落后的情况下，利用各种手段有效地组织进攻力争得分；得分落后时，要主动出击，不能与对方静耗或纠缠，要打破对方的保分意图，以动制静。

（八）体力战术

对于体力好的运动员来说，要充分发挥体力比对方好的优势，让对手和自己一直处于运动之中，与对方比拼体力，耗掉对方的体力而战胜对手。这便是体力战术。

（九）规则战术

跆拳道比赛有对攻击部位和攻击方法的限制，但也有规则限制模糊的地方，可以利用规则允许或基本允许使用的各种的制胜办法攻击对手，也可以合理利用规则，给对方制造陷阱，迫使对方因犯规而失分。例如，引诱对方到场地边缘（警戒线或限制线），然后利用猛攻迫使其出界，使对方被警告或扣分。

（十）击倒战术

击倒战术指利用自己的得意技术或对方失误的机会，重击对手头部，使对方被击倒不能继续比赛，从而获得比赛的胜利。

（十一）体格战术

在同一级别的比赛中，不同运动员有身材高矮和粗壮之分，可以运用体格战术，利用身材高或矮、粗或壮的优势，发挥自己的特长，抑制对手而取胜。

（十二）乱打战术

乱打战术指在得分落后且比赛时间不多的情况下，采用乱打偶然得分。正所谓，“乱拳打倒老师傅”，但一定要注意充分利用技术和战术，不要犯规，注意防守，在乱打中偶然有机会击倒对手，利用这种偶然性得分或取胜。

（十三）步法战术

步法战术指利用自己步法灵活和动作敏捷的优势，围绕对手游斗，引对手上当或扰乱对手的情绪和攻防意图，待对方反击时又迅速撤退或靠近对手，破坏对手进攻而战胜他。

（十四）优势战术

优势战术指在比赛平分的情况下，利用规则上允许的技术，增加主动进攻次数或使用高难技术而取胜。规则规定，在比赛平分的情况下，裁判员根据比赛双方主动进攻的次数和使用高难技术的多少判定胜负，进攻次数或使用高难技术多的一方为胜方。

—— 思政小课堂 ——

跆拳道文化深受中国传统儒家“仁、义、礼”思想的熏陶，是在中国儒家文化的基础上发展形成的。正是因为深受中国儒家文化的影响，所以跆拳道文化中贯穿着礼仪文化。在练习跆拳道的过程中，大学生会慢慢受到影响，使自己成为一个懂“礼”的人。这种习惯会深刻到个人的品德中，对个人良好品德的形成具有重要的意义。

项目七　户外运动

学习目标

1. 了解自行车、定向运动、体育拓展、轮滑的发展。

2. 学会掌握自行车、定向运动、体育拓展、轮滑的基本技能。

任务一　自行车

一、自行车概述

自行车是由人力脚踏驱动的、有两个车轮的陆地交通工具，俗称自由车、脚踏车或单车。自行车自 18 世纪诞生以来，深受人们喜爱，已经是人们运动、环保出行的最佳选择。自行车是一项健康、环保、时尚的绿色运动。山地自行车运动集速度、耐力、力量、意志于一体，骑行于青山绿水之间，既强身健体，又陶冶情操，是大众喜闻乐见的体育锻炼形式。随着时代的发展，自行车已成为一项群众性的全民健身运动。

二、自行车的种类介绍

（一）公路自行车

公路自行车特点：为追求速度而设计，车圈轮径为 27.5 英寸（1 英寸为 25.4 毫米）；轮胎细，配置弯车把。（图 7–1–1）

图 7–1–1

（二）山地自行车

山地自行车特点：为征服各种地形设计，车架结实；车圈轮径一般为 26 英寸，近年流行 29 英寸；轮胎较粗；一般会配置平把或燕把。（图 7–1–2）

图 7–1–2

（三）场地自行车

场地自行车是在场地内进行的自行车运动。场地赛中采用的自行车只配有一个齿轮，无闸，使用先进的技术和器材，目的只有一个，就是让人把自行车骑得越来越快。

（四）小轮车

小轮车特点：极限运动单车，车圈是 20 英寸轮，配置 360° 可转动车把，前后轮常备可脚蹬的“火箭筒”等，配有特型材质车身，更结实、更轻巧，抗震、耐摔。另外，它的车胎粗而耐磨，刹车性能更高（能突停、缓停、耐用）。（图 7–1–3）

图 7–1–3

（五）旅行自行车

旅行自行车特点：适合长途骑游旅行，配有舒适放松的车架，能够负重，使用较宽的车胎。配件选择方面追求可靠耐用而不太侧重减轻重量，往往是用山地车脚踏板。（图 7–1–4）

图 7–1–4

（六）折叠自行车

折叠自行车特点：为了便于携带与装进车内而设计，灵活方便，适合都市日常使用。（图 7–1–5）

图 7-1-5

（七）攀爬自行车

攀爬自行车特点：又称障碍自行车、障碍单车。攀爬自行车轮径主要有 3 种规格（20 英寸、24 英寸与 26 英寸）。这项运动于 20 世纪 70 年代起源于欧洲，是由障碍摩托车演变而来的一项运动。国际称之为“Biketrial”，指车手骑自行车跨越障碍运动，是极限运动项目之一。攀爬自行车的玩法要求车手在平衡、力量控制与运用、身体协调等方面有良好的能力。（图 7-1-6）

图 7-1-6

三、自行车零配件系统与骑行装备

（一）车架材料（图 7-1-7）

（1）高碳钢：重、强度高、价格便宜、易生锈。

（2）铬钼钢：重、强度高、吸震能力好、寿命不长。

（3）铝合金：轻、不生锈、，强度低、寿命不长（5 ～ 6 年）。

（4）钛合金：轻、强度高、吸震能力好、稳定性好、寿命长，唯一缺点是价格昂贵。

（5）碳纤维：极轻的重量、吸收冲击性能好、可制作各种形状车架、抗穿刺能力差、价格昂贵。

图 7-1-7

（二）减震系统（图 7-1-8）

减震系统分为前避震与后避震，可以使骑行更舒适，尤其是下山骑行必不可少的组件。但对于上山与平路的骑行就有“泻力”的不良影响。如果避震系统带锁死功能将使车的适应性更强。

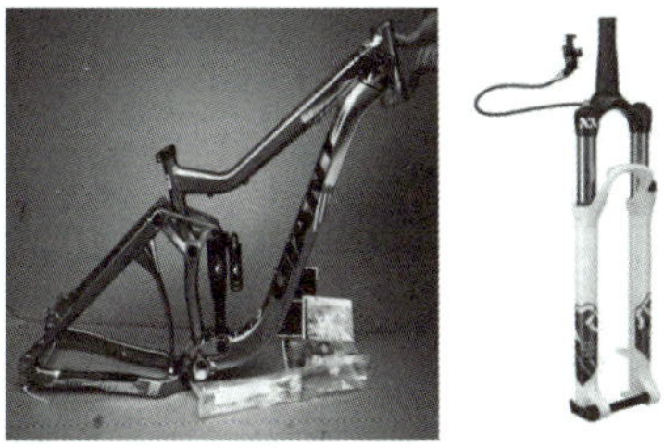

图 7-1-8

（三）车把（图 7-1-9、图 7-1-10）

山地自行车一般配平把或燕把，优点是双手握把时张得较宽，有利于操控。其中，燕把可以抬高上身，使重心后移，更适合下山骑行。其缺点是兜风，阻力大。

公路自行车一般配弯把，有不同的宽度规格。其特点是可以减小风阻，有多种操控方式，同时适合长时间骑行。

图 7-1-9

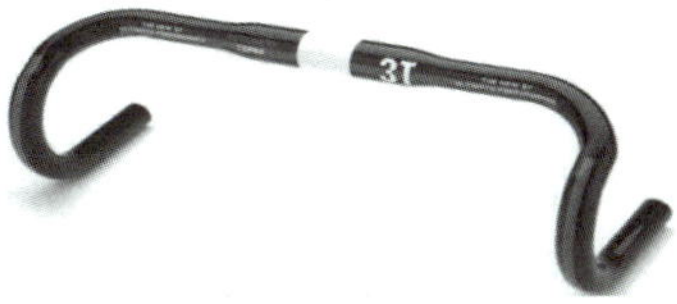

图 7-1-10

（四）驱动系统（图 7-1-11）

驱动系统的作用是利用牙盘和飞轮之间不同的齿轮比，产生不同的驱动扭矩，以适应不同的路况和骑行者的身体状况。

（1）山地自行车：近年来山地自行车比赛流行前面单盘，一般为 34 齿、36 齿；后飞轮为 7 ～ 10 片齿轮，分别有 11 ～ 28（34）个牙齿。

（2）公路自行车：一般牙盘为 2 片齿轮，分别有 52（54）、42（39）个牙齿；后飞轮为 8 ～ 11 片齿轮，分别有 11 ～ 2 做 8 个牙齿。

图 7-1-11

（五）变速系统

自行车变速系统近年来推出了有线电子变速系统和无线电子变速系统。（图 7-1-12）

（六）刹车系统

公路自行车刹车系统近年来更流行碟制刹车系统。

山地自行车刹车系统分为吊制、V 制（图 7-1-13）和碟制（图 7-1-14）3 种。碟制刹车系统分为线碟刹车系统和油碟刹车系统。目前流行的是油碟刹车系统。

图 7-1-12

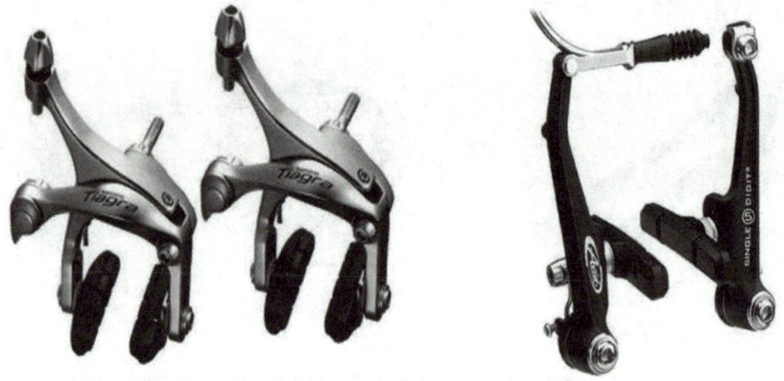

图 7-1-13

图 7-1-14

（七）轮胎

公路自行车轮胎特点：公路自行车轮胎细，胎压高，一般有 25C（宽度 25 毫米）、23C、20C、18C 等规格，其中 25C 和 23C 适合训练，不容易爆胎，20C 和 18C 阻力小适合比赛。（图 7-1-15）

山地自行车轮胎特点：山地自行车轮胎粗大，稳定性好，胎压较低，一般有 1.5 英寸、

1.95 英寸和 2.1 英寸规格。因不同用途分为：①烂泥、沙土路胎，特点是胎宽大有深齿；②两用车胎，特点是在公路骑行时仅小部分轮胎接触地面因而阻力小，而在土路上骑行时，胎两侧的牙齿可以稳定车辆；叁光头胎，特点是阻力小，适合公路骑行。（图 7–1–16）

图 7–1–15

图 7–1–16

（八）骑行安全装备

头盔：又称安全帽，骑行运动过程中对头部提供保护，是骑行者必备的装备。（图 7–1–17）

图 7–1–17

头盔的错误佩戴。（图 7–1–18）

图 7–1–18

头盔的正确佩戴。（图 7–1–19）

图 7–1–19

（九）其他装备

1. 骑行眼镜（图 7-1-20）

高速骑行一定要佩戴骑行眼镜，因事故总发生在眨眼之间。建议选用那种摔破了也不至于伤着眼睛的树脂眼镜。

2. 骑行服（图 7-1-21）

骑普通车只需要穿着普通衣服。骑赛车则需要从头到脚穿着专业武装。再有，假如骑行裤穿时间长了，建议在洗完裤子后，在裤裆上打一点凡士林油，以防垫裆太硬。

图 7-1-20

图 7-1-21

3. 半指手套（图 7-1-22）

半指手套分长指和短指，目的都是防止打滑、保护手、减少震动等。因为在高速骑行中如果出现摔车，手与地面必有一个很大的摩擦，没有手套的话手就会被擦伤。半指手套最好挑那种手背方便擦汗的。

4. 骑行鞋（图 7-1-23）

初学者一般穿普通运动鞋，其在快速的激烈冲刺中起不了多少作用。运动鞋一般是海绵底，穿这种鞋踩踏时间长了脚掌会酸胀；而专业鞋是硬底，不光能减少疼痛而且能使脚的蹬踏力全都使在脚踏上。

图 7-1-22

图 7-1-23

四、骑行基本调整、骑行技术动作

（一）基本姿势

使身体保持放松状态，用适当的前倾姿势，胳膊肘略向外侧弯曲（用以缓冲起伏路面导致的震动）握住自行车把。（图 7-1-24）

不正确的姿势：胳膊肘绷得僵直，这样难以缓冲震动，容易失去平衡。

（二）调整车座的高低距离与前后距离

调整车座的高低距离与前后距离时，使曲柄平行于地面，从膝盖髌骨内侧调整车座前后，使脚掌芝麻球（拇趾球）踩在脚踏轴心上。（图 7–1–25、图 7–1–26）

图 7–1–24

图 7–1–25

图 7–1–26

（三）踩踏的技巧

踩踏时，脚的位置以鞋长前面 1/3 处落在踏板正中央为最适当。脚的活动必须与单车的中心线平行，张得太开或太窄，踩踏的效率会减弱。踩踏要保持匀速，否则容易疲劳。应特别注意后半部的勾拉动作，将踏板勾起来。（图 7–1–27）

图 7–1–27

（四）调整车把的前后距离与握把姿势

调整车把的前后距离与握把姿势时，应以手指头能触摸到车把处为准，若手指头碰不到龙头，则以龙头的长短来调整。（图 7–1–28）

调整车把前后距离的错误动作

调整车把前后距离的正确动作

图 7–1–28

（五）起步的姿势

跨上车后蹬住脚蹬为起步准备姿势，然后蹬起脚蹬顺势提起腰再坐上鞍座完成起步动作。（图 7–1–29）

（六）刹车把的操作方法

使用食指和中指的二指刹车把。（图 7–1–30）

特点：容易微调整，全地形使用；制动力高，手把方向控制牢靠，适于越野骑行。

图 7–1–29

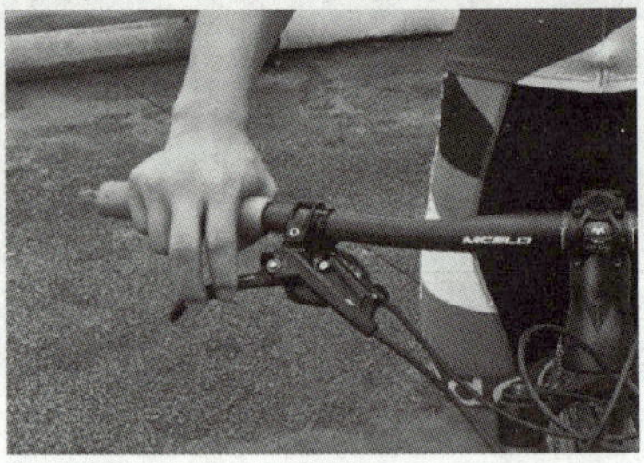

图 7–1–30

（七）上、下坡技术

上坡技术：爬坡的时候，只用脚力踩踏，会倍感辛苦。其解决的技术有三点：变速、运用上半身的力量、勾脚。（图 7–1–31）

下坡技术：双臂略弯，身体向后。（图 7–1–32）

图 7–1–31

图 7–1–32

（八）转弯技术

身体放松，转弯方向的脚踏在上边。（图 7–1–33 ）

（九）编排方法及手势

编排方法及手势见图 7–1–34、图 7–1–35。

图 7–1–33

图 7–1–34

图 7–1–35

五、自行车运动员体能训练方法

（一）自行车运动员的力量及力量训练

体能各要素中，力量是速度、耐力、柔韧、灵敏的基础，力量训练是体能训练的重要内容。

1. 一般力量训练

（1）一般力量训练的必要性。

一般力量训练能提高肌肉的最大收缩力量、收缩速度和耐力；提高肌肉适应训练和比赛的能力；使身体各部位肌肉平衡发展，预防运动损伤。

（2）一般力量训练手段。

徒手训练：跨步跳、双腿连续跳台阶、单足跳、跳箱、蛙跳，以及一些腹肌和背肌的练习、快速半蹲、大强度半蹲等。

负重训练：仰卧大腿拉皮带、负重蹲跳、负重台阶换足跳、负重提拉杠铃、卧推等。

器械训练：器械卧蹬、坐式负重提踵、单膝半蹲等。

2. 专项力量训练

（1）专项力量训练简介。

专项力量是指在时间—空间特征上严格符合专项比赛要求的力量，也就是通常所说的“比赛比什么，训练就练什么”。

专项分析：自行车运动是人与机械装置相结合的一种体育项目，下肢肌肉提供自行车运动的动力，腹部和背部肌肉主要固定骨盆，上肢肌肉主要支撑身体部分体重和控制运动方向。

训练频率：场地短距离自行车运动多采用 1 周 3 次的力量训练频率。

（2）常用自行车专项力量训练方法。

①站姿杠铃弯举。（图 7–1–36）

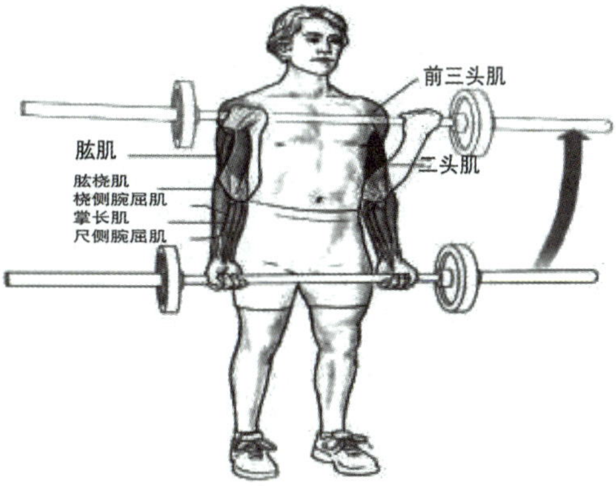

图 7–1–36

训练步骤：站立后，双脚站距与肩同宽，膝关节略微弯曲，双臂自然下垂，两手掌心向上正握杠铃，握距与肩同宽。肘部紧贴体侧，向上弯举杠铃至肩部。举至极限后缓慢下放还原。

训练肌肉：主要为肱二头肌；次要为肱肌、肱桡肌、三角肌前末、前臂屈肌群。

当运动员跨上自行车后，就能感觉到手臂的力量。在踏板旋转的过程中，运动员通过手臂从一边移到另一边的方式来稳定自行车，而计数器通过二头肌来计算腿部力量的输出值。如果怀疑手臂的稳定作用，那么在骑车爬山的过程中，可以用一只手臂握住车把来体验手臂的稳定作用（注：车速不要太快）。在弯举杠铃时，应想象自己正在向上拉起车把，而腿部正在向下踩踏板。手握杠铃时，握距应与车把同宽。为了更好地锻炼二头肌，运动员在重复训练的过程中应避免重复摇摆身体的同一部位。运动员可利用稳定磁盘来锻炼下肢和躯干，进而提高肌肉的稳定作用，从而有助于运动员在疲劳状态下仍能稳定地骑自行车。

温馨提示：在力量训练的过程中，应保持背部的平稳，不应扭动身体，因为身体的扭动可能导致背部受伤，也会降低手臂肌肉的锻炼效果。

②牧师椅杠铃弯举。（图 7–1–37）

训练步骤：坐在牧师椅上，手持一曲杠杠铃或直杠杠铃，手臂要伸直。弯曲肘部，使杠铃至下巴处（掌心向上）。举至极限后缓慢下放还原。

训练肌肉：主要为肱二头肌、肱肌；次要为肱桡肌、前臂屈肌群。

图 7–1–37

世人永远不会忘记 1989 年世界锦标赛上，格雷格·莱蒙德（Greg Lemond）在最后的冲刺阶段战胜肖恩·凯利（Sean Kelly）取得胜利的日子。如果你曾看过有关此事件的照片，你不仅会注意到莱蒙德脸上的笑容，还会注意到他突出的二头肌。如前所述，运动员要想在比赛中取胜，需要他的整个身体做出贡献。手臂作用于车把的力量非常大，而牧师椅杠铃弯举有助于磨炼肱二头肌的力量。在训练的过程中，手握杠铃的握距应与车把同宽；屈臂将杠铃片举至下巴，重心在肩膀上，这时应想象自己正骑车冲刺，此时的重心就在肩膀上。每屈臂一次，都能感受冲刺的喜悦。记住，形式就是一切。在重复屈臂的过程中，不应抬臂或扭腰。即使在骑车的途中感到疲惫，也要保持姿势的正确。此训练也适合在健身房内进行，在训练的过程中要保持良好的控制和正确的姿势。（图 7–1–38）

温馨提示：在伸展手臂的过程中，肘部应始终保持一定的弯曲度。如果过度伸展手臂，可能会导致韧带拉伤或肘部受伤。

③肱三头肌下压训练。（图 7–1–39）

图 7–1–38

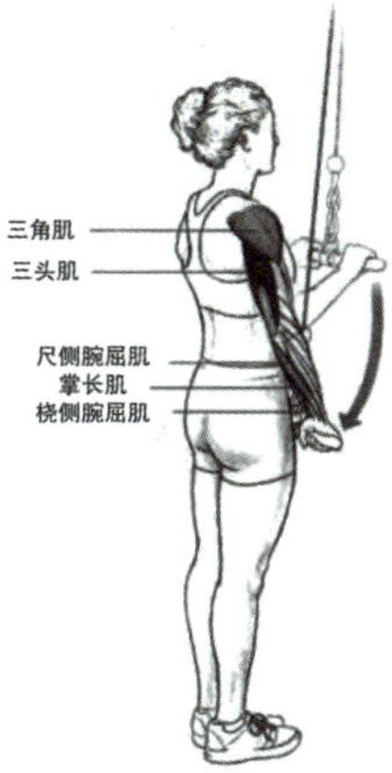

图 7–1–39

训练步骤：两腿直立，挺胸收腹；两手正握皮带轮的把手，握距与肩同宽。慢慢向下扩展肘部，使手握的把手到大腿前面。向下拉的过程中，要保持肘部紧贴身体两侧，然后慢慢回到起始的位置。

训练肌肉：主要为肱三头肌。次要为三角肌、前臂屈肌群。

运动员骑车最常见的一种姿势就是紧握车把的顶部，而不是弯把处。因为当你骑车时间比较长时，这种姿势比较舒服。然而，这种姿势会使肱三头肌受到来自身体的压力，因为身体是向车把倾斜的。因为肱三头肌下压训练模式与运动员骑车时手握车把的姿势相同，所以在训练的过程中，应想象自己正在手握车把。（图 7–1–40）

温馨提示：该训练有助于减轻运动员在骑车过程中的手臂疲劳度。记住，肌肉系统是一个完整的系统，骑车时，肌肉应相互协调。如果你的三头肌不强壮，肩膀和腰就会过度用力，进而导致身体疲劳或不适。

④俯身哑铃臂屈伸。（图 7–1–41）

训练步骤：俯身，两脚并立成弓步，一手撑前腿膝盖稳定身体，另一手持哑铃。手握哑铃的上臂应紧贴体侧，肘部弯曲成 90°，前臂垂直于地面。肱三头肌用力向后上方伸臂至前臂与地面平行，使肱三头肌极限收缩，稍停，再缓慢还原。

训练肌肉：主要为肱三头肌；次要为背阔肌、三角肌后束、竖脊肌。

这种训练非常实用，因为其训练姿势与骑车姿势相似。向后上方举哑铃，主要是为了锻炼手臂的肱三头肌。这种训练也有助于增强背部的稳定性，同时让颈部的肌肉得以锻炼。无论运动员是骑公路自行车还是山地自行车，肱三头肌都承担了体重压力的很大一部分。因此，在训练的过程中应加强三头肌的锻炼，以便让运动员在骑车时能持续保持正确的姿势。（图 7–1–42）

图 7-1-40

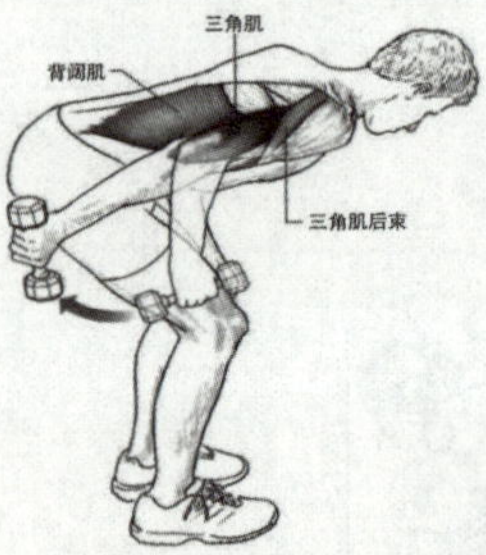

图 7-1-41

图 7-1-42

⑤下肢力量训练。

A. 小腿肌群力量训练。（图 7-1-43 至图 7-1-48）

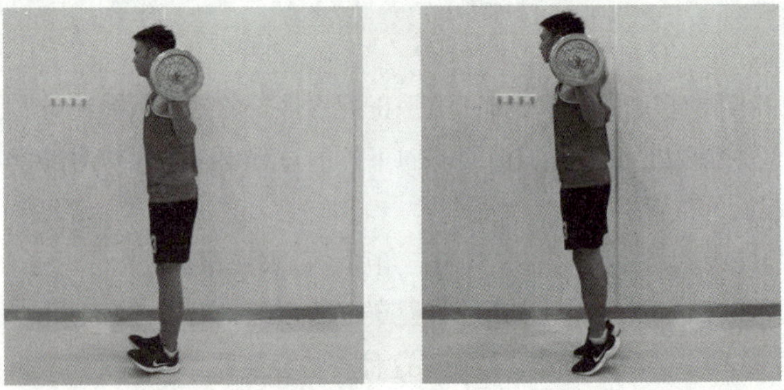

图 7-1-43

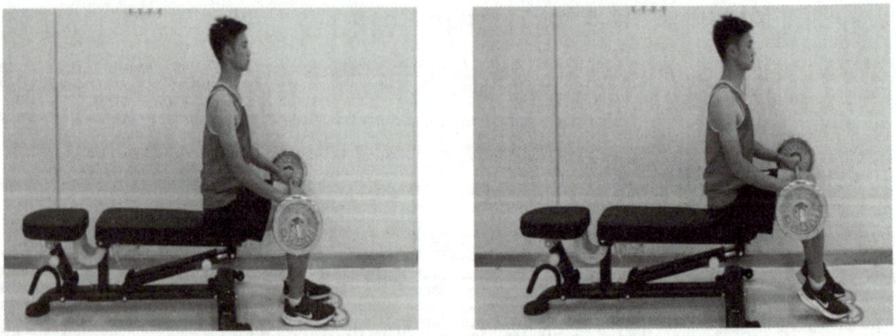

图 7-1-44

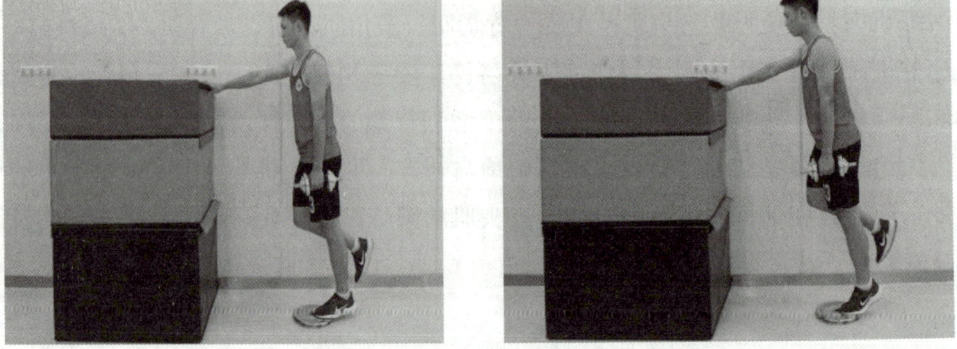

图 7-1-45

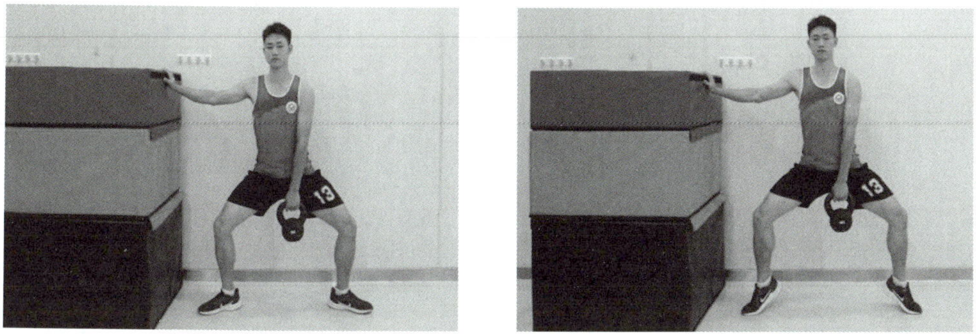

图 7-1-46

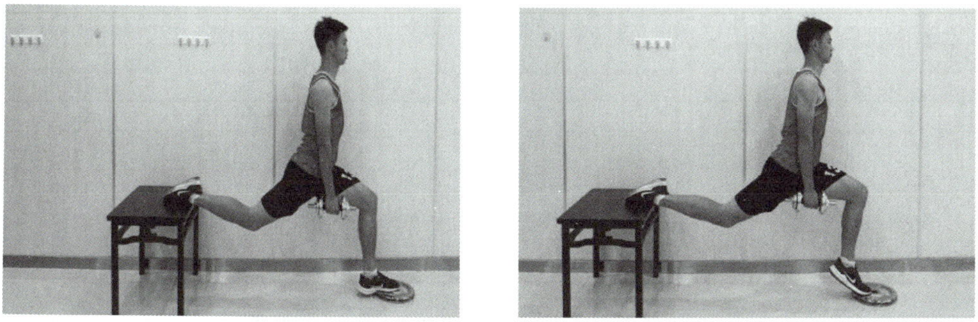

图 7-1-47

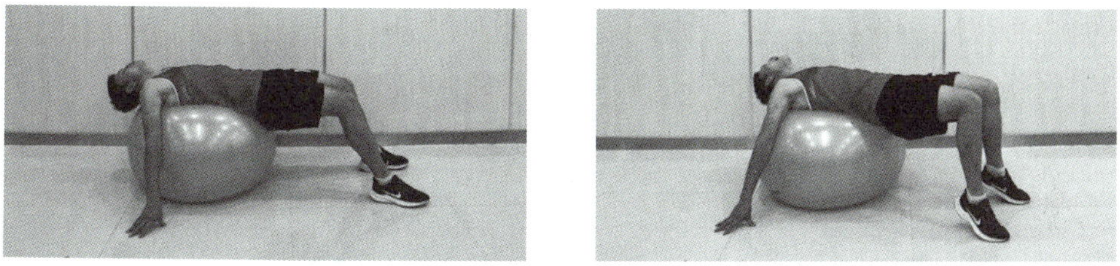

图 7-1-48

B. 大腿肌群力量训练。（图 7-1-49 至图 7-1-57）

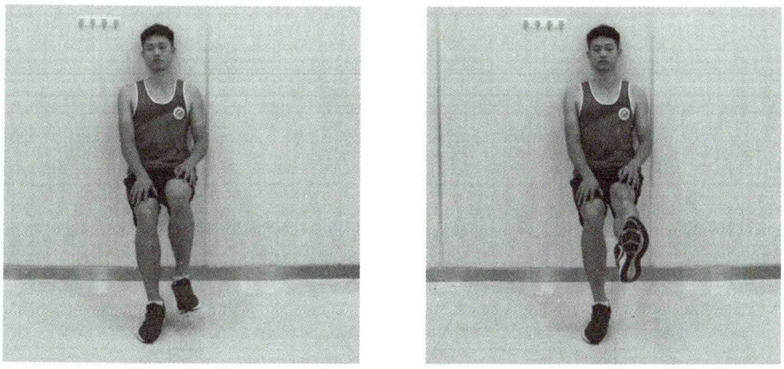

图 7-1-49

图 7-1-50

图 7-1-51

图 7-1-52

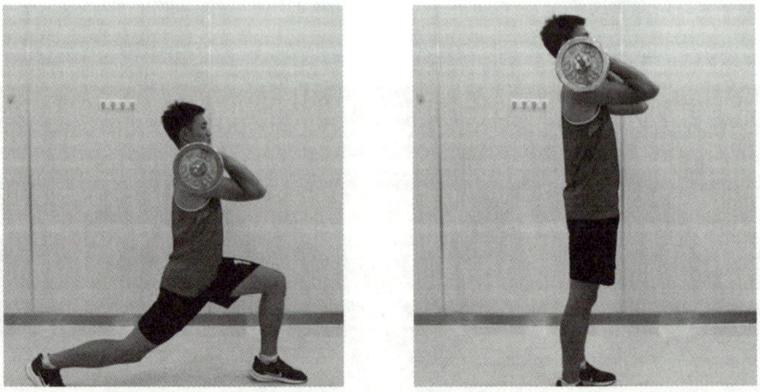

图 7-1-53

图 7-1-54

图 7-1-55

图 7-1-56

图 7-1-57

3. 核心力量训练

（1）核心力量介绍。

核心力量训练方法是现代体能训练方法的一种。它利用各种训练器材和训练方法提高运动员的核心力量，进而提高运动员的竞技能力，可运用在众多竞技运动项目的训练中，特别是运动员的力量训练中。体能各要素中，力量是速度、耐力、柔韧、灵敏的基础。

（2）核心力量的概念。

核心力量是以稳定人体核心部位（即肩关节至膝关节之间的部位）、控制身体重心、传递上下肢力量为主要目的的力量。

（3）核心力量的作用。

核心力量存在于所有运动项目中，所有体育动作的动力链都是以核心肌群为核心的，强有力的核心肌群对运动中的身体姿势、运动技能和专项技术动作起着稳定和支持作用，是稳定重心、环节发力、传导力量、整体发力的主要环节，对上下肢的协同工作及整合用力起承上启下的枢纽作用。

（4）核心力量训练的方法。

①徒手训练方法。

②瑞士球训练方法。

③实心球训练方法。

④弹力带训练方法。

（二）自行车运动员的速度及速度训练

速度是指人体快速运动的能力，包括反应速度（快速运动反应能力）、动作速度（快速动作能力）。

1. 动作速度的训练

（1）重复法：规定最高速度指标和变化练习程序。

（2）比赛法：进行速度训练经常使用的方法。

（3）游戏法：防止因经常安排表现最大速度的练习而引起的“速度障碍”的形成。

2. 动作速度训练之重复法

（1）降低速度练习的外部条件。

A. 牵引助力速度训练。

例如，自行车可由摩托车带着挡板领骑。

B. 下坡助力速度训练（自身惯性转移到速度）。

例如，下坡骑行。

（2）利用动作加速后的后效作用。

加重—标准—减轻，上坡骑行—平地骑行—下坡骑行。

（3）采用领骑和声响、灯光信号发出速度感觉指令。

例如，在自行车运动中，通过领骑、声响、灯光信号感觉指令提供必要的动作节奏或控制动作速度的变化。

（4）缩小练习完成的空间、时间界限。

例如，在自行车训练中，缩短练习距离，安排近似于比赛距离的练习。

—— 思政小课堂 ——

自行车运动对大学生的力量和耐力具有较高的要求，长时间的骑行能培养大学生吃苦耐劳和坚持到底的精神。

任务二 定向运动

一、定向运动概述

定向运动就是利用地图和指北针按照顺序到访地图上所指示的各个点标，以最短时间到达所有点标者为胜的运动。定向运动通常可在森林、郊外、城市公园和大学校园等地进行。

定向运动起源于瑞典。“定向”一词最早出现在1886年的瑞典，意思是在地图和指北针的帮助下，穿越未知的地带。

最初的定向运动只是一项军事活动，军人们把在山上辨别方向、选择道路和越野行进作为军事训练的内容。后来，在瑞典和挪威的军营中，军人利用军用地图先后进行了最初的定向运动比赛。

1991年，中国成立了中国定向运动委员会。1992年，中国成为国际定向越野联合会的正式成员国。1995年12月，中国定向运动协会在北京成立。2002年9月，教育部下发了《全国普通高等学校体育课程教学指导纲要》。纲要中提出在全国高等学校的体育课程中开发自然环境资源，因时因地制宜开发利用各种课程资源，开展野外生存、生活方面的教育与训练。教育部于2003年下半年又下发了《全国普通高等学校体育教育本科专业课程方案》，方案中定向越野被列为体育教育本科专业“必修课程”中的“主干课程”，并于2004学年开始在全国普通高等学校体育教育专业课程中实施。这一方案的实施无疑将定向运动推上了一个新的台阶。定向运动还被教育部规定为大学生必学的运动项目。中国定向运动协会积极推动定向运动在国内的发展，每年在全国范围内组织全国定向锦标赛、全国旅游城市定向系列赛、全国学生定向锦标赛、全国学生定向精英赛和全国定向冠军赛等大型赛事。赛事的组织工作与国际接轨，裁判规则与技术标准完全按照国际定向越野联合会颁布的规范实施。比赛项目不断增设，包括单人定向、积分定向、团队定向、百米定向、夜间定向等，在国内均属首次举办，极大地提升了定向运动在国内学校的普及度和参与者的热情。

二、定向运动价值

（一）健身价值

定向运动最突出的价值就是健身价值，它可以强身健体，增强体质。

定向运动是在野外进行的，清新的空气、茂密的森林、崎岖的道路，都带给人们新鲜感和神秘感。这种感觉会强烈地刺激人的大脑，从而提高大脑皮层的兴奋性，更有效地激发人体运动系统、循环系统、呼吸系统以及内分泌系统等的潜能。

经常参加定向运动，身体会变得强健，走跑、跳等运动能力以及耐力、速度、力量、柔韧性、灵敏性等身体素质都将逐步提高，对自然环境的适应能力和对疾病的抵抗能力将不断增强。

（二）益智价值

定向运动也是一种智力的活动，它具有积极的益智价值。

定向运动常常是在陌生的地点（区域）进行的，生疏的环境和完成全部比赛是一对较难解决的矛盾。参加定向运动的活动和比赛时，首先要阅读地形图，读懂地图上所标示的多种地形、地貌、地物及点标（检查点）的位置，并借助指北针精确辨别和判定方向，合理选择到达点标的最佳路线，然后还必须按顺序将隐蔽的点标逐个找到，这就要求参加者具备必要的知识和技能。

在定向运动的活动和比赛中，知识和技能掌握得越好，分析、判断、应变能力越强，就越容易成为活动和比赛的强者。相反，如果在知识和技能方面存在薄弱环节，或者在分析、判断、应变方面显得迟缓，就会遇到许多麻烦，甚至失败。

通过定向运动的学习锻炼和比赛，人们可以增长相关学科的知识，如增长地理学、测绘学、军事地形学、植物学等的基本知识和在实践中应用这些知识的能力，学会在运动中使用指北针，发展思维能力，培养快速应变能力。

此外，定向运动还能作为大脑工作的“调节剂”。大学生日常用脑的时间很长，极易造成大脑皮层思维中枢的疲劳。利用节假日到野外参加定向运动，有利于消除大脑皮层思维中枢的疲劳，使头脑清醒，思维敏捷，提高学习效率。

（三）育德价值

所谓育德，也就是培养道德品质。定向运动由于在环境、条件和比赛方法上的特殊性，在培养道德品质方面，更具有其独特的作用。

任何比赛都必须有严格的比赛规程和规划，这对每一个人都是公平的。参加定向运动比赛时，参加者判定的方向和选择的行进路线以及对每一个点标的寻找，都来不得半点马虎和丝毫的投机取巧，成功与失败之间可谓泾渭分明。因此，只有发扬坚定、细致和诚实等精神才能完成任务并取得胜利。当遇到困难时，有时甚至是在十分艰难的情况下，就要以十倍的信心和百倍的勇气千方百计地去克服它。当体力不支，感到难以支撑下去时，所能选择的唯一出路是咬紧牙关、坚定信念，不断鼓励自己，使出全身的力量，顽强拼搏，发扬不达目的决不罢休的精神，坚持、坚持、再坚持，才能到达胜利的彼岸。发扬团队精神和集体力量，尊重同伴，相互鼓励、支持和帮助，团结协同作战等同样是不可缺少的精神和风格。除此之外，定向运动还能培养在陌生的新环境下的竞争意识和适应能力以及对事业的进取心、坚韧不拔的毅力、决不放弃和永不言败的精神。

（四）娱乐价值

娱乐价值也可以称为休闲娱乐价值，定向运动能给人带来无限的快乐。

（五）社交价值

体育比赛既是一种对抗，又是一种交流和交往，定向运动同样具有社交价值。

（六）经济价值

定向运动的广泛开展，必然会带动该项运动相关的产业的发展。它所带来的经济效益是不可小觑的。

目前中国的定向运动仍处于推广和发展的阶段，其经济价值还未得到充分挖掘和发挥。随着中国经济的快速、健康、持续发展和社会的不断进步，定向运动将会得到进一步的推广与普及，其经济价值也会随之显现出来。

三、定向运动分类

按照运动模式，国际定向越野联合会将定向运动项目划分为徒步定向、滑雪定向、山地自行车定向和轮椅定向，其中徒步定向又被称为定向越野。随着定向运动的发展，定向运动演变出多种运动形式，如徒步定向又分一般定向运动、夜间定向、积分定向、接力定向、五日定向、公园定向等。每一种定向运动又可根据参与者的性别、年龄特征，设计不同的难度路线与组别。除接力定向外，每一组别又可分为单人赛、双人赛和团体赛，还可设立男女混合赛等。目前国际上还流行着一些其他形式的定向运动，如校园定向、扶手定向、星形定向、特里姆定向等。

（一）徒步定向

徒步定向是目前各种定向运动形式中开展最为广泛、组织方法较为简便的一种。徒步定向主要检验参与者的识图能力、野外路线选择能力、决断能力和奔跑能力等。组织者可根据参与者的性别、年龄特征设计不同难度的比赛路线与比赛组别。徒步定向运动是适合每个人的体育运动项目。

1. 接力定向

接力定向是一项团体比赛项目。其优秀的成绩有赖于每个队员的共同努力。其比赛竞争激烈，具有较强的观赏性。组织者把赛程分为若干段，每位运动员完成其中的一段，以各段运动员成绩之和评判全队的总成绩，各队总成绩在找点准确的前提下，以全队总耗时最少者为优胜。

2. 积分定向

积分定向指组织者在赛区内预先设置好若干检查点，并在图上标明，根据各检查点所处地形的难易程度、距离远近以及相互关系位置的不同赋予不同的分值。参赛者在规定的时间内，选择理想的运动路线寻找若干或全部检查点，以积分最高者为优胜。

3. 公园定向

公园定向是主要在城市公园、机关大院、居民区、校园内进行的一种定向运动。其与其他定向运动的不同之处主要是参与者都比较熟悉比赛场地，地形相对简单，因此比赛的安全性容易得到保障。这种比赛主要适于老年人、中小学生及幼儿参加。其比赛的组织方式和成绩计算与一般徒步定向相同。目前，致力于举办这类定向比赛的世界性组织为世界公园定向运动组织。该组织十分重视赛事的宣传和推广，对中国学校体育引进和推广定向运动以及定向运动的人才培养起到了重要的作用。

4. 专线定向

专线定向指组织者只在地图上标出准确的比赛路线，运动员必须按规定的路线行进，并将途中遇到的检查点标绘到地图上，其名次以标绘检查点的准确性和耗时的长短来确定。

5. 百米定向

百米定向就是在一块 100 米 ×50 米的场地内进行的定向比赛。在比赛的过程中，观众可以看到运动员比赛的全过程，而且赛场上还伴有音乐。运动员可以在出发区取到一张地图，并且在赛前分析地形，选择行进路线。由于其起点和终点与比赛区是有严格区分的，因此，以上的这些活动都只在出发区进行（禁止未出发的运动员观看别的运动员的比赛过程）。比赛的地图采用 1:500 的大比例地图，等高距为 1 米。比赛区域内的每一棵树木都被标注在图上。与此同时，组织者还要另外加上一些点标旗以增加比赛的难度。其比赛路线的距离一般为 150 ～ 400 米，设置 5 ～ 13 个点标。

6. 夜间定向

夜间定向是定向运动的一种高难度比赛形式。夜间定向比赛是在夜间进行的，因而大大增加了比赛的难度。夜间定向所用的器材上都附有反光材料，参与者亦需要携带用于查看地图的照明设备。夜间定向已被列为国际定向越野联合会正式比赛项目。第 1 届世界夜间定向锦标赛于 1986 年 10 月 27—28 日在匈牙利举行。

（二）山地车定向

山地车定向是集定向运动和山地车运动于一身的体育运动。在这项运动中，最重要的定向技巧是路径选择和记图。对于顶级运动员来讲，高超的山地车技巧是应付陡坡的必备条件。出于对周围环境的保护，运动员不能离开规定的路线。

山地车定向是国际定向越野联合会承认的最年轻的专业项目，从 2002 年起每隔 2 年举行 1 次世界锦标赛。

（三）轮椅定向

轮椅定向原本是专为伤残人士特别设计的定向运动形式。

四、定向运动内容

（一）定向运动地图

地图是说明地球表面的事物和现象分布状况的平面图形。

定向运动地图是一种地形图，亦简称地图。它是一种按一定比例尺表示地貌、地物平面位置和高程的正射投影的平面图形。专门的定向运动地图上的地貌、地物符号要求更准确精细地表示实际地形中的状况，且用各种颜色和符号表示不同的地貌、地物以及实际地形的可通行状况。

地貌，即地球表面高低起伏的各种形态，如山地、谷地、平地等。

地物，即分布在地球表面上自然形成和人工建造的固定物体，如江河、湖泊、居民点、道路、水利工程建筑等。

地形，即地貌和地物的统称。

定向运动地图一般由地图比例尺、地图颜色、地貌符号、地物符号、磁北线、地图图例注记 6 大要素组成。

（二）地图比例尺

比例尺也称缩尺，表示图纸上的长度与其相应的实际长度之比。

地图上某两点之间的距离与相应的实地两地之间的水平距离之比，称为地图比例尺。即地图比例尺 = 图上距离 / 实地距离。地图的长度单位一般为厘米。例如，某幅地图上长 1 厘米，相当于实地距离 10000 厘米，则此幅地图比例尺为 1:10000 或 1/10000。

根据使用地图的目的、要求的不同，地图比例尺大小有所不同。一般以地图比例尺大小来衡量地图的详细程度。

1. 地图比例尺的特点

图幅面积相等的地图，比例尺越大，其图幅所包括的实地面积就越小，地图上所显示的实地的地形内容就比较详细；比例尺越小，其图幅所包括的实地面积就越大，地图上所显示的实地的地形内容就比较简略。例如，同样图幅面积的 2 张地图，若地图比例尺分别为 1:10000 与 1:100000，则前者的比例尺大于后者。在比例尺为 1:10000 的地图上，1 平方厘米相当于实地 10000 平方米；而在比例尺为 1:100000 的地图上，1 平方厘米相当于实地 1000000 平方米。显然，地图上相同面积所对应的实地面积小的地图，所显示的实地的地形内容较为详细。所以，地图比例尺为 1:10000 的地图要比地图比例尺为 1:100000 的地图所显示的实地的地形内容详细。

2. 地图比例尺的表示形式

地图比例尺通常有 3 种表示形式。

（1）线段式：在地图上以厘米单位线段表示。例如，地图上 1 厘米代表实地 100 米，则在 1 厘米线段上注明 1 厘米等于实地 100 米（图 7–2–1）。

（2）数字式：在地图上以数字比例式表示。例如，地图上 1 厘米代表实地 100 米，则在地图上写成 1:10000 或 1/10000。

（3）文字式：在地图上以文字直接表示。例如，地图上 1 厘米代表实地 100 米，则写成图上 1 厘米等于实地 100 米（图 7–2–2）。

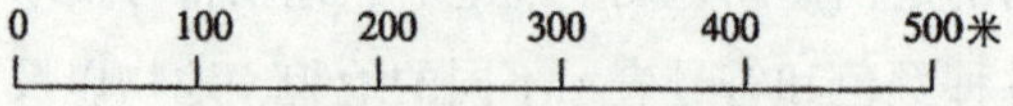

图 7–2–1

图 7–2–2

定向运动竞赛地图的比例尺标注一般采用数字式，或者数字式和线段式两者同时采用。国际定向越野联合会规定，定向运动竞赛地图比例尺应为 1:15000，若为适应当地地形表示的需要，可采用适当的比例尺，如 1:10000 和 1:20000 等。中国定向运动竞赛多采用比例尺为 1:10000 的地图。公园定向运动竞赛多采用比例尺为 1:5000 和 1:2000 等的地图。

3. 地图上估量实地距离

根据地图上两点之间的长度和该地图的比例尺，可以估量出相应两实地之间的水平距离。估量两实地之间的距离，首先要估量或测量出地图上相应两点间的距离，然后根据地图比例尺，利用公式计算出两实地之间的水平距离。计算公式如下。

实地水平距离 = 图上长度 / 比例尺。

例如，在地图上测量出两点的长度为 2 厘米，若地图比例尺为 1:10000，代入公式进行计算。

实地水平距离 =2/（1/10000）=20000 厘米 =200 米

这说明地图上两点的长度为 2 厘米时，其实两地的水平距离为 200 米。

在实际估量中，若实地地形起伏较小，在地图上量算出的实地水平距离就较接近实地路程距离。若实地起伏较大，则在地图上量算出的实地水平距离，必须结合起伏程度进行修正。这样根据地形的起伏程度估量出的实地距离，就较接近实地的路程距离。

（三）地图颜色

黑色——人造景观（建筑物、道路、小径）和岩石（大石头、悬崖峭壁）。

棕色——高线，包括等高线和符号（表示山丘和小坑）；沥青 / 砾石路面（包括高速公路、主干道、宽行人道、篮球场）等。

蓝色——任何有水的地方（湖泊、溪流、泥沼）。

绿色——植被，浓密而难通过的地区（绿色越深，越难通过）。

白色——普通的林区，易通过。

黄色——空旷地，易奔跑。

黄绿色——禁入私人区（果园、花坛）。

紫色——路线。

（四）地貌符号

地貌符号是为代表地球表面高低起伏的自然状态在地图上标绘的曲线和记号。地貌符号有等高线示坡线、特殊地貌符号、高程注记和各种颜色记号等。

定向运动竞赛地图采用等高线法显示地貌。用等高线表示地貌的起伏形态，是一种比较准确的方法。

等高线的制作方法是：首先测量出地面上各个地点的海拔高度，并把它们标注在地图上，然后把海拔高度相同的各点连接起来。这个相同海拔高度的连接曲线即称为等高线。

1. 等高线法表示地貌的原理

等高线是地面上高程相等的点所连成的闭合曲线。按“平截法”说，假设把一座山，从底到顶，按相同的高度，用一层一层的水平面横截，则山的表面与水平面有交线，再将这些交线垂直投影到地平面上，呈现出一圈套一圈的曲线图形。因为每条线上各点的高度恒等，所以将这些曲线叫作等高线。另一种“淹迹法”说，即假设淹没小山的海水按一定间隔的高度有间隙地退落，在每次间隙期内海浪击蚀山体都留下一圈闭合的水迹线痕迹，水迹线上各点的高程相等，此线即为实地可见的等高线。这一层层闭合的水迹线正射投影到海平面上，所得到的一组闭合曲线即为图面上的等高线。（图 7–2–3）

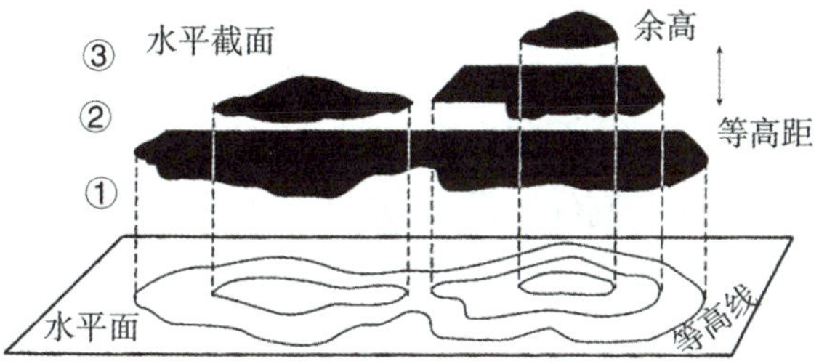

图 7–2–3

2. 等高距及其特点

等高距即相邻的两等高线间的垂直距离，也就是假设的水平截面之间的间隔距离。（图 7–2–4）

等高距有以下特点。

（1）等高距是以相邻的两等高线间的实际垂直距离表示的，其单位为米。

（2）等高距的大小决定着表示地貌的详细程度。在同一地域中，等高距大，则等高线条少，表示的地貌形态就较简略；等高距小，则等高线条多，表示的地貌形态就较详细。

（3）等高距的大小要受到地图比例尺的制约。若地图比例尺小，等高距的取值也小，就会给制图带来困难；地图比例尺大，等高距的取值较大，就会增大地图的画幅。所以，一般来说，地图比例尺小，则等高距的取值就较大；地图比例尺大，则等高距的取值就较小。

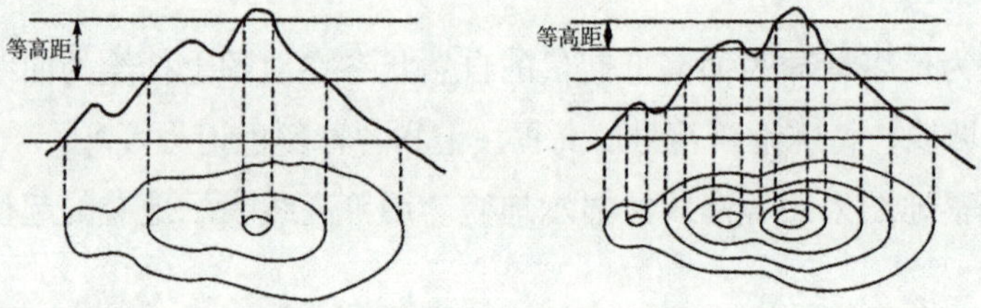

图 7-2-4

国际定向越野联合会规定，定向运动竞赛地图的比例尺应为 1:15000，其等高距取值为 5 米。中国现有的地形图，一般比例尺为 1:10000，其等高距取值为 2.5 米。为了适应国际定向运动竞赛的需要，中国定向运动竞赛采用比例尺为 1:10000 的地图时，须将等高距修订为 5 米。

3. 等高线的种类及其作用

等高线按其作用可分为首曲线、计曲线、间曲线和助曲线 4 种。

（1）首曲线，又称基本等高线，是按规定的等高距由海平面起算而测绘的实线，线粗 0.1 毫米，用以显示地貌的基本形态，如在 1:50000 图上的首曲线，等高距依次为 10 米、20 米、30 米。

（2）计曲线，又称加粗等高线，规定从高程起算基准面起，每隔 4 条首曲线（即 5 倍等高距的首曲线）加粗的 1 条粗实线，线粗 0.2 毫米，用以数计图上等高线和判读高程，如在 1:50000 图上的计曲线，等高距依次为 50 米、100 米、150 米。

（3）间曲线，又称半距等高线，是按 1/2 等高距描绘的细长虚线，线粗 0.1 毫米，用以显示首曲线不能显示的局部地貌，如山顶、阶坡或鞍部等。

（4）助曲线，又称辅助等高线，是按 1/4 等高距描绘的细短虚线，线粗 0.1 毫米，用以显示间曲线仍不能显示的局部地貌。

间曲线和助曲线共用于局部地区，显示局部地貌，所以不像首曲线那样一定要每条闭合。除表示山顶和凹地的曲线要闭合外，表示鞍部时，一般只对称描绘，终止于适当的位置；表示斜面时，一般终止于山或山谷两侧适当的位置。

4. 等高线显示地貌的特点

（1）地图上的每条等高线都是实地等高线的水平投影，既描绘出了地貌的水平轮廓，也表示出了地貌的起伏。

（2）在同一条等高线上的任何点的高度都相等。

（3）在同一地图上，等高线多，山高；等高线少，山低；等高线稀，坡缓；等高线密，坡陡。

（4）在同一地图上，等高线间隔大，坡缓；间隔小，坡陡。

（5）图上等高线的弯曲形状与相应实地地貌相符。

5. 示坡线

示坡线是指顺着下坡方向绘制并与等高线垂直相交的小短线（图 7–2–5）。它通常绘在等高线最有特征的弯曲上，如山顶、鞍部或凹地底部。示坡线可以帮助了解山的起伏。

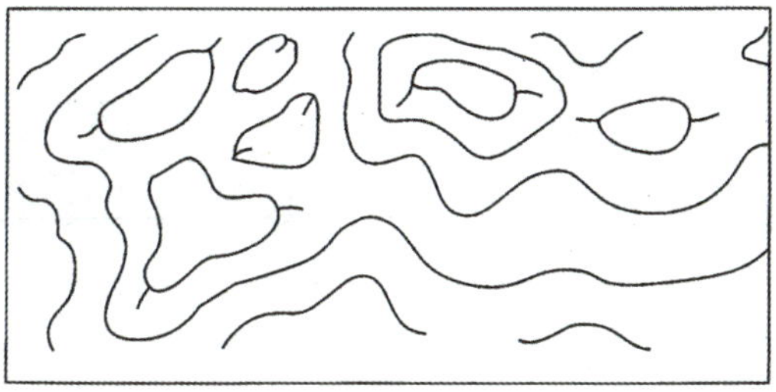

图 7–2–5

（五）磁北线

磁北线是地图上表示地磁的方向线。它不仅可以用来标定地图的方向、测量目标的方位角，还可以用于概略地判明行进路线的方向和距离。磁北线一般用黑色、红色或蓝色的平行线表示。

在 1:10000 的图上，要求两磁北线间的距离约相当于实地 250 米。除非遇上重要特征物会被遮盖，磁北线必须在图上呈南北方向，贯通整个赛区。

（六）地图图例注记

图例注记是专业定向地图上的重要注记，可以帮助理解地图所表示的事物。它采用的是国际语言符号，所有符号全球通用。

根据国际定向越野联合会《国际定向运动地图制图规范（2000 版）》（ISOM2000）将定向运动地图上的语言符号分为地貌、岩石与石块、水系与淤泥地、植被、人工地物、技术符号、路线符号、检查点说明表 8 个类别。

五、定向运动器材和装备

（一）点标旗

点标旗是由 3 面标志旗连接成的三棱柱形，每面标志旗的尺寸为 30 厘米 ×30 厘米，该正方形是对角线分开的，左上部为白色，右下部为橙红色，夜间定向检查点同时应有光源。点标旗应悬挂在图上标明的地点，一般距地面 80 ～ 120 厘米，实际位置应与检查点说明表一致。（图 7–2–6）

（二）打卡系统

1. 针孔打卡器

针孔打卡器用弹性较佳的塑料制成，一端装有钢针。每个打卡器的钢针组合图案都不同，运动员可在记录卡上打孔，也可直接将孔打在地图上的记录卡上。此种打卡器价格低廉，使用方便，适于日常教学、训练以及一些小型比赛。（图 7–2–7）

图 7-2-6

图 7-2-7

2. 电子打卡计时系统

随着定向运动的不断发展，定向器材的发展也十分迅速，目前在国内外的大型定向赛事中都采用先进的电子打卡计时系统。使用电子打卡计时系统不仅可以使运动员易于操作，也可以使组织者的工作变得极为简单，同时也使比赛更加公平、公正。SPORTident 电子打卡计时系统是目前世界上知名的定向运动电子打卡计时系统之一，其系统构成和使用方法如下。

（1）系统构成。

SPORTident 电子打卡计时系统一般由指卡、打卡器和终端打印系统组成。

（2）使用方法。

在使用电子打卡计时系统的定向比赛中，每个参赛者都发有一个统一编号的指卡。指卡可以存储开始和结束时间，而打卡器能存储运动员到访时的时间，当将指卡插入打卡器时，打卡器便自动将到访的时间写入指卡。在参加比赛时，运动员应将指卡佩戴在手指上，并按以下程序进行打卡。

选手出发前打“清除”，清除卡中原有的信息；出发时打“起点”，比赛开始计时；比赛中途按比赛要求找到每一个检查点，并在相应检查点的打卡器上打卡，读取到达该检查点的时间；回到终点打卡，比赛结束；到主站上打卡，领取个人成绩条。

（三）指北针

指北针是定向运动中运动员可以使用的合法辅助工具之一（图 7-2-8）。定向运动员使用的指北针一般是以装有磁针的透明有机玻璃盒为主体的，根据选手使用方式上的差异分为基板式和拇指式；有的指北针在有机玻璃盒内装有起稳定作用的特殊液体，能够增加磁针的稳定性，特别适宜在奔跑中使用。

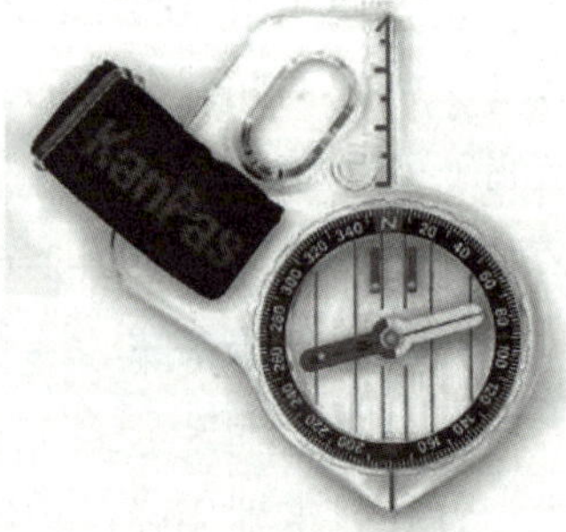

图 7-2-8

拇指式指北针是专业拇指指北针与传统罗盘指北针的结合，价格低廉，使用非常方便。

六、定向运动技术

（一）定向运动技术特征

定向运动技术是指定向参赛者完成定向运动所运用的各种方法。科学合理地运用各种定向运动技术是参赛者取得比赛胜利的基础。定向运动技术具有以下几个特征。

1. 合理性

运动技术的合理性是指运动技术在符合规则要求的同时，还应该符合人体运动的力学规律和生物学规律方面的要求。其在定向运动中经常表现出的是参赛者的技术虽然不规范，但是非常实用，同时也符合规则的要求，这样的技术就有其存在的价值。

2. 相对性

每个人的定向运动技术都不是一样的，这说明定向运动技术对个体和整体而言都具有相对性。

3. 整体性

定向运动技术是由各个具体动作组合而成的，不仅与参赛者有关，还与地形以及环境条件有关。任何一个技术动作的变化和其他因素的变化都会影响整体技术效果的发挥。因此，在对技术的理解与训练上，要从整体考虑各环节之间的联系。例如，野外奔跑速度是影响定向参赛者成绩的关键，但提高速度的同时又要考虑到读图速度能否与之相匹配，否则就会破坏整个定向运动技术的完整性。

4. 个体性

定向运动技术只是一种理想化的技术动作模式，对于每个参赛者来说，并不都是最合理有效的。只有以群体运动技术模式为基础，结合个体特点调整后确立的个体运动技术模式才是最合理有效的。例如，参赛者在选择路线时，可以根据自身体能和技术，合理选择穿越或沿路跑。从技术角度上讲，每个参赛者的技术都有其自身特点，在训练和比赛中要发挥自己的优势，完善自身的技术。

（二）标定地图

标定地图就是给地图定向，使地图的方位与实地的方位一致。通过标定地图，可以将地图上的地物、地貌符号与实地的地物、地貌一一对应，这不仅可以帮助我们迅速查看地图，了解实地地物的分布情况、地貌的起伏程度以及它们之间的相互关系，还可以帮助我们根据地图上的路线，在实地选择具体的运动路线。常用的标定地图的方法有概略标定地图、利用指北针标定地图、利用地物标定地图。

1. 概略标定地图

地图上的方位是上北、下南、左西、右东。当我们在实地正确地辨别了方向之后，只要将地图的上方对向实地的北方，地图即已标定。这种方法简便迅速，是定向运动比赛中最常用的方法。

2. 利用指北针标定地图

定向地图上标有磁北线，是用红色粗线条标出的，尖头指向地图的上方。利用指北针标定地图时，可通过转动地图，将指北针上的红色指针与磁北线的方向吻合或平行。由于指北针上的指针和地图上的磁北线都是红色的，所以也称此方法为“红对红”或“北对北”。

3. 利用地物标定地图

（1）利用直长地物标定地图。

直长地物是指较长的线状地物，如铁路、公路、土垣、沟渠、高压线等。

利用直长地物标定地图的方法如下。

①在图上找到这段直长地物。

②转动地图，使图上的直长地物与实地的直长地物方向一致。

③对照两侧地形，使图与实地各地形点的关系位置相符。

运动员利用路边的沟渠来标定地图时，可平移且转动地图，使图上的道路与实地的沟渠大致重合。

（2）利用明显地物标定地图。

利用明显地物标定地图指在实地找出一个与地图上地物符号相应的明显地物，如小桥、亭子、独立的建筑等，然后转动地图使图上的站立点至目标的连线与实地的站立点至目标的连线重合。

选择一个图上与实地都有的明显的地物，转动地图，使图上的站立点至目标的连线与实地的站立点至目标的连线相重合。

（三）确定站立点

在野外，我们时刻要注意确定自己站立的地点在地图上的位置。这是进行定向运动必须首先掌握的一项基本技能。其主要方法是通过标定地图将地图与现有的地物、地貌进行逐一对照，来确定自己的方位。

1. 直接确定

当自己所处位置是在明显地形点上时，只要从图上找出该地形点，站立点即可确定。这是最常用的方法。

2. 利用位置关系确定

当站立点位于明显地形点附近时，可以利用位置关系来确定站立点。利用位置关系确定站立点主要依据 2 个要素：一是站立点至明显地形点的方向，二是站立点至明显地形点的距离。在地形起伏明显的地方，还可以结合高差情况进行判定。

3. 利用交会法确定

当站立点附近无明显地形点时，可以利用交会法确定站立点位置。按不同情况，它又可以具体分为90° 法、截线法、连线法、后方交会法等。这些方法的优点是不需要判断或测量距离也能确定出较为准确的站立点位置，这对于初学者学习、巩固使用地图的训练是很有意义的。下面介绍几种常用的方法。

（1）当运动员站在线状地形上时可以利用90° 法（图7–2–9）、截线法、连线法（图7–2–10）来确定方位。

（2）后方交会法。当待测点上无线状地形可利用，而且地图与实地相应地都有2个以上的明显地形点，且地形较开阔，视野良好时，可以采用后方交会法确定站立点。

确定站立点的方法如下。

①在地图上取一个山顶为标志，和实地相应山顶在地图上作直线。

②将地图上的树丛与实地相应的树丛在地图上作一连线。

③两条直线的交会点就是站立点。

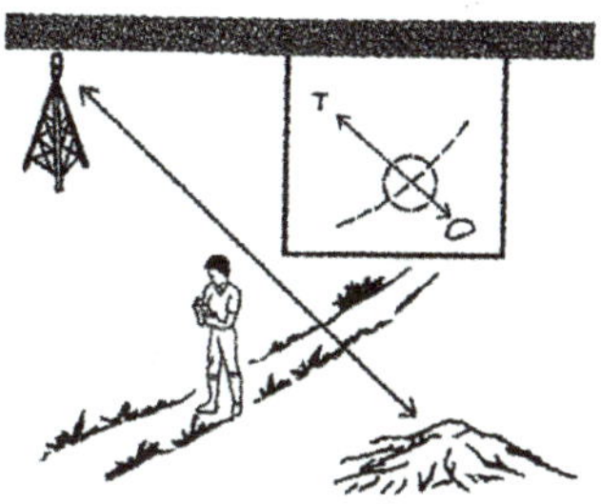

图 7–2–9

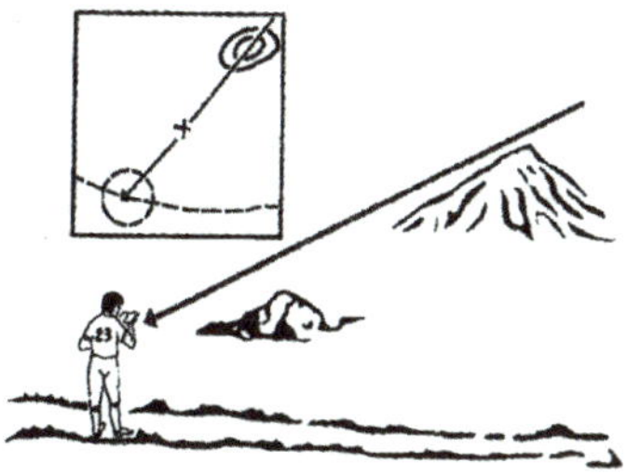

图 7–2–10

（四）依地图行进

依地图行进是定向运动的基本运动形式，也是一项最基本的技能。在奔跑途中，应先了解前方要通过的方位物，边跑边对照地形。在经过每个岔路口、转弯点、居民地进出口时，应快捷、准确地对照地形，随时了解自己在图上的位置，做到“随时标定地图，随时确定站立点在图上的位置，随时对照周围地形，随时保持清醒的头脑”。具体的行进方法如下。

1. 拇指辅行法

在运动过程中，不断转动地图，使地图与实地方向一致，并且手指压在站立点上，做到人在地上走，指在图上移。（图7–2–11）

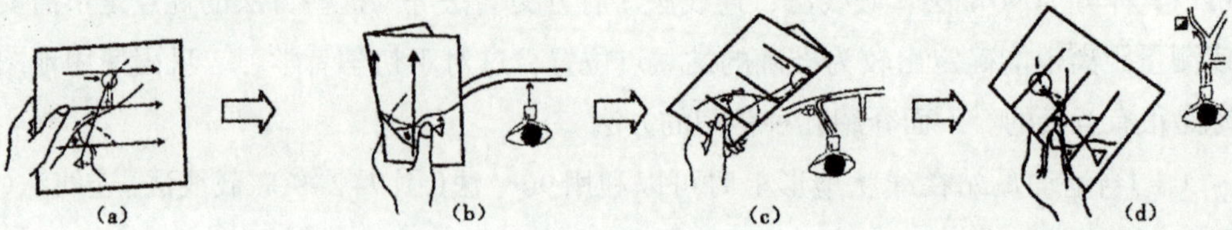

图 7-2-11

（a）明确站立点、比赛路线、目标点；（b）转动地图，使地图与实地方向一致，并将左手拇指压于站立点一侧上，先上大路；（c）到大路后转动地图，移动拇指（沿大路跑，看到路旁小屋后向右转）；（d）转动地图，移动拇指（沿大路跑，经过右侧路口后在下一路口左转弯，可直达目标点）。

2. 沿地形地貌行进

沿地形地貌行进是初学者必须掌握的一项基本技术。线形地貌有河流、栅栏、小路、围墙等；明显地物有房屋、独立树、石碑以及等高线等。这些都是很好的参照物，可以提供安全、快捷的路线。沿地形地貌进行是按所跑路线的顺序，分段、连续或一次性地记住行进方向上经过的地形点、两侧的特征物等内容，使实地的情景能够不断地与记忆内容叠影、印证，做到人在地上跑，心在图上移。该方法具体分为以下几种。

（1）借线法。

借线法指利用线状地形，如道路、围栏、高压线等作为行进的“导引”。由于沿着线状地形行走犹如扶着楼梯的栏杆行走，因此，有人称此方法为“扶手法”。其行进方向为先沿小路到线状地形下，再沿线状地形找点。

（2）借点法。

借点法就是利用明显的地物地貌点来控制运动方向，当检查点附近有高大、明显的参照物时，可采用此方法。

（3）水平位移法。

当站立点与检查点在同一高度上时，可沿等高线行进，即采用水平位移法行进，但要确定站立点与检查点之间是否可通行。

（4）提前绕行法。

在检查点之间有较大的障碍时，可提前选择最佳路线。在行进过程中应注意以下几点。

①在经过岔路口、道路转弯点、居民居住地进出口时，应对照地形。

②在遇到实地地形变化与地图不一致时，应仔细对照全貌，分析地形的变化和位置关系，然后准确判定站立点的位置和行进方向，做到有疑不走、有矛盾不走、方向不明不走。

③当发现走错路时，应立即对照地形，回忆所走过的路，判明是从什么地方走错的，偏离原定路线多远，再根据情况另选迂回路线或返回继续前进。

（五）利用指北针确定行进的方向

利用指北针确定行进的方向，是一种最简易、最快速的方法，特别适合初学者在特征物少、植被密度低、地形起伏不大的树林中使用。（图 7-2-12）

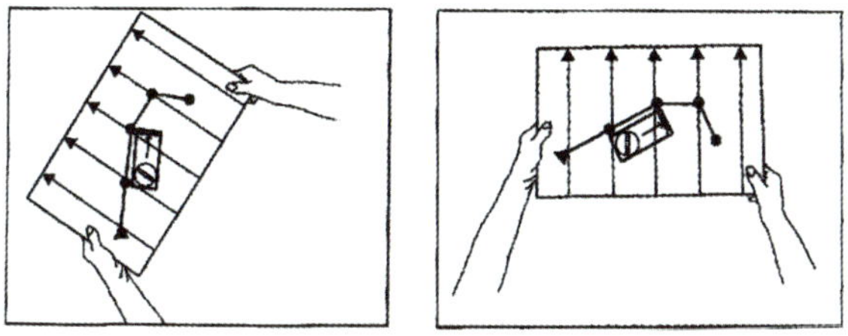

图 7-2-12

（1）将指北针直尺边切于目标方向线，指北针上的方向尖头指向所要到达的位置。

（2）把指北针和地图作为一个整体水平放置在面前，转动身体，使指北针上的红色指针的指向与地图所示的磁北线方向一致。

（3）指北针上方向尖头所指的方向即为所要行进的方向。

（六）实地判定方位

实地判定方位是指在实地辨明东、西、南、北方向。了解实地的方位是使用地图的前提。在野外，可以帮助我们辨明方向的方法很多，如白天可利用太阳和手表来辨别方向、晚上可利用星体来辨别方向，还可以利用地物、风向等来判定方位。

1. 利用指北针判定方位

利用指北针判定方位的方法是将指北针放平，待磁针完全静止后，磁针的红色一端即 N 端为北面，S 端为南面。如果测定方位的人面向北面，则他的左为西，右为东，背后为南。

如果想测某一点的方位，可将罗盘上的 0 刻度在地图上对准目标，当罗盘水平静止后，N 端所指的刻度便是测量点至目标的方位，如磁针 N 端指向 36°，则表示目标在测量位置的北偏东 36°。

使用指北针时应注意以下几点：①尽量保持指北针水平放置；②不要离铁、磁性物质太近；③不要将磁针的 S 端与 N 端混淆，造成误判。

2. 利用地物判定方位

在野外，凡见到有地物和植物的地方，同样可以根据日常生活习惯和自然客观规律产生的现象进行方位判定。例如，地球的北半球，我们居住的房屋或用于朝拜的庙宇大门通常都朝南开设，树木一般朝南的一侧枝叶茂盛，色泽鲜艳，树皮光滑，向北的一侧则相反；长在石头上的青苔喜阴湿，北面较旺；积雪多是先融化朝南的一面，通常墙、土堆、土堤、地埂、石块、建筑物等突出物的南面较干燥，春草早生，冬雪早化，而向北一侧的基部较潮湿，夏长青苔，冬存积雪，而土坑、林中空地的特征正好相反。

3. 利用太阳和手表判定方位

在晴朗的天气，上午 9 时至下午 4 时，用时针对准太阳，此时手表上的时针与 12 时刻度夹角平分线所指的方向为南方，相反的方向为北方（图 7-2-13）。但是要注意以下几点：①将手表平置；②在南北纬 20° 30' 之间地区的中午前后不宜使用；③要把标准时间换算为当地时间。

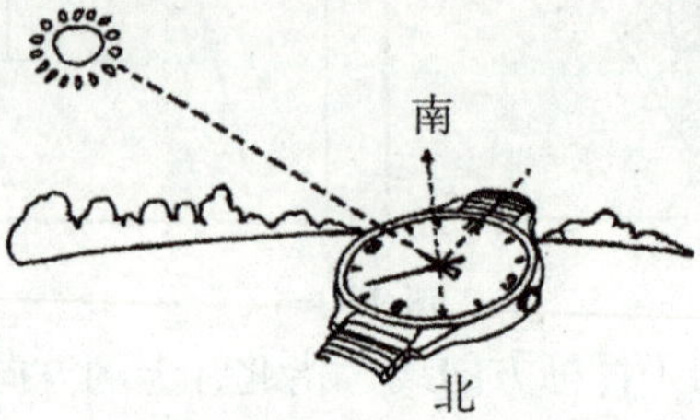

图 7-2-13

七、定向运动技能

（一）定向运动技能的内容

定向运动技能包括动作技能，如野外奔跑技能、定向技能中的地图和指北针基本使用技能（如折叠地图、拇指辅行、标定地图、确定前进方位）；还包括认知技能，如动作技能无明显并联的一些定向技能、定向智能、定向心理能力和心理技能及战术能力。

（二）定向运动技能的分类

定向运动技能按照技能的难度可以分为初级、中级和高级技能，按照完成的任务类型可分为动作技能（如折叠地图、拇指辅行）和认知技能（如简化地图、超前读图），按照运动训练学的方法，划分为定向身体运动技能、定向技能、定向智能、定向心理能力和战术能力。

（三）读图

读图是将二维的平面地图通过心理过程在大脑中视觉化形成立体的三维实际地形并与实地进行对照的认知过程。

读图的动作技能的练习与读图的认知技能的练习常常是同步进行的，只是不同的阶段侧重点不同而已。通常先以动作技能练习为主，然后动作技能和认知技能练习并重，当动作技能达到熟练水平甚至自动化水平时，则以认知技能的练习为主。

（四）运动中读图

读图按读图时的运动状态可分为静止站立读图和运动中读图，读图练习从静止站立开始，逐步过渡到运动中读图。而在运动中读图首先要使读图的动作技能达到熟练水平，为了避免地形和图形符号对动作技能的影响，最初的练习应该安排在线状特征较多并且比较简单的地形中进行。

（五）平衡读图速度与奔跑速度

运动的速度（走、慢跑和跑）应该与读图能力相适应，否则将迷失自己的位置。当读图速度提高并能超前读图和记忆地图时，可以相应地提高自己的速度，这样才不至于迷失方向。

（六）读图节奏

读图节奏是指定向选手在运动中读图的时间间隔形成规律性的特点，有助于节省时间。读图要保持一定的读图节奏，通过练习达到在运动中每 10 秒钟读一次图的节奏。以这种节奏读图将比持续读图节省更多的时间。

（七）观察周围地形

如果地形条件允许，在运动中要尽量扩大视野，注意观察周围地形的特点。一般要求选手注意观察周围 50~100 米范围区域的地形特点。

（八）地图稳定性

在运动中读图时，要平衡地持握着地图，同时使地图保持在能够集中读图的距离之内。应在读图之前保持正确的行进方向，如果拇指在地图上定位不准确，应该检查地图是否折叠正确或是否方向发生错误。如果运动中的视野非常狭窄，应该尽量从地图上大量的细节地物中获得比较明显的特征地物。

（九）定向地图上的图例注记

定向地图上的图例注记除了上面介绍过的比例尺注记、等高距注记，还有图例说明、检查点说明以及图名和出版单位说明等。图例说明可以帮助你理解地图所表示的事物。它采用的是国际语言符号，所有符号全球通用。

八、定向运动心理训练

在定向越野训练和比赛中，队员不仅要有充沛的体能，还要有良好的心理素质。如果队员缺乏良好的心理素质，就不能顺利完成训练和比赛任务，更不可能取得优异成绩。从某种程度上说，一个定向运动员的心理素质比体能、技能更重要。

（一）培养优秀的个性特征

有良好个性特征的队员无论是在训练还是在比赛中，都会有上乘的表现。那些热爱定向运动的队员，在训练中始终能保持精神饱满、积极向上，运动中也就能够承受较大的运动量，能够推迟疲劳出现的时间，在比赛中也容易取得好成绩。

（二）培养良好的动机

良好动机是发挥队员积极性的核心因素。只有在良好动机的支持下才能提高队员的兴趣和能力。在定向比赛过程中，要鼓励队员争取好成绩，但不要把胜负看得太重，使之成为思想包袱和负担，不允许队员通过不正当的手段去赢得比赛胜利。要教导队员相互团结、共同协作，把每次训练和比赛都看作是锻炼自己、培养能力的机会，要不断挑战自我，超越自我。

（三）培养认真的态度

良好、认真的态度可使队员对训练和比赛有充分的信心和责任感，使队员始终处于坚定、沉着和充满信心的状态，为其提供巨大的心理储备。当在比赛中遇到不愉快的事情时，队员也能耐心处理，不急不躁，不被烦人的事扰乱心情，照样正常参赛。

（四）培养顽强的意志品质

良好的意志品质在定向训练的比赛中起着巨大作用。克服困难、反败为胜就得靠它。因此，训练中要有意识、巧妙地安排一些机会来培养队员的意志品质。要使队员树立战胜困难的信心，可从困难少的方面入手，由易到难，逐渐加大难度，使队员在不断克服困难的过程中，坚定信心，看到自己的力量。教练要以身作则，训练中要认真、坚定，使队员受到感染。

—— 思政小课堂 ——

定向运动是一项户外体育运动，开展场地可以是森林、公园、校园、村落、古镇、革命圣地等。定向越野借助其特有的形式，与自然环境、人文景观有机结合，能促进传统历史文化的发展；与此同时，在户外越野中翻越山坡，跨越鸿沟，穿越草坪，从一个检查点到另一个检查点，充满了未知和挑战，需要大学生不畏艰险、勇往直前，才能抵达最终目标点。

任务三　体育拓展

一、体育拓展概述

体育拓展（也被称为拓展训练、户外拓展训练、外展训练、冒险性学习法、户外体验培训），已经成为提高沟通技巧、凝聚力、领导力、决策力、竞争力、人际信任和个人身体与心理素质培养中被广泛采用的培训与教育手段。体育拓展，英文名 Outward Bound，从字面上去解释为船只即将离港招集船员的旗语，在后来被人们解释为：在暴风雨来临之际一艘船即将起锚开航，离开安全的港湾，驶向广阔无际的大海，投向未知的旅程，去迎接一次次艰巨的挑战，战胜一次次艰难险阻。体育拓展起源于第二次世界大战期间的英国，当时，大西洋上有很多盟国船只由于受到敌军潜艇的攻击而沉没，大批船员落水。由于海水冰冷，又远离大陆，绝大多数船员不幸罹难，但仍有极少数的人在经历了长时间的磨难后得救生还。人们在了解了这些生还者的情况后，发现一个令人惊讶的事实：绝大多数生还者并不是最年轻的，也不是体格最强壮的，反而是那些年龄相对偏大的海员。经过调查研究，专家发现这些人之所以能够活下来，关键在于他们有良好的心理素质和坚定的意志，有强烈的责任感，善于同他人合作。此外，他们不一样的品质还包括具有较强的团队协调和配合能力。体育拓展理论与实践最初就来源于对海员幸存者的研究，教育家库尔特·哈恩（Kurt Hahn）于 1941 年在英国创办了阿伯德威海上学校，训练年轻海员在海上的生存能力和船触礁后的自救生存技巧，并使他们的身体和意志都得到锻炼。战后体育拓展的独特创意和训练方式逐渐被推广开来，训练对象由最初的海员扩大到军人、警察、消防员、军校学员、童子军、学生、工商业人员等各类群体，训练目标也由单纯的体能、生存训练扩展到心理训练、人格训练、管理训练等。从广义上讲，体育拓展是让人们在高山瀚海中迎接各种各样的挑战，从中学会应对一系列困难的能力，尤其是运用身体的各种技能应对生存危机和心理压力的考验，从而获得全新体验，改变内心认知。它讲究户外特点和冒险技能的学习，注重学习者内心的体验感受。从狭义上讲，体育拓展是将管理与心理游戏融入户外体育游戏与活动，以体验式学习模式进行的一种团队教育活动，以达到“磨炼意志，陶冶情操，完善人格，熔炼团队”的目标。

二、学校体育拓展

在学校，体育拓展是一项突破传统教育思维和教学模式、具有全新教育理念的新型体育课程。美国哈佛大学商学院于 20 世纪 80 年代首次将体育拓展引入 MBA 教育，进入 21 世纪后，体育拓展逐渐进入中国高校，成为深受学生喜爱的体育项目课程。体育拓展教学活动通常设定在陌生情景或特定的环境中，以身体活动为载体，以团队为组织形式，以游戏为主要活动内容，以全面改善学生的身体健康、心理健康和社会适应能力为目标，使学生以体验式的学习模式全面塑造个体并提高团队素质。体育拓展的课程是“体能消耗适中、心理挑战较大、团队熔炼为主”，以全面发展学生素质为目的，积极倡导素质教育的新型体育实践课程。简单地说，体育拓展就是将身体素质、心理与社会适应等多种学习目标设计在游戏和体育活动中，使游戏和体育活动变为有针对性的教育手段，通过“挑战自我，熔炼团队”的学习，使学生在提高身体素质的同时，从中感悟游戏内外的道理，并启发学生进入深层次的思考，使其在激情、喜悦或挫折之后顿悟人生的道理。体育拓展传达的是这样一种理念，即“小游戏，大道理”，因为游戏变大就是生活，将道理变小就是真谛。体育拓展的学习不仅仅局限于单个的体育游戏之中，还是寻找游戏之外和其相近的真实生活。

三、体育拓展课程的内容特点与流程

1. 体育拓展课程的内容

体育拓展包括户外场地拓展、室内拓展、水上拓展和野外拓展。在学校体育教学中，体育拓展课程的内容主要以低风险的户外场地拓展、室内拓展和水上拓展为主。

2. 体育拓展课程的特点

（1）综合活动性。

体育拓展课程的所有项目都以体能活动为引导，引发出认知活动、情感活动、意志活动和交往活动，有明确的操作过程，要求学生全身心地投入。

（2）挑战极限。

一些体育拓展课程项目具有一定的难度，主要表现在心理和生理考验上，需要学生向自己的能力极限挑战，跨越极限。

（3）集体中的个性。

体育拓展课程实行分组活动，强调集体合作，力图使每一名学生竭尽全力为集体争取荣誉，同时从集体中吸取巨大的力量和信心，在集体中显示个性。

（4）高峰体验。

在克服困难、顺利完成课程要求以后，全体学生能够体会到发自内心的胜利感、满足感和自豪感，获得人生难得的高峰体验。

（5）自我教育。

教师只是在课前把课程的内容、目的、要求以及必要的安全注意事项向学生阐明，活动中一般不进行讲述，也不参与讨论，充分尊重学生的主体地位和主观能动性。即使在课后的总结中，教师也只是点到为止，主要让学生自己来讲述，达到了学生自我教育的目的。

（6）全面发展。

通过体育拓展课程，学生在如下方面有显著的提高：认识自身潜能，增强自信心，改善自身形象；克服心理惰性，磨炼战胜困难的毅力；启发想象力与创造力，提高解决问题的能力；认识群体的作用，增进对集体的参与意识与责任心；改善人际关系，学会关心，更为融洽地与群体合作；学会欣赏、关注和爱护大自然。

3. 体育拓展教学的 4 个流程

（1）团队热身。

在课程开始时，团队热身活动将有助于加深学生之间的相互了解，消除紧张，建立团队，以便轻松愉悦地投入各项教学活动。

（2）个人项目。

个人项目是本着心理挑战最大、体能冒险最小的原则设计的，每个个人项目对受训者的心理承受力都是一次极大的考验。

（3）团队项目。

团队项目以改善学生的合作意识和集体的团队精神为目标，通过复杂而艰巨的活动项目，促进学生之间的相互信任、理解，形成默契和配合。

（4）回顾总结。

回顾将帮助学生消化、整理、提升训练中的体验，以便达到活动的具体目的。总结使学生能将体育拓展课程的收获迁移到学习、工作、生活中去，以实现整体教育目标。

二、体育拓展的经典项目

（一）高空项目

1. 高空单杠

（1）项目概述。

高空单杠是一个以个人挑战为主的项目，属于高心理冲击的高空跳跃类项目，模拟的是在舰船发生事故即将沉没的时候，救援直升机放下悬空的单杠，这是在极具危险的环境中的机会，我们别无选择，只有一条路通向生存，机会就在眼前，最后关头我们必须纵身一跃抓向它，不管是否抓住都无怨无悔。学生必须在穿着保护装置的前提下，爬上约 10 米高的圆形小跳台独立完成整个过程。

（2）学习目的。

一是培养克服恐惧、勇于挑战的信心并在其中激发个人潜能；二是学习用积极的心态去争取和获得机会；三是增强团队精神，面对困难时相互鼓励、相互帮助；四是学会目标管理与自我说服；五是学会分析风险和把握机会的能力。

2. 垂直天梯

（1）项目概述。

垂直天梯是一个 2～3 人共同挑战并有团队配合的项目。它模拟船舱发生严重漏水，我们必须依靠彼此间的相互合作才能爬上更高的圆木梯，逃离迅速上涨的海水以获得安全。此项目具有一定的难度和心理冲击力，需要消耗较大的体力。想要获得新高，就必须相互帮助，既要甘为人梯，也要勇于探索，最重要的是不能忘记同路人。相互支持与相互感恩可以让大家一起前进和提高。整个过程学生必须在穿着保护装置的前提下，以 2～3 人为小组共同爬上约 15 米高的圆木梯。

（2）学习目的。

一是培养责任感和人际信任感；二是培养合作精神和协调能力；三是培养不离不弃的共同体意识；四是培养克服困难的毅力和胆量，增强勇攀高峰的信心和解决问题的能力；五是培养珍惜别人的帮助、懂得感恩的意识。

（二）中低空项目

1. 信任背摔

（1）项目概述。

信任背摔是最为经典的体育拓展项目之一。它模拟舰船严重破损船员弃船登上救生艇，救生艇已经坐满，而船即将沉没，但仍有最后一名离船的船员尚未登艇，如果他直接跳下那将使救生艇倾覆，唯一安全的上艇方法是背向后直体倒下，其他全体在艇上的船员须组成“人床”在下方接住他。整个过程要求全体组员参与，彼此的信任来源于彼此的责任和关爱，团队的支持是个人勇于挑战的基础。

（2）学习目的。

一是培养团队相互信任的意识；二是克服恐惧心理，增强挑战自我的勇气；三是发扬团队精神、培养团队责任感；四是体会通过挑战突破本能的意义。

2. 电网

（1）项目概述。

电网也叫蜘蛛网，是一个著名的户外游戏，是幻想与挑战的完美融合。它模拟的是完成任务的回撤小组，在无路可走时，正前方有一张大电网，它是一张有“漏洞”的“智能网”，任何人触碰电网都会被“击伤”并关闭该网洞，每个网洞只能通过一人，小组人人肩负重任，必须全体通过，否则强敌在 40 分钟内赶到后小组将全军覆没。活动中每一个人都需要做最大的努力，否则某人的放松将会给别人造成更大的麻烦，甚至会让所有的人前功尽弃。

（2）学习目的。

学会创建团队，在活动中培养团队合作精神、学习分工合作与冲突处理技巧、培养沟通能力；增强充分利用资源、配置资源的能力和时间管理能力。

（三）地面与心智项目

1. 盲人方阵

（1）项目概述。

盲人方阵是一个以团队挑战为主的项目。它模拟小组全员误食一种奇异的果实，在随后的 40 分钟内暂时失明，为保安全，大家找到一堆绳子，围成一个方阵来抵御外敌，越大的正方形越有防御力，因此大家必须把其建造得又大又方，建好后均匀分兵把守之。小组全体成员参加活动，它将是一次非同寻常的经历，让人得到一次全新的反思和认知。

（2）学习目的。

一是培养沟通意识，提高沟通技巧和决策能力；二是了解领导力对完成任务的重要作用；三是将所学知识学以致用；四是理解“失与得”的辩证关系。

2. 同心鼓

（1）项目概述。

同心鼓又叫击鼓颠球，是一个以团队挑战为主的项目，挑战团结协作的能力。每个小组得到一个拴有十多根绳子的大鼓，在众人的牵拉下将一个排球不断颠起，努力挑战更多的次数，每个人都需要 投入 100% 的专注与激情。

（2）学习目的。

一是培养团结协作完成共同目标的能力；二是培养不怕挫折、不断进取的意识；三是感受相互鼓励对完成任务的积极作用；四是感受团队成长与团队绩效提高的过程。

（四）户外与水上项目

1. 校园趣味定向越野

（1）项目概述。

校园趣味定向越野是一个以团队熔炼为主的项目。学生必须按照要求完成任务，寻找指定地点并完成秘密任务。学生有高级的侦查工具和密信，准确完成任务快速返回者获得嘉奖。身边的校园这时变得既熟悉又陌生，快速准确到达目标点后，学生会陷入迷茫，这时需要队友间的协作，通过分析、判断、寻找和确定来完成任务。

（2）学习目的。

一是培养确认方向和寻找指定目标的能力；二是培养快速判断与分析能力；三是培养协作和互助的精神。

2. 扎筏渡河

（1）项目概述。

扎筏渡河是一个以团队熔炼为主的项目。全班学生被分成两支互为友军的侦察小分队，在完成任务后回撤途中遇到一条充满食人鱼的河流，敌军主力将在 60 分钟后追到，两支小分队将利用现场提供的工具和器材制造救生筏，并赶在敌军到达前全体渡河，否则就有可能损失惨重甚至全军覆没。

（2）学习目的。

一是在活动中培养团队合作精神、学习分工合作与冲突处理技巧、培养沟通能力；二是增强充分利用资源和对资源的配置能力；三是培养对时间和资源的管理能力；四是培养细致的工作作风；五是培养在竞争中寻求合作的能力。

—— 思政小课堂 ——

体育拓展以体验式的方式进行，其体验式学习圈在每一次项目活动中得以反复循环应用，增强大学生主动参与的热情，更重要的是反复与循环的行为认知，重视实践中获得知识，使大学生掌握知识更加牢固，价值观的形成也从外在的灌输变成了内化的吸收。大学生对自我认知的深入也能够更好地帮助其确定适合自身特点的发展目标，同时在团队合作中也能够深切领悟到团队对个人发展的重要影响，并形成良好的集体主义意识、社会责任意识等。

任务四 轮 滑

一、轮滑概述

轮滑是一项历史悠久、开展广泛的运动项目，包括速度轮滑、花样轮滑和轮滑球以及单排轮滑和双排轮滑等。轮滑不仅能锻炼身体、增强体质、消除疲劳，还能调节精神，在世界各地有着广泛的群众基础和深厚的文化内涵，深受世界各国人民的喜爱。

二、轮滑的特点

（一）娱乐性

比较大众化的轮滑鞋可分为速滑鞋、平花鞋、极限鞋、速降鞋、休闲鞋、越野鞋等，都有很强的娱乐性，在速度或技术上都是很有趣的，既可以个人单独练习也可以群体进行游戏。

（二）环保性

轮滑本身不会产生任何污染，倡导了健康的环保理念，是一项时尚的健康运动。

（三）健身性

轮滑是一项全身性运动，能促进心脑血管系统和呼吸系统机能的改善和代谢作用的加强，能增强臂、腿、腰、腹等各处肌肉的力量和身体各个关节的灵活性，特别是对人平衡能力的掌握有很大的帮助。同时，轮滑也是一项健康的有氧运动，一般来说，轮滑的最大氧气消耗量（测量运动强度的基准）是跑步的 90%，对保持有氧运动的最佳强度很有效果，保持 23 千米 / 小时的速度进行轮滑时测量的心率是最大心率的 74%，这属于典型的有氧运动，可以达到强化心血管和燃烧脂肪的效果。所以，也有越来越多的女孩子把轮滑作为一项改善体形、减肥塑身的运动。

（四）工具性

轮滑还具有很多体育项目所不具备的一个特性，就是它可以当作交通工具。一般情况下，在平整的路面上，轮滑可以代步成为交通工具。当然，其抓地性会因路况的不同而有所不同，但基本上是没有问题的。在交通越来越拥挤的今天，轮滑已成为一种流行和时髦的交通工具。当然，还是要提醒大家，轮滑穿梭于车来人往的大街上时，一定要注意交通安全。

（五）经济性

作为一项简单经济的运动，大家在玩轮滑的时候除了初学时需要贮备的轮滑鞋和护具外，几乎不用再花费其他费用。这些运动器材的使用寿命也很长，无须一直更换。而且轮滑不像游泳、网球等运动一样，轮滑不需要特定的运动场所，不需要花费一笔价格不菲的会员费、办理会员卡进入专业场练习等。

（六）方便性

轮滑不需要特定的运动场地，甚至专门有在公路上举办的轮滑公路赛等赛事，这些都展现出了轮滑这项运动的方便性。

（七）刺激性

虽然轮滑是危险系数相对较低的一项运动，但这其实仅限于业余休闲的玩家，如极限轮滑仍是一项非常具有挑战性与刺激性的运动。极限轮滑主要分为街式极限轮滑和专业场地极限轮滑，而专业场地极限轮滑比赛又可以分为道具赛和半管赛。这些比赛主要是做些危险动作，如下梯、跳台、空中动作。评委根据动作的难度和完成情况来评分，在观众大饱眼福的同时也绝对能让你体会到轮滑无与伦比的刺激性。

（八）观赏性

花样轮滑的出现最初是为了进行花样滑冰的训练，所以二者的观赏性也几近相当，当然，由于花样轮滑动作目前尚没有达到花样滑冰的难度，抓地性比花样滑冰差一些，因而在实践中花样轮滑的观赏性较花样滑冰略有逊色。可轮滑的魅力依然很大，况且轮滑的另一个项目——平地花式轮滑同样极具观赏性。进行平地花式轮滑时，运动员穿轮滑鞋运用各种灵活多变的步法绕过放置在地上的障碍物，动作敏捷、灵巧，往往让观众惊叹不已，掌声不断。而速度轮滑则与跑步类似，更多注重的是速度，以致其在轮滑的3个单项中是观赏性相对较差的一项，但运动的高速度和高难度使得速度轮滑看起来仍非常精彩。

三、轮滑的要求

轮滑是一项极易掌握的体育运动，任何人都能很快地学会它。但对很多人来说，初次接触轮滑时，心理上会产生一种畏惧感——担心摔跤。其实，只要简单地掌握一些轮滑的方法和技巧，就能把这项运动变成乐趣。初学轮滑者一定要有耐心，请记住以下禁忌：滑行前不做准备活动，不戴护具，滑行后立即喝水。初学时一定要注意培养正确的姿势，滑行时腰、膝、踝关节保持弯曲，降低身体重心，身体失去平衡时要向下蹲。轮滑口诀：滑须团身，弯曲求稳，重心稍后，欲进先侧，先蹬后落，斜中求正，先倾后蹬，胯部摆动，三点对齐。

四、轮滑基本技术与练习

（一）轮滑基本技术

1. 站姿

第一种站姿是普通的平行站立，即两只脚平行稍窄于肩，双膝微屈以保持重心。以脚踝的力量控制鞋子，不让脚左右摆动，保证轮子垂直地面。穿专业平滑鞋平行站立时因为鞋的结构设计影响，两脚会自然地向外压外刃（图 7–4–1）。第二种站姿是应用于非平整地面的“T”字形站立（也叫“丁”字形站立），即一只鞋的最后一个轮子抵在另一只鞋的第二和第三个轮子之间，双膝微弯，双腿之间稍有间隙以保持重心，仍然以脚踝控制鞋子。（图 7–4–2）

2. 起步

从“丁”字形站姿起步，让前脚保持前进姿势，后脚向外方推轫，就会有向前前进之力量。

3. 滑行

滑行时为保持较好的平衡，让一脚稍稍提起放在另一脚前方，膝关节弯曲。（图 7–4–3）

4. 身体的摆动

将重心放到左脚，用右脚推轫并伸向外侧伸展，滑行，然后将双脚并行。接下来将重心放到右脚，左脚向外推轫、伸展、滑行，如此左右不断互换。

5. 身体的姿势

身体稍稍半蹲，像是要坐。将双脚向前伸出，弯曲膝关节及脚踝，使重量在整双鞋上放松。（图 7–4–4）

6. 停止

以上述姿势滑行，双脚靠近保持平行，有刹车的脚稍稍向前滑行，使两脚距离约半只脚，提起脚尖直到刹车碰触到地面，然后慢慢将重量移到刹车，增加压力，直到停下来。（图 7–4–5）

图 7–4–1

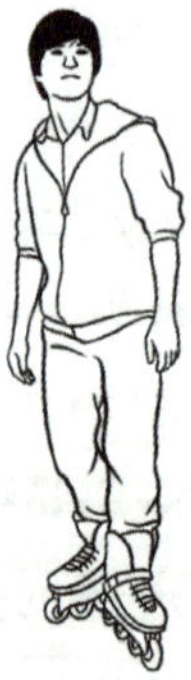
图 7–4–2

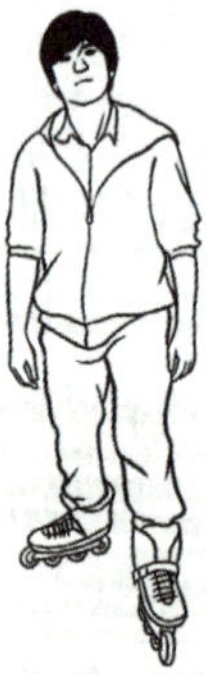
图 7–4–3

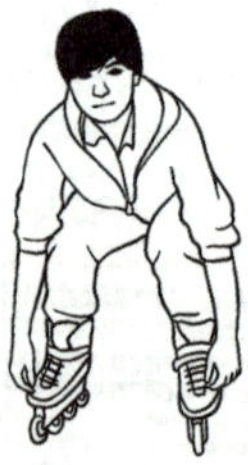
图 7–4–4

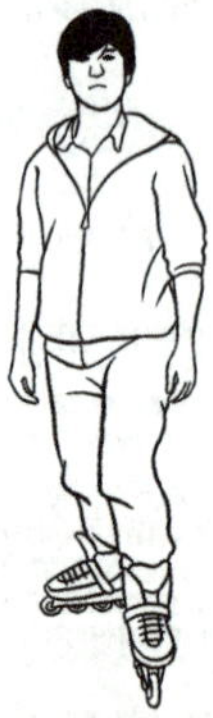
图 7–4–5

（二）平衡练习

平衡是掌握轮滑的基础。由于轮滑鞋与地面接触面积小，加之滑轮与地面摩擦后的滚动，因此就不易掌握平衡。练习平衡是非常重要的，具体的做法是：①原地踏步，练习静平衡，熟悉轮滑的性能；②用互助法和扶助法练习平衡，两个人相互扶助或双手扶住身边的其他物体，前后、左右移动，练习平衡技术；③借助外力练习平衡，如可以通过对静止物体的反作用力使自己滑动，或让别人用力将自己推动，也可以抓住正在移动的人或其他物体，使自己前进或后退。

（三）移动重心的练习

1. 原地站立与踏步

穿好轮滑鞋，两脚平行站立与肩同宽，两腿微屈，上体稍前倾，两臂自然下垂。重心移至左腿，右腿稍抬起、放下。然后重心移至右腿，左腿稍抬起、放下。反复进行练习，逐渐加快速度。

2. 单脚支撑平衡

在掌握原地踏步基础上，保持原来姿势，手扶栏杆或同伴，将重心移至一条腿上，另一腿向侧伸出再收回成开始姿势。换脚重复以上动作。

3. 模仿滑行姿势的蹲起

轮滑的滑跑姿势直接关系到滑行速度的快慢。正确的滑跑姿势是上体前倾接近水平，肩背稍高于臀部，腿关节弯曲，上体与地面成 15° ～ 20°，大腿和小腿成 90° ～ 110°，踝关节成 50° ～ 70°，两手互握放于背后或在体侧自然摆动，头部自然抬起，眼向前看 5 ～ 10 米处。

4.“八”字行走

两脚呈外“八”字站立，保持好站立的姿势，重心移至左脚上，右脚向前迈一小步，重心随之移至右脚上，然后抬左脚向前迈一步。重复上述练习。

5. 交叉步行走

原地站立，先将重心移至左腿上，收右腿，向左腿前外侧迈步成交叉姿势，重心随之移至右腿上，接着收左腿向左侧跨一步，成开始姿势。反复练习。

（四）弯道滑行的练习

弯道滑行技术和直道滑行技术有明显的区别。弯道滑行技术特点在于练习者用交叉步滑行，由于向心力的作用，上体不仅前倾，而且还要向左倾。

1. 左脚支撑、右脚连续蹬地的滑行

从站立姿势开始，左脚用外刃支蹬地后迅速与左脚并拢，接着右脚再做一次蹬地动作，左脚继续做前外曲线滑行。

2. 在圆弧上做不连贯的交叉步滑行

在圆弧上用直线滑行步法，中间插入弯道交叉步。当左脚有稳定的平衡时，右脚向左脚左侧前方迈一小步；只要右脚有短暂的滑行，左脚就迅速从右腿后方收回，同时右脚蹬左脚直线滑进。重复上述动作。

（五）停止法的练习

在滑行中，有时需要及时停止滑行，所以在初步掌握滑行基本动作的同时，就要学会停止滑行的方法。常用的停止法有“T”形停止法和双脚急停法。

1. “T”形停止法

在向前滑行中，将重心放在右脚上，右膝弯曲，同时抬起左脚横放在右脚后呈“T”形，然后以左脚四轮的侧面摩擦地面，减缓滑行速度，直到停止滑行。

2. 双脚急停法

在向前滑行中，两脚并拢，两脚同时向逆时针方向（或顺时针方向）转体 90°，右脚以内（外）侧轮、左脚以外（内）侧轮压紧地面，同时屈膝后坐，上体前倾，身体向左（右）倾倒，两臂前伸，两脚用力压紧地面，就会停止滑行。

—— 思政小课堂 ——

轮滑是一项全身运动，健身性强，不但能增强臂、腿、腰、腹等各处肌肉力量和各关节的灵活性，提高平衡能力，而且对心脑血管和呼吸系统的机能的改善能起到良好的作用。大学生参与其中，会从摔倒和爬起中得到启发和磨炼，形成一种不断进取、勇于拼搏、积极向上的精神，从而以更加良好的心态去迎接各种挑战。

任务五 舞龙舞狮

一、舞龙

（一）舞龙概述

舞龙是起源于我国的传统体育运动项目，是各民族在共同的生产、生活中所创造的劳动成果和智慧结晶。舞龙源自古人对龙的崇拜，每逢喜庆节日，人们都会舞龙。在几千年前，人们就已通过舞龙来祭祀求雨、消灾祈福，祈祷风调雨顺、国泰安民。西汉时期，舞龙才作为一项体育运动出现在人们的生活中。到隋朝时期，舞龙运动开始盛行。现如今，每逢重大节庆日，人们都会通过舞龙的方式来庆祝，特别是在春节、元宵节、端午节，舞龙运动尤为盛行。舞龙时，在龙珠的引导下，龙头带领龙身、龙尾完成“8”字舞龙、奔跑游龙、穿腾跳跃、翻滚、组图造型等技术动作，锣鼓喧天，热闹非凡。

现代舞龙运动区别于其他体育项目的明显特点是：舞龙由龙珠、龙头、龙身、龙尾多名队员借助龙珠和龙体器材，在音乐的烘托下共同完成一个动作，是集体性项目。它要求多名队员在音乐的伴奏中团结一致、齐心协力，相互配合，珠引龙走，龙跟珠行，节节相随，快慢有序，组成龙的各种形态。随着华人在世界各地广泛分布，舞龙已在全球范围内开展。近年来，在国家高度重视及全国各地舞龙爱好者的共同努力下，舞龙运动在全国范围内得到了广泛开展。在国内、国际舞龙赛事的推动下，舞龙运动已开始走向科学化、系统化、规范化的发展轨道。

（二）舞龙基本动作

1. “8”字舞龙类动作

“8”字舞龙类动作是指队员将龙体在人体左右两侧交替做“8”字形环绕的动作。其可快可慢，可原地，可行进，也可利用人体组成多种姿态以多种方法做“8”字形舞动。“8”字舞龙类动作是舞龙学习中的重点和难点。

要求：龙体运动轨迹要圆顺，人体造型姿态要优美，舞龙要突出速度、力量。每个舞龙动作左右各不少于4次。

（1）原地“8”字舞龙。

全体队员大“八”字步成一直排站立，龙体在队员两侧做“8”字环绕舞龙动作4次以上。

（2）跪步舞龙。

全体队员大“八”字步成一直排站立，龙体在队员两侧做“8”字环绕舞动作龙1次后，降低重心，单膝着地成跪步，龙体不停地在队员两侧做“8”字环绕舞动作龙4次以上。

（3）“8”字舞磨转。

全体队员成一直排站立，龙头面对龙体做“8”字舞龙。以第5节为中心，顺（逆）时针磨转一周，同时完成6~8次“8”字舞龙动作。

（4）靠背舞龙。

全体队员大“八”字步成一直排站立，3号、5号、7号、9号队员向后转身，分别与2号、4号、6号、8号队员背对背呈“人”字形斜靠状，龙体在队员两侧快速做“8”字舞龙动作6次以上。

2. 游龙类动作

游龙类动作是指队员较大幅度地奔跑游走，通过龙体快慢、高低、左右的起伏行进，展现婉转回旋、左右盘翻、屈伸绵延等龙的动态特征。

要求：龙体循着圆、曲、弧线的规律运动，队员协调地随龙体起伏行进。

（1）单侧起伏小圆场。

龙珠引龙体逆时针方向走小圆场，同时龙体在队员右侧快速大幅度上下起伏。

（2）快速矮步跑圆场越障碍。

龙珠引龙体沿逆时针方向快速矮步跑小圆场，同时龙体做小幅度起伏；龙珠右侧平端，珠杆做反方向运动，龙头带领各节跳越龙珠障碍。

（3）快速跑斜圆场。

龙头起伏一次后正向跑斜圆场。动作可分两步进行：

龙头内扣咬住龙尾，为保持龙形饱满，各节要尽量将龙杆向外撑开。

成一斜圆：要达到此目的，首先要把握好一个最低点和最高点。在最低点，每把龙杆都要放到最低，身体重心也要降到最低；在最高点，每把龙杆都要上举，双手持龙杆举至最高点，同时脚尖踮起，身体重心升至最高点。其次要做到在最高点和最低点之间的转化匀速均衡，每把龙杆在两点之间的转化是始终处在上升和下降的运动过程中的，不可出现“拖龙”现象。

（4）“S”形游龙。

龙珠引龙体快速呈“S”形行进，改变3个以上方向。

3. 穿腾类动作

穿腾类动作是指龙体运动路线为纵横交叉形式。龙珠、龙头、龙节依次在龙身下穿过，称为“穿越”；龙珠、龙头、龙节依次在龙身上越过，称为“腾越”。要求：穿越和腾越时，龙形保持饱满，速度均匀，运动轨迹流畅，穿腾动作轻松利索，不碰踩龙体、不拖地、不停顿。

（1）穿龙尾。

龙珠引龙体沿逆时针方向跑圆场成圆后，带领龙体穿越第8节龙身行进。

（2）穿龙尾跳龙头。

正向起伏小圆场，龙头在最低点内扣，起伏一次后穿过龙尾（有个小停顿），同时全体队员向内靠拢依次穿过龙尾、龙头。在穿过龙尾后换把转向，矮步端龙，第3节、第5节、第7和第9节依次跳过龙珠和龙头。

（3）龙穿身。

在龙头到达第6节之前，第6节引龙体左右跑动，保持龙形活跃。在龙头穿越之后，第6节顺龙势下滑龙杆，第7节、第8节和第9节换把，矮步依次从第6节前穿过。

（4）龙脱衣

快“8”字舞龙中突然静止，形成曲线造型。然后，双数队员向右、单数队员向左成两排站立。在龙珠的带领下，龙头从两排龙身下依次穿过结成疙瘩。当8号、9号队员正好穿过时，由龙珠引龙体原路折回穿过龙身，自然解开龙身疙瘩。

4. 翻滚类动作

翻滚类动作是指龙体做立圆或斜圆状运动，展现龙的腾越、缠绞的动势。龙体做立圆或斜圆状连续运动，当龙身运动到队员脚下时，队员迅速向上腾起依次跳过龙身，称为“跳龙动作”；龙体同时或依次做360°翻转，队员利用滚翻、手翻等方法越过龙身，称为“翻滚动作”。

要求：滚翻动作必须在不影响龙体速度、幅度、美感的前提下完成，难度较大，技术要求也高。龙体运动轨迹要流畅，龙形要圆顺，翻滚技巧动作要准确规范。

（1）快速逆向跳龙行进。

龙头带领龙节，在龙珠的引导下，举龙在快速行进中逆时针方向连续舞两次立圆行进。各龙节迅速依次跳跃龙身随龙头行进。

（2）大立圆螺旋行进。

龙头在内侧，龙体重心随龙体起伏，顺时针方向舞大立圆 3 次，使龙体连续螺旋翻转行进。

（3）360° 斜圆盘跳龙。

全体队员成一直排站立，做“8”字舞龙动作 2 次后，龙头面对龙节逆时针方向舞斜圆；当龙身舞到脚下时，各节队员迅速从龙身上依次跳过。如此反复 3 次以上，使龙体连续斜盘翻转。

（4）360° 螺旋跳龙。

龙头面对龙节顺时针方向舞立圆。当龙身舞到队员脚下时，各节队员迅速从龙身上依次跳过。如此反复 4 次以上，使龙体连续螺旋翻转。

二、舞狮

（一）舞狮概述

舞狮，古时称为“太平乐”，是起源于我国的传统体育活动。舞狮运动有着悠久的历史，深受中华民族广大人民群众的喜爱。舞狮运动不仅在国内广为流传，而且早已风靡世界各地。舞狮在我国有南北之分，南狮又称醒狮。现代舞狮运动是利用人体多种姿态和狮头、狮尾双人配合，在行进动态和静态造型变化中将力度、幅度、速度、耐力等糅于舞狮技巧中，完成各种高难度动作，或动或静，组成优美的狮子形象，表现狮子的勇猛彪悍、顽皮活泼。

（二）舞狮基本技术

1. 握法及动作

（1）狮头握法及动作。

狮头握法包括狮棒握法和狮舌握法，是握狮棒动作与握狮舌动作的协调与配合。

狮棒握法及动作。

右手掌摊开，手心朝里，虎口朝上，拇指同其余四指蜷握在横木中间。狮子的神态除通过身法、步法表达之外，还依靠眼法的变化来表达。狮子眼睛的睁与闭以及眨眼所表现的眼法，都是通过主握横木的右手手指拉动连接狮子眼睑的绳子杠杆装置得以实现的。

狮舌握法及动作。

单手正握法。以右手为主握（狮棒握法），左前臂托横木，五指张开，掌心向下。以拇指托狮舌，其余四指在狮舌上方，手背朝上，握狮舌中间或一侧部位。

单手反握法。以右手为主握，左手握法与单手正握法相反，即左手五指张开，手心朝上，拇指与其余四指分握狮舌上下面。

双手正握法。两手从横木下穿过，以前臂托住两侧横木，握法与单手正握法相同，握于狮舌两侧头角处。

双手反握法。双手反握法与单手反握法相反（两手心向上），握的部位相同，以肩为主要着力点托住狮头。

动作。开口与合口：狮子口的开合主要通过狮舌的上下摆动完成。开口式多用在舞中架狮和下架狮时，可根据狮的神态来确定张开口的大小、角度及狮舌动的程度；合口式一般用于舞高架狮时或狮神态的洗、擦、提动作。

（2）狮尾握法及动作。

腰带的抓握是狮尾握法及动作完成的前提和基础。狮尾握法主要包括单手握和双手握两种。其相应的狮尾动作有摆尾和掀被两种。

单手握法及动作。狮尾用一只手（通常为右手）抓握狮头同侧胯处的腰带。单手握通常是在狮头不起跳的时候使用，另一只手可结合抖臀做摆尾的动作。

双手握法及动作。狮尾用两只手分别抓握狮头同侧胯处的腰带。双手握既可在狮头起跳，如在做上单腿、上双腿、高举等有腾起动作的时候使用，也可以用于狮头不起头时，如配合膝关节的屈伸，两手肘关节做外展掀狮被动作来体现狮子气息的变化。

2. 步形和步法

步形是指舞狮运动中根据不同的狮子形态，下肢按一定要求所展示出的一种静止姿势，即脚呈现的式样或类型；步法是指舞狮运动中脚步移动的方式方法，展示脚步移动的方向、角度大小、速度快慢等时空过程。

按照两腿与两脚的空间不同，可将步形分为左右开步式、前后错步式、交叉式、并立式和独立式 5 种。

（1）左右开步式。

两移步。从基本步站立姿势开始。上体不动，左右脚交替前移约一脚掌距离。

大四平步。两脚左右开立，与宽同肩。两腿弯曲，两大腿呈水平状态。上体正直，收腹挺胸。

铲步（仆步）。右腿大小腿弯曲，全蹲。重心在右腿上，左腿向右侧前伸，大小腿成一条直线，脚掌向里扣。左铲步与右铲步动作相同，方向相反。

跃步。从基本步站立姿势开始，下蹲用力蹬地，向左 / 右上方跃起，落地后还原。

（2）前后错步式。

弓步。右腿大小腿弯曲，大腿呈水平状态。上体正对前方，呈前弓后箭形。

跪步。从基本步站立姿势开始。左腿大小腿弯曲成 90° 角，右大腿弯曲小于 90°，右膝关节和右脚指向地，上体稍前倾，重心在右脚上。左跪步与右跪步动作相同，方向相反。

虚步。左腿弯曲，重心在左腿上，右腿大小腿微屈，脚尖前点。左虚步与右虚步动作相同，方向相反。左腿在前称为左虚步，右腿在前称为右虚步。

小跑步。从基本步站立姿势开始，一只脚脚跟提起，一只脚前脚掌着地，左右脚交替小跑前移。

跳步（小跳步）。两腿用力蹬地，向前方跳起，腾空的同时稍向左转，两脚落地成侧向马步。

（3）交叉式。

麒麟步。腿弯曲，重心在两腿之间。左麒麟步与右麒麟步动作相同，方向相反。

插步。从基本步站立姿势开始。重心移至左脚，右脚提起经左腿后方向左腿的左后方插步，左右腿呈交叉状。左插步与右插步动作相同，方向相反。

（4）并立式。

开合步：从基本步站立姿势开始。两脚蹬地，两脚左右分开，与宽同肩。上体始终保持基本姿势。

（5）独立式。

吊步。在左虚步的基础上，左腿提起，支撑腿微屈。左腿大腿在体前呈水平姿势，膝关节放松，小腿自然下垂，脚尖绷直。左吊步与右吊步动作相同，方向相反。

探步。从左虚步开始，左腿提起，左腿大腿呈水平姿势，以右膝关节为轴，小腿前伸，脚尖前点。左探步与右探步动作相同，方向相反。

独立步。左腿提起，大腿呈水平姿势，大小腿弯曲小于 90° 角，脚尖绷直，上体稍前倾。左独立步与右独立步动作相同，方向相反。

3. 身形与身法。

身形即体形，身法是身形的各种展示方法。抛弃了炫丽狮具的掩饰，狮子的外部形态展示和神态表现通过扮演狮子的运动员的身形及其变化即身法来实现。单一的身形身法构成了舞狮动作中的基础动作和简单的技巧动作。

（1）腾起。

狮头下蹲用力蹬桩面，向上跃起。狮尾在狮头跃起的同时把狮头举起，然后落下还原。

（2）高举

狮头下蹲用力蹬桩面，向上跃起。狮尾在狮头跃起的同时把狮头举起，狮头在狮尾上方，保持提膝收腹、身体微后仰的稳定姿态数秒或更长时间。

（3）坐头。

狮头下蹲用力蹬桩面，向上跃起。狮尾在狮头跃起的同时把狮头举起，并轻放于头上，狮头右膝高抬，大小腿弯曲，脚尖绷直；左膝下垂，大小腿弯曲，脚尖绷直。

（4）单桩坐头。

单桩坐头动作同坐头，只是狮头、狮尾各站一根桩柱。

（5）钳腰。

狮头下蹲用力蹬桩面，向上跃起。在狮头跃起的同时，狮尾两手把狮头后移至体前，狮尾呈半蹲姿势，狮头大腿夹紧狮尾腰部，左右脚相扣。

（6）上单腿。

狮头下蹲用力蹬桩面，向上跃起。在狮头跃起的同时，狮尾右脚移至狮头右脚桩面，成弓步，狮头下落，右脚（脚尖外展）站于狮尾右腿大腿上，左腿大腿呈水平姿势，小腿自然下垂。

（7）上双腿。

狮头下蹲用力蹬桩面，向上跃起。在狮头跃起的同时，狮尾两手把狮头稍后移。狮头下落，两脚（脚尖内扣）站在狮尾的左右大腿上。

—— 思政小课堂 ——

畅通培养渠道搭建赛事平台——广西藤县积极推动舞狮进校园

为了推广舞狮运动，广西藤县在赛事活动方面不断着力。2022 年 8 月，全国民族龙狮文化展示活动“梅岭杯”第四届中华民族青少年龙狮争霸赛（学生专场）暨全国传统舞龙争霸公开赛在藤县举行。比赛项目分传统南狮、南狮自选、传统舞龙、舞龙自选、传统北狮、南狮鼓乐、创意龙狮等，设置了大学组、高中组、初中组、小学组、幼儿组和男女组。希望通过比赛弘扬传统民族体育文化、树立学校传统文化项目典型，同时培养学生的团队协作精神，增强学生的民族自豪感与自信心，推动舞龙舞狮运动在青少年中普及。

藤县体育部门相关负责人表示，未来，藤县将一方面专注对舞狮技艺的创新，另一方面将在全县更多学校开展“舞狮进校园”活动，争取为舞狮培养输送更多的人才。

（资料来源：《中国体育报》，2023 年 2 月 16 日，有改动）

项目八　游泳运动

学习目标

1. 了解游泳运动的起源与发展，激发对游泳的兴趣。
2. 熟悉水性基本技术与练习方法，学习蛙泳、爬泳（自由泳）、仰泳、蝶泳技术。
3. 掌握游泳卫生与救护的相关知识。

任务一　游泳的起源与发展

游泳的起源和发展经历了人类社会的各个历史阶段，与人类社会的生产劳动、生活娱乐以及战争等活动紧密联系。它是人类在征服自然、改造自然的生产劳动中产生的，是在满足人们的娱乐、竞争的需要中发展起来的。

游泳作为一个体育项目得以发展还是近一两百年的事。17 世纪 60 年代，英国不少地区的游泳活动就开展得相当活跃。1828 年，英国在利物浦乔治码头修造了第一个室内游泳池，这种游泳池到 19 世纪 30 年代在英国各大城市相继出现。1837 年，第一个游泳组织在英国伦敦成立，同时英国最早的游泳比赛出现了。1869 年 1 月，大城市游泳俱乐部联合会（现英国业余游泳协会）在伦敦成立并把游泳作为一个专门的运动项目正式固定下来。游泳随之传入各英殖民地，继而传遍全世界。游泳随着发展被分为实用游泳和竞技游泳两大类。实用游泳又分为侧泳、潜泳、反蛙泳、踩水、救护、武装泅渡；竞技游泳分为蛙泳、爬泳、仰泳、蝶泳。1896 年，游泳被列为奥运会竞赛项目时，不分泳姿，是真正的“自由式”，只有 100 米、500 米、1200 米 3 个项目。1900 年第 2 届奥运会将仰泳分出。1904 年第 3 届奥运会又分出蛙泳。1908 年，规定游泳必须在水池内比赛。国际标准游泳池长 50 米，宽至少 21 米，深 1.80 米以上，设 8 条泳道，每条泳道宽 2.50 米，分道线由直径 5 ～ 10 厘米的单个浮标连接而成。运动员比赛必须站在出发台上出发（仰泳除外），出发台高出水面 50 ～ 75 厘米，面积为 50 厘米 ×50 厘米。1912 年第 5 届奥运会，女子游泳被列为比赛项目。1951 年第 1 届亚运会开始，游泳就是正式的比赛项目。 1956 年第 16 届奥运会又增加了蝶泳，从此定型为 4 种泳姿。此后的奥运会游泳比赛发展到共有自由泳、蛙泳、蝶泳、仰泳、混合泳和接力游泳（自由泳与混合泳）6 大项 32 个小项，是奥运会仅次于田径运动的金牌大户。 1989 年，首届游泳世界杯举办。

任务二　熟悉水性基本技术与练习方法

熟悉水性是初学游泳的一个重要环节，是初学者必须经历的阶段。其目的是让初学者体会与了解水的特性，逐步适应水的环境，消除怕水心理，掌握游泳一些最基本的动作，如憋气、换气、浮体、滑行和站立等动作，为学习和掌握各种泳姿打下基础。熟悉水性教学，宜在浅水区域内进行。

一、憋气和呼吸练习

（1）目的：初步掌握游泳的呼吸方法、过程和节奏，适应头浸入水中，消除怕水心理。

（2）练习方法与步骤。

①扶池槽或在同伴帮助下，用口吸气后闭气，慢慢下蹲将头浸入水中，停留片刻后起立，口鼻出水后，先呼气后吸气。（图 8–2–1）

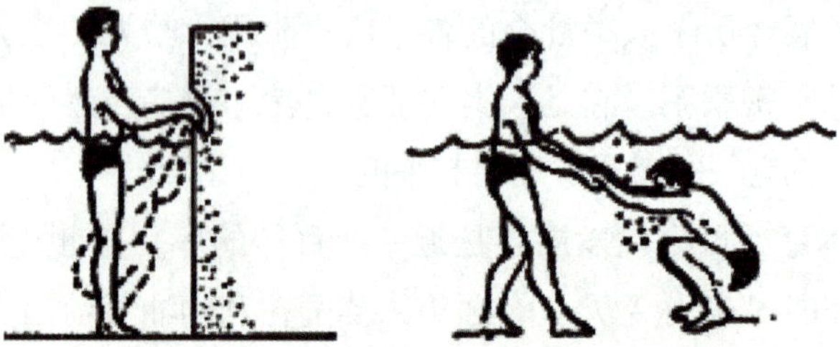

图 8–2–1

②练习水中吐气，头浸入水中，口鼻同时吐气，随着缓慢地起立而逐渐加大呼气量，口接近水面时加速将气呼完，并有明显的吹水动作。紧接着用口在水面上快而深地吸气。多次重复练习。

二、浮体与站立练习

（1）目的：体会水的浮力、控制身体平衡和水中站稳的感觉，能做到水上直体漂浮，为后面的学习打下基础。

（2）练习方法与步骤。

①抱膝浮体练习：原地站立，深吸气后闭气，下蹲低头抱膝团身，用前脚掌轻轻蹬离池底，背部露出水面自然漂浮于水中。站立时，松开抱膝的手，两臂前伸下压按水抬头，同时两腿下伸，脚触池底站立，然后两臂侧分拨水维持平衡。（图 8–2–2）

②展体浮体练习：在抱膝浮体的基础上，闭气、松手，两臂两腿自然伸直，成较好的流线型。站立时，收腹、屈膝、收腿，两手臂向下压，抬头，两腿向下伸，脚触池底站立。

③做浮体练习时，身体要展平，肌肉要放松，切忌塌腰。通过肢体的分与合，调节重心与浮心的位置，了解平衡的条件。

图 8-2-2

三、蹬壁滑行动作练习

（1）目的：进一步体会水的浮力，掌握身体在水中的平衡和滑行姿势。

（2）练习方法与步骤。

①单脚蹬壁滑行练习：背对池壁，双臂伸直，双手合十，同时一脚站立，一脚紧贴池壁，深吸气后低头，上身在水中前倾成俯卧姿势，然后单腿用力蹬壁，随即两臂前伸，头夹于两臂之间，眼看池底，全身放松，使身体成流线型向前滑行。

②双脚蹬壁滑行练习：背对池壁，双臂伸直，双手合十，双脚站立，深吸气后低头，上身在水中前倾成俯卧姿势，然后屈膝双脚跳起，重心前移，双腿用力蹬壁，随即两臂前伸，头夹于两臂之间，眼看池底，全身放松，使身体呈流线型向前滑行。

任务三 游泳技术与练习方法

一、蛙泳

（一）蛙泳阶段性技术动作

蛙泳是模仿青蛙的游泳动作而形成的最古老的一种泳姿。游蛙泳时，身体俯卧于水中，两臂在胸前对称向两侧做弧形外划、内划、前伸动作，两腿同时对称地做收腿、翻脚、蹬腿动作。蛙泳的身体姿势平稳，动作省力，呼吸自然，特别适合于长时间、长距离的游泳。

1. 身体姿势

游蛙泳时，身体俯卧于水中，身体随着手臂和呼吸动作而略有起伏。在完成一个动作周期后，有一个短暂的相对稳定的滑行阶段，此时两臂和两腿伸直并拢，头略微抬起，水平面齐发际，身体纵轴与水平面成 5° ～ 10° 。

2. 腿部动作

蛙泳的腿部动作是推动身体前进的主要力量之一。对于初学者来讲，游蛙泳时的推进力绝大部分来源于蹬腿动作。蛙泳腿部动作可分为收腿、翻脚、蹬腿、滑行紧密相连的 4 个阶段。

（1）收腿。

收腿是翻脚、蹬腿的准备动作。收腿前腿部肌肉略微放松，开始收腿的同时屈膝屈髋，两腿一边向前收一边慢慢地分开膝和踝，小腿和脚应跟在大腿的后面。收腿时两腿的动作要放松，力量要小；收腿结束后，大腿与躯干之间成 130° ～ 140°，膝关节折紧，脚跟靠近臀部，小腿基本上与水面垂直，两膝与肩同宽。

（2）翻脚。

翻脚时膝关节稍内扣、勾脚尖，膝关节和踝关节向外转动，使脚内侧和小腿内侧向后对准蹬水方向，翻脚动作结束后，两脚之间的距离略大于两膝之间的距离，脚趾指向侧面，脚底向上。

（3）蹬腿。

蹬腿动作是推动身体前进的重要动力来源，包括蹬水和夹腿，即腿在向后蹬水的同时向内夹水，使脚的运动路线呈弧线。蹬腿时正确的伸展顺序是先伸髋关节，后伸膝关节，最后是踝关节，直至两腿伸直并拢。动作应由慢到快地加速进行，形似鞭状蹬水动作。蹬腿结束后，两腿应伸直并拢。

（4）滑行。

蹬腿结束后，腿处于较低的位置，脚距离水面为 30 ～ 40 厘米。此时两腿伸直并拢，腰、腹、臀及腿部的肌肉保持适度的紧张，使身体成良好的流线型，利用蹬腿产生的推力向前滑行。

3. 手臂动作

蛙泳手臂的动作是推动身体前进的重要因素，现代蛙泳尤其重视发挥手臂划水的作用。蛙泳的划水路线从水下看，像一个倒心形。根据划水过程中用力方向的变化将手臂动作分为外划、下划、内划、伸臂 4 个阶段。为了形象地描述手臂动作，我们沿用传统的划分方法，分为以下 4 个部分。

（1）开始姿势。

蹬腿结束时，两臂前伸，与水面平行，掌心向下，身体保持流线型。

（2）抓水。

两肩和手臂前伸，手腕向前、向外、向下方勾手，应感觉到水对前臂和手掌的压力。抓水结束时，两臂分开到约成 45°。

（3）划水。

划水是产生推进力的主要部分。划水开始时，两手继续外分，手臂向外旋转，同时屈肘、屈腕，保持高肘划水。划水的前一阶段两臂同时向外、向下和向后运动，而后一阶段两臂同时向内、向下、向后运动。

划水的整个过程应加速并始终保持高肘姿势完成，肘关节弯曲的角度随划水的进行不断减小，到划水即将结束时，肘关节弯曲约 90°，手位于肩的前下方。

（4）收手。

也有人认为收手是划水的后半段，因为它能产生一定的力量。划水结束后，手臂向外旋转，手同时向内、向上和向前快速运动，开始了收手过程。收手时，两掌心相对。收手结束时，肘的位置低于手，肘关节弯曲呈较小的锐角。

蛙泳手臂动作是 4 种姿势中唯一全部在水下完成的。在收手的基础上通过向前伸肩和伸肘，两臂前移至开始姿势，结束时掌心向下。

4. 臂与呼吸的配合

蛙泳一般采用手臂动作 1 次呼吸 1 次的配合方式。蛙泳的呼吸是用口吸气，用口或鼻呼气。

5. 臂与腿的配合

蛙泳臂与腿一般采用 1:1 的配合方式，即手臂动作 1 次、腿部动作 1 次。蛙泳臂和腿的配合是一种交替进行、稍有重叠的技术。两臂外划和下划时，两腿保持稍紧张的伸直姿势；两臂内划时，两腿放松，两膝下沉，开始收腿；两臂开始前伸时，迅速完成收腿并做好翻脚动作；两臂接近伸直时，开始向后快速蹬腿；蹬腿结束后，全身伸直成良好的流线型向前滑行。

6. 完整配合动作

蛙泳腿、臂、呼吸多采用 1:1:1 的配合方式，即在一个完整的动作周期中，手臂动作 1 次、腿部动作 1 次、呼吸 1 次。

（二）蛙泳学练方法

1. 腿部动作

（1）动作要求。

两腿自然并拢，大腿带动小腿向前收，边收边分。当大腿与躯干成 130° ～ 140° 时，两膝与肩同宽。两脚紧靠臀部时勾脚外翻，脚和小腿内侧对准后方，大腿发力，小腿和脚向后做弧形蹬夹水，蹬夹动作同时结束，两脚并拢伸直成流线型向前滑行。

（2）练习方法。

①陆上模仿。

仰坐模仿：坐在地上，上体稍后仰，两臂在身体侧后方撑地，双腿伸直并拢，先做收、翻、蹬夹的分解练习，然后再做连贯完整的练习。（图 8–3–1）

②水中练习。

固定支撑蹬腿：手扶支撑物（池边或池槽），身体俯卧于水中，髋关节展开，两腿放松伸直并拢，做收、翻、蹬夹、停的动作，先分解再连贯起来做。

扶板蹬腿：俯卧水中，两臂前伸，两手扶在板的两侧，做蛙泳腿的动作向前游进。（图 8–3–2）

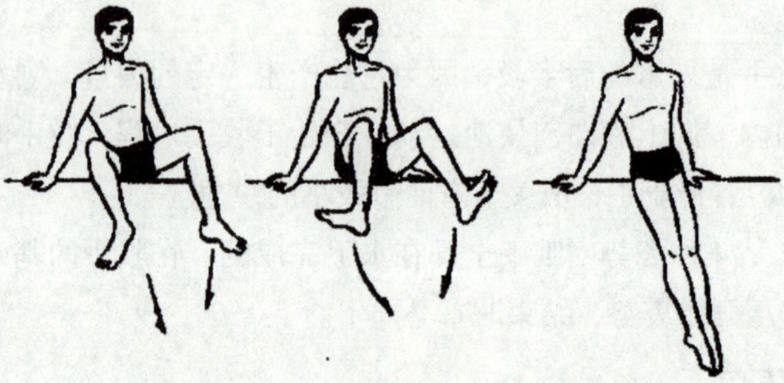

图 8-3-1

图 8-3-2

2. 手臂动作

（1）动作要求。

两臂从并拢前伸开始，两臂内旋，掌心向斜下后方，两手向外划，至约与肩同宽后，边划边屈肘，保持高肘向外、后、下、内、上做加速划水，划至颌下，两手靠拢向前伸，掌心转向下方。

（2）练习方法。

①陆上模仿。

原地模仿：两脚开立，上体前屈，两臂前伸并拢，做手臂动作的模仿练习。先做分解练习，然后做完整练习。

②水中练习。

夹板划臂：以双腿夹板助浮，进行手臂划水动作练习。（图 8-3-3）

图 8-3-3

3. 臂与呼吸配合动作

（1）动作要求。

早呼吸：手臂划水时，开始抬头准备吸气，外划时口露出水面并张口吸气，内划时闭气，前伸滑行时头还原呼气。晚呼吸：臂外划时呼气，内划时口露出水面并吸气，前伸滑行时闭气。

（2）练习方法。

夹板练习臂与呼吸配合：在夹板助浮情况下，做手臂动作和呼吸的配合动作。

4. 臂与腿配合动作

（1）动作要求。

臂外划时腿不动，内划时收腿，手臂向前将伸直时蹬腿，蹬腿结束后手臂和腿伸直并拢，成流线型姿势滑行。

（2）练习方法。

①陆上模仿。

原地模仿配合：两脚左右开立，两手臂伸直并拢上举，做外划、内划下蹲（表示收腿）、向上伸臂站起（表示蹬腿）的练习。

②水中练习。

蹬边滑行分解动作：在水中蹬边滑行后，闭气做臂、腿分解动作练习。（图 8–3–4）

图 8–3–4

5. 完整配合动作

（1）动作要求。

蛙泳完整配合动作一般采用手臂动作 1 次，腿部动作 1 次、呼吸 1 次的配合方式，即两臂外划时腿不动，抬头吸气（早吸气），内划时收腿、闭气；臂向前将伸直时蹬夹腿，臂腿伸直滑行时呼气。

（2）练习方法。

①陆上模仿。

原地模仿配合：原地站立，两臂上举并拢，掌心向前。按 4 拍做两臂和单腿配合的蛙泳模仿动作。

1 拍：两臂向侧下分开划动，腿不动，仰头吸气。

2 拍：两臂向内划至胸前，一腿屈膝上提做收腿和翻脚动作头回到中立位闭气。

3 拍：两臂向上伸直。

4 拍：腿向下弧形蹬夹，还原成预备姿势呼气。逐步过渡到连贯进行。

②水中练习。

完整配合：在臂、腿连贯配合蛙泳的基础上，加上抬头吸气的动作，形成完整配合技术。手臂动作不能太快，抬头动作不能太猛。先练臂、腿配合 2 次，呼吸 1 次的动作，然后过渡到臂、腿配合 1 次，呼吸 1 次的正常蛙泳。在动作基本正确的基础上，逐渐增长游距。

二、爬泳（自由泳）

（一）爬泳阶段性技术动作

爬泳的名称来自其动作外观特征。游爬泳时，身体俯卧于水中，两腿上下交替打水，两臂轮流向后划水，动作像爬行，故称爬泳。爬泳是速度最快的竞技泳姿，在可任选泳姿的自由泳比赛中被运动员广泛采用，又成为自由泳的代名词。

1. 身体姿势

游爬泳时，身体俯卧于水中，尽可能保持水平姿势，略抬头，水面齐发际。身体与水面保持 3° ～ 5° 。爬泳游进中，身体随划水和移臂动作而不停地、有节奏地沿身体纵轴转动，向每侧转动的角度为 35° ～ 45°（两肩连线与水面形成的夹角）。

2. 腿部动作

爬泳腿的动作，主要起维持身体平衡和配合两臂划水的作用，并能产生一定的推进力。爬泳腿打水时，两脚稍内扣，髋关节放松，由大腿发力，带动小腿和脚在水下做鞭状打水动作。爬泳打水分为向上打水和向下打水，其中向下打水是产生推进力的主要力量。

自由泳踢腿

向下打水时，大腿开始向下发力，由于惯性作用，此时小腿和脚仍继续向上移动。当膝关节弯曲约成 160° 时（此时脚升至水面），腿和脚开始向下移动。当膝关节尚未完全伸直时，大腿开始向上打水而小腿和脚仍继续向下，直到膝关节完全伸直。此后，小腿和脚随大腿向上移动，当脚上移尚未升至水面时，大腿开始向下打水，进入下一次打水动作。

3. 手臂动作

游爬泳时，双臂轮流交替地向后划水，是推动身体前进的主要力量，为了描述方便，将手臂动作习惯性地分为入水、抱水、划水、出水和空中移臂 5 个部分。

（1）入水。入水是伸展手臂的水中定位动作，肘关节略屈并高于手，手指自然伸直并拢，掌心朝向侧下方，拇指领先入水，入水点在肩的延长线上或在身体中线与肩延长线之间，整个手臂入水的顺序为手、前臂、上臂。

（2）抱水（抓水）。抱水是手臂寻找发力点和支撑点的抱球动作。手臂入水后，积极插向前下方，手臂伸直，外旋，掌心转向正下方，紧接着勾手腕、屈肘、手向后下方移动，而上臂则几乎保持不动。当手移至头的前下方，手臂与水面约成 40° 时，抱水动作结束，此时肘关节弯曲成 150° 左右，肘高于手。

（3）划水。划水是获得推进力的主要阶段，分为拉水和推水两个部分。拉水过程中，肘关节弯曲的程度逐渐加大，前臂和手的运动速度要快于上臂，手的运动方向主要是向后、向内，当手划到肩的下方时，拉水动作结束，此时手臂与水面垂直，肘高于手，肘关节弯曲成 90° ～ 120° 。同时开始推水，手臂向后移动，肘关节逐渐伸直。手的运动方向是向后、向上、向外，当手划至大腿旁边时，推水动作结束，此时，肘关节几乎伸直。游爬泳时，手在水下经历向外、向下、向内、向外、向上的三维动作，移动路线为“S”形，速度由慢到快，有明显的加速划水动作。

（4）出水。划水结束后，由肩的带动将手臂提出水面，肩、上臂、前臂、手依次出水，手臂出水动作必须自然连贯，前臂和手要放松。

（5）空中移臂。空中移臂是出水的继续，不能停顿。在空中移臂过程中，手和前臂放松，上臂以肩为轴向前移动，肘关节经历了逐渐屈肘再到逐渐伸肘的过程。在空中移臂的前半部分，肘领先于手前移，移至肩侧时，手和前臂开始超过肘向前移动，准备入水开始下一轮手臂动作。

4. 两臂的配合

两臂的正确配合是爬泳前进速度均匀性的重要条件之一。划水时，依照两臂所处的不同位置，可以分为 3 种配合形式，即前交叉、中交叉和后交叉。

5. 呼吸与臂的配合

爬泳时，正确的呼吸动作和恰当的呼吸时机，保证了机体对氧的需求，有助于充分发挥肌肉力量。呼吸动作是通过上体绕身体纵轴转动和头部的侧转动共同完成的。游爬泳时，呼吸动作应有节奏地进行，一般是两臂各划 1 次，做 1 次呼吸。以向右侧吸气为例，右手入水后，口鼻开始逐渐呼气，并随着划水的节奏进行加速呼气，拉水动作结束转入推水时，身体开始向右侧转动，同时在身体转动的基础上向右转头。当推水动作将要结束时，嘴露出水面并张口吸气，手出水时吸气结束，然后头随着空中移臂和身体的转动而转回正常位置。

6. 完整配合动作

爬泳完整配合动作即腿、臂、呼吸完整配合动作。爬泳手臂与腿的配合有多种形式，其中 6:2 配合是较常见的一种，即臂划水 2 次、腿配合打水 6 次。此外还有 4:2、2:2 等配合方式。一般来说，短距离运动员多采用 6 次打水配合方式，而长距离运动员则多采用 2 次或 4 次打水配合方式。腿、臂、呼吸完整配合动作中短距离运动员多采用 6:2:1 配合，即在一个完整的动作周期内，运动员臂划水 2 次，腿配合打水 6 次，呼吸 1 次。

（二）爬泳学练方法

1. 腿部动作

（1）动作要求。

以髋关节为轴，大腿发力，膝关节和踝关节放松，大腿带动小腿做上下鞭状动作，腿向上时膝关节伸直，两脚上下活动幅度约为 35 厘米。

（2）练习方法。

①陆上模仿。

仰坐模仿：仰坐于池边、地上或凳上，两手后撑模仿打水动作，由直腿过渡到鞭状打水。

②水中练习。

A. 固定支撑打腿：俯卧于水中，双臂伸直扶池边，做鞭状打水。（图 8-3-5）

B. 扶板打腿：俯卧于水中，双臂前伸，两手扶在浮板两侧，做打腿动作。

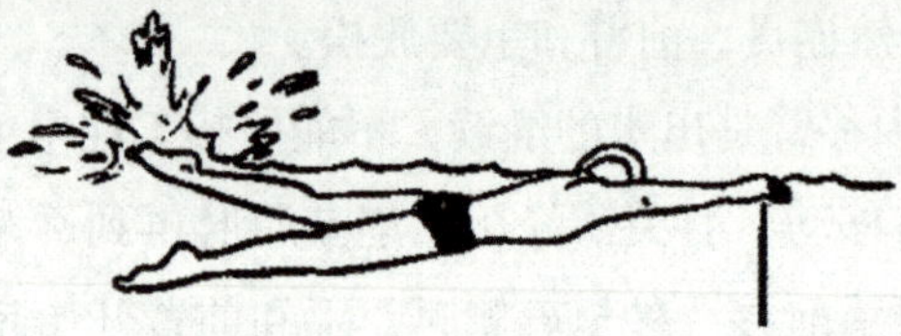

图 8-3-5

2. 手臂动作和手臂与呼吸配合动作

（1）动作要求。

高肘、屈臂沿身体中线向后做“S”形划水，两臂交替做中交叉配合，同侧臂划水时呼气，推水时转头吸气。

（2）练习方法。

①陆上模仿。

臂与呼吸配合：同侧臂开始划水时呼气，推手时转头吸气，吸气后头迅速转回，手在入水。

②水中练习。

扶板单臂划臂呼吸配合：在浮板助浮的情况下，做呼吸与臂的配合动作。（图 8-3-6）

图 8-3-6

3. 完整配合动作

（1）动作要求。

强调配合的节奏，动作协调自然，以臂、腿配合为基础，2:1 配合模式为主。

（2）练习方法。

①陆上模仿。

小踏步配合模仿：原地站立，上体略前倾，两腿原地小踏步，两臂做连贯交替的划水动作，模仿爬泳的臂、腿配合技术。

②水中练习。

A. 蹬边滑行臂、腿配合：蹬边滑行减速后，憋气打腿划臂。

B. 腿、臂、呼吸完整配合。

三、仰泳

仰泳是人体仰卧于水中游进的一种泳姿。技术动作由身体姿势、腿部动作、手臂动作和呼吸等几部分动作协调配合组成。

（一）身体姿势

仰泳时，身体应该自然伸展，平直地仰卧于水面，头和肩部略高于腰和腿部，身体纵轴与水平面构成一个很小的仰角。头部和髋部的位置关系非常重要。头部位置在很大程度上决定了整个身体的位置，起着“舵”的作用。头部应与身体在一条直线上，水面约位于头顶中部。头部过于后仰，容易使髋部抬高，腿和脚露出水面，影响打水效果，并容易挺胸弓背，使躯干过于紧张僵硬；反之，如果刻意收下颌，抬高头部的位置，髋和腿就会下沉，身体容易 “坐”在水中，增大身体前进的阻力。

（二）腿部动作

仰泳腿打水的作用主要是保持身体位置，此外，可产生一定的推进力。仰泳的打水很重要，除了保持身体的平衡外，还能给身体一个稳定的支撑力。快速有力的仰泳打水对有效发挥上臂和躯干的力量也起着重要作用。

仰泳腿打水由上踢和下压两部分组成。仰泳腿的技术与爬泳腿相似，同样是鞭状打水动作。但是因为是仰卧，所以产生推进力的动作是 “上踢” 。此外，仰泳腿上踢开始时膝关节弯曲的程度大于爬泳向下打水时，打水的幅度也比爬泳深。

事实上，由于身体的转动，仰泳腿的动作并不是垂直向上和向下的。伴随着上踢和下压的还有髋关节的转动，上踢的方向是内上方，下压是外下方。为保持身体的流线型，两脚分开不要过大，应处于身体截面内（以肩宽为标准）。

1. 上踢

上踢是产生推进力的动作，需要用较大的力量和较快的速度来完成。上踢开始时，足内收，大腿屈膝带动小腿和脚向上踢水，在踢水的过程中逐渐伸膝。上踢时，踝关节跖屈。踝关节的灵活性对踢水效果影响很大。当大腿移到接近水面时转为下压。由于伸膝肌群的带动，小腿和脚在惯性作用下加速向上用力踢水，形成鞭状踢水动作。当膝关节完全伸直时，上踢动作结束，此时脚趾应该恰好位于水面或略低于水面。上踢动作要把握好尺度，即在任何情况下，膝关节、小腿和脚不能踢出水面。踢水的浪涌应该像圆屋顶，或开锅的水，虽沸腾但不四溅。

2. 下压

因为腿下面的水对腿产生向上的压力，下压动作的前半段是直腿完成的。膝关节和踝关节应自然放松。由于伸髋，大腿带动小腿下压。到一定深度后，大腿停止下压，在腰腹肌群的控制和协同作用下，转入上踢过程。此时小腿和脚在惯性的作用下仍继续下压，使膝关节弯曲。之后，小腿和脚在大腿的带动下依次结束下压动作。

当脚的位置低于臀部时，下压动作应适时停止，转入上踢。过度下压会破坏身体的流线型，造成增大的形状阻力。脚适宜的打水幅度为 40 ～ 50 厘米。

（三）手臂动作

仰泳的手臂动作是产生推进力的主要因素，划水技术的优劣直接影响游进的速度。仰泳的手臂动作可以分为入水、抱水、划水、出水和空中移臂 5 个主要部分。

1. 入水

仰泳臂的入水动作与身体的转动协调配合，一臂入水时，身体向同侧转动，可以加大手臂入水的深度。手入水点应在头前、同侧肩的延长线上。手臂应伸直，肘关节不能弯曲，以小指领先，手掌朝外，干净利落地切入水中。手入水时，手掌与前臂形成一个 150° ～ 160° 的角，使手指先于手掌外侧和前臂入水，以减小入水时的阻力。

当手臂完全进入水中后，手继续向前、向后、向外 3 个方向运动，使手臂伸展到适宜的长度。这个阶段几乎不产生推进力，主要作用是为后面的划水做好准备。入水结束后手位于水面下 10 ～ 15 厘米。（图 8–3–7）

图 8–3–7

2. 抱水

手臂入水后应积极下划抓水，转入抱水阶段。因为如果手臂一入水就马上划水，划水就会很浅，产生气泡而划空。应配合身体围绕纵轴的转动和积极伸肩，手臂向外旋转，屈腕，使手臂对准水并有压水的感觉，并使划水的主要肌群如肩带肌肉、胸大肌和背阔肌得到适当的拉长，以便划水时能充分发挥力量。（图 8–3–8）

图 8–3–8

3. 划水

仰泳的划水动作是推动身体前进的主要动力。这个阶段也可分为两部分：前面为拉水，后面为推水。拉水是在抱水的基础上进行的。随着身体绕纵轴继续转动，肘关节下降，手在向后划水的同时向上移动，使屈肘的程度逐渐加大，当手臂划到肩下与水平面垂直时，拉水结束转入推水，此时身体转动幅度达到最大，约 45°，肘关节弯曲也达到了最大程度，为 90° ～ 100°，与爬泳的高肘划水相似，称其为“倒高肘”划水。拉水结束时手掌距离水面约 15 厘米。推水开始后，手的移动领先于前臂和肘关节，手、前臂和上臂用力向后方推水，肘关节和前臂逐渐靠近身体。推水开始时手有向上的移动，当手上移至最高点时（距离水面约 10 厘米），前臂向内旋转，手掌朝后下方快速做鞭状推水动作。推水结束时，手掌朝下，手臂伸直，手掌距离水面 40 ～ 50 厘米；身体也开始向另一侧转动，为出水做好准备。（图 8-3-9）

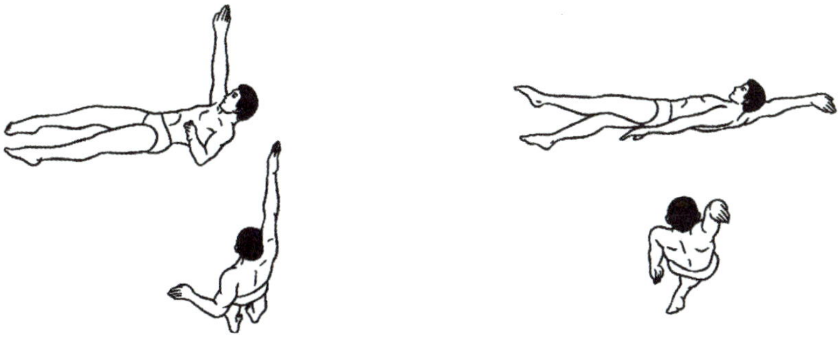

图 8-3-9

4. 出水

划水完成以后，手臂外旋，掌心指向大腿，借助手向下压水的反作用力和肩部肌肉的收缩，以及身体的自然转动，手臂迅速提拉出水面。出水时臂应伸直，压水提肩，使肩部首先出水，然后再带动上臂、前臂和手依次出水。出水前手臂应先外旋，使手掌朝向大腿外侧，使拇指领先出水，这样阻力小，且手臂较自然放松，与爬泳出水时小指领先的道理是一样的。（图 8-3-10）

5. 空中移臂

手出水后，手臂应迅速以直臂方式向前移动，上臂应贴耳。空中移臂的前半段，手掌向内，使手臂肌肉尽量得到放松；当手臂移到头上，即与水平面垂直时内旋，使手掌心向外，为入水做好准备。（图 8-3-11）

图 8-3-10

图 8-3-11

（四）配合技术

1. 两臂配合技术

仰泳两臂的配合与爬泳一样，应该保证身体得到连贯而均匀的推进力，使身体匀速前进。现代优秀运动员采用后交叉配合的较多，即一臂入水时，另一臂划水结束，两臂基本处于相反的位置，使一臂结束划水动作后，另一臂能立即产生新的推进力。当一臂入水后前伸下划时，身体的转动使对侧手臂的移臂动作更自然轻松。

2. 呼吸与臂配合技术

仰泳时口、鼻始终露出水面，呼吸不受水的限制，但为了避免吸气不充分造成的动作紊乱，运动员一般保持一定的呼吸节奏，正如跑步和竞走运动员用一定的节奏进行呼吸一样。

3. 完整配合技术

同爬泳的完整配合一样，仰泳的完整配合中任何一个动作也都要协调配合。当左手入水时，左肩前耸，身体绕纵轴向左侧转动，头保持稳定，既可使身体保持良好的流线型，又可使手臂充分前伸。右手此时鞭状下划结束，右肩提起，准备出水。左腿向上踢水，右腿处于下压状态。

现代仰泳较常见的是 6 次腿部动作、2 次手臂动作、1 次呼吸的配合技术（即 6:2:1 配合），目前很少见到 4 次或 2 次腿部动作、2 次手臂动作的配合方式。

仰泳 6 次腿部动作 2 次手臂动作的配合：右手入水和抓水时，右腿上踢；右手下划时，左腿上踢；右手鞭状下划时，右腿第二次上踢；左手划水时，重复相应的动作。

为协助完成身体的转动动作，每个划水周期中每次打水的动作力度并不完全一样。当身体开始转动时腿的打水较为有力。

四、蝶泳

蝶泳在 4 种竞技游泳姿势中是最年轻的一种，是从蛙泳技术中派生出来的。开始时的蝶泳实际上是手臂做蝶泳划水，而腿仍是蹬蛙泳腿的蝶式蛙泳。蝶式蛙泳因为手臂动作的外形好像蝴蝶飞舞，所以被称为蝶泳。直到 1952 年，蝶式蛙泳与传统蛙泳分开比赛，蝶泳才作为一种正式的竞技泳式产生，但在开始时蝶泳仍沿用蛙泳蹬夹水技术。1953 年，匈牙利运动员董贝克最早模仿海豚游泳的姿势，采用了海豚式打水技术，并获得了巨大成功，连续 5 次创造了蝶泳世界新纪录，受到了人们的关注。这种蝶泳技术，由于躯干的动作似海豚在水中游泳，所以被人们称为“海豚泳”。

从动作的外形来看，蝶泳手臂、腿的动作与爬泳相似，区别在于爬泳轮流打水和划水，而蝶泳是同时用力的。尽管蝶泳划水时的力量很大，但由于推进力不连贯，身体前进速度不均匀，因此蝶泳速度慢于爬泳。

（一）身体姿势

蝶泳时，运动员身体各部分由于波浪动作而上下起伏，没有固定的身体位置。两臂和两腿的动作在同一水平面内同时进行。蝶泳时身体的上下起伏是受臂腿动作影响的，如向下打水就会使臀部上升；空中移臂时因重心位置的改变身体失去平衡，就会使腿部下沉。躯干的波浪动作有利于保持较高的身体位置和较好的流线型，也有利于臂、腿、呼吸的协调配合。

（二）躯干和腿部动作

蝶泳腿和爬泳腿有相似之处，但蝶泳腿对蝶泳的配合所起的作用大于爬泳腿。此外，蝶泳腿是从躯干发力，通过力的传递进行的鞭状打水，打水时屈膝的程度大于爬泳腿。

蝶泳的鞭状打水动作，是由躯干发力，经过髋、膝、踝关节的动量传递，并且与躯干动作协调配合完成的。由于躯干的质量大，大腿、小腿和脚的质量依次减小（脚的质量最小），根据物理学的动量定理，脚就可获得最大的线速度，再加上腿部肌肉的协同用力，脚的速度最大。

蝶泳打水时，两腿应自然并拢，两脚稍内扣，两腿的动作应同时进行，否则即为犯规。

蝶泳腿部动作由向上打水和向下打水两部分组成，其中向下打水是产生推进的主要阶段，应用较快的速度完成。

1. 向上打水

腿在向上打水开始时，因为上一次的打水在水下呈完全伸直的状态，在小腿仍继续伸展的条件下伸髋，使大腿上移。大腿的上移动作类似鞭打动作，使腿继续向下运动的惯性得到克服。向上打水时，腿应该自然伸直，踝关节放松，当大腿上升到与躯干呈一直线时，腰腹和臀部开始下沉，大腿也随着下压，但小腿和脚继续上移，使髋关节弯曲，弯曲的角度随着大腿继续下移和脚继续上移而逐渐增大，直到脚上升到最高点，即水面下 4 ～ 5 厘米处时，小腿开始在髋关节和大腿的带动下快速向下打水。此时膝关节弯曲的程度最大，为 100° ～ 130° 角。

2. 向下打水

与爬泳和仰泳打水一样，蝶泳腿打水时，大腿和小腿的方向并不是在任何时候都一致的。当脚上移到与身体平行、小腿和脚还在继续上移时，腰腹部已经开始用力收缩，屈髋带动大腿下压。当屈髋程度达到最大时，躯干与大腿成 150° ～ 160° 角，脚基本上升到了最高点。此时开始伸膝，小腿和脚加速下打。在小腿和脚向下打水还没有结束时，大腿已经开始向上打水，这样才能保证脚的鞭状打水动作。当小腿和脚继续向下打水到膝关节完全伸直、脚处于最低点时，小腿和脚在大腿的带动下开始向上打水，又进入下一个周期的打水动作。

向下打水时，踝关节跖屈，并略内旋。踝关节的灵活性对打水的效果有很大影响。

由于膝关节的弯曲和踝关节的跖屈，向下打水开始时小腿打水的方向是向下和向后的，而踝关节的动作更像向后推水。

（三）手臂动作

蝶泳手臂的划水动作所产生的推进力是推动身体前进的主要因素。蝶泳的手臂动作与爬泳类似，不同的是蝶泳两臂同时对称地划水，而爬泳则两臂交替划水。蝶泳的手臂动作由入水、抱水、划水、推水、出水和空中移臂几个部分组成。

1. 入水

手臂入水是划水的准备阶段，动作本身几乎不产生推进力。正确的入水位置应该是在两肩的延长线上。太宽容易使划水路线缩短，太窄不利于入水后迅速划下和抱水。入水应以拇指领先，斜插入水，然后前臂和上臂依次入水。入水时掌心朝向外下方，手掌与水平面约成 45°。（图 8-3-12）

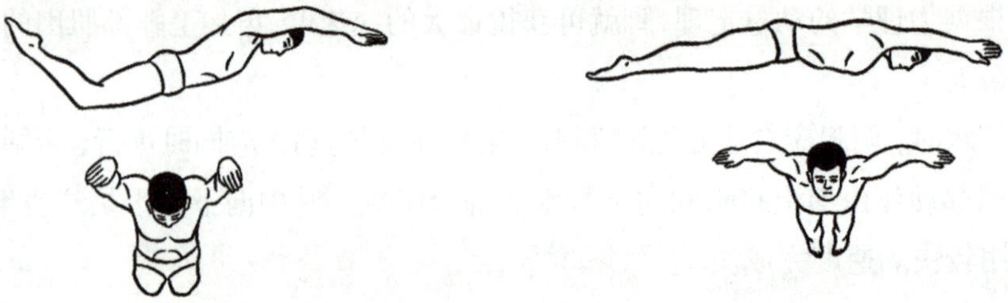

图 8-3-12

2. 抱水

臂入水后，手和前臂向外旋转，随后手臂同时向外、向后使手掌对水和向下运动，并保持高肘姿势。（图 8-3-13）

图 8-3-13

3. 划水

划水时，手臂继续向外旋转，手同时向内、向上和向后划水，当手臂划至肩下时，结束划水并进入推水阶段。（图 8-3-14）

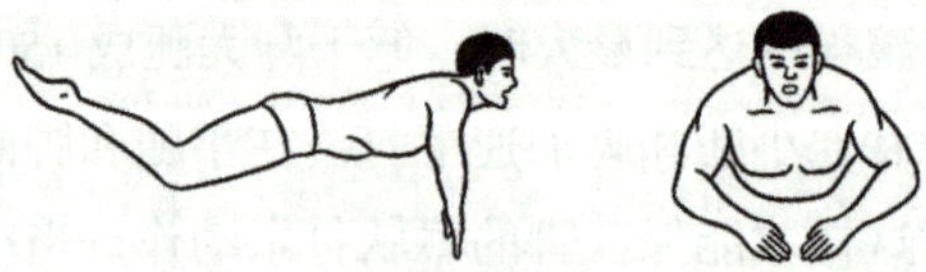

图 8-3-14

4. 推水

推水时，手臂同时向外、向后和向上运动。当手臂划至大腿两侧时，推水结束。（图 8-3-15）

图 8-3-15

5. 出水

手划水到大腿两侧时应从旋内转为旋外，掌心向内，朝向大腿外侧，以便减小出水的阻力。在手划水尚未结束时，肘已经开始离开水面。手划水结束时，利用划水的惯性，肘和肩带动手臂提拉出水。出水时应小指领先。（图 8-3-16）

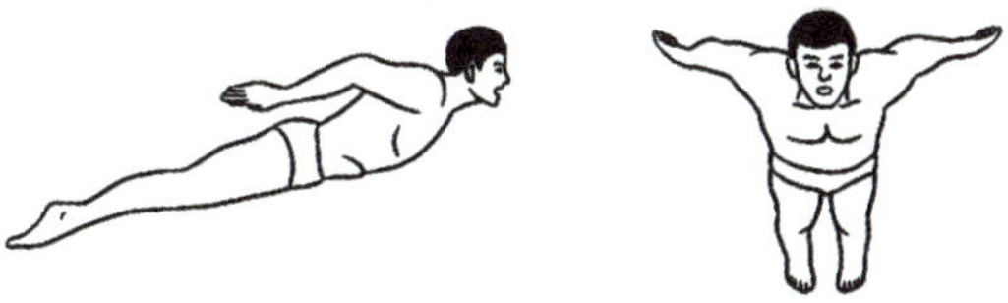

图 8-3-16

6. 空中移臂

手臂在出水后，在肩的带动下迅速从空中前移到头前，准备入水和做下一个周期的动作。空中移臂过程中手臂要放松，拇指朝下，手前伸到接近入水时肘微屈，以便于入水后及时抓水。空中移臂的时间约是划水周期的 1/3。（图 8-3-17）

图 8-3-17

（四）配合技术

1. 呼吸与臂配合技术

目前，优秀运动员蝶泳吸气时同蛙泳一样，不可以抬头，而是随着第二次向下打水的升力以及臂腿协调配合使躯干和肩升高，头自然地露出水面。眼睛和嘴都朝向水面。吸气结束低头时，头随肩部的前伸向前下方伸展，下颌向前方冲顶，使手入水时肩能够充分前伸（也可称为头的“跟进”动作）。如果抬头太高，易使背部肌肉紧张，并导致腿部下沉。

头入水后，应在水面下较浅的位置。不应依靠头深深地潜入水中来提高臀部，否则会使身体重心起伏过大，增大阻力。在抱水时头就应该逐渐上升，直到内划结束时头离开水面，进行下一次吸气动作。

2. 完整配合技术

由于躯干波浪动作的介入，蝶泳的完整配合要求精细、准确，而且其动作特征要求运动员有较强肩背部、腰腹部力量和良好的柔韧性。

臂、腿的配合方式是每划水 1 次，打水 2 次。手入水时开始第一次向下打水，抱水过程中结束向下打水。在继续抱水和划水时向上打水，推水时第二次向下打水。空中移臂时腿再次向上打水。臂、腿的配合一定要准确协调，否则就会破坏动作内在的节奏，使推进力减弱。

臂、腿的配合有不同的方式，有的运动员第一次打水轻，第二次打水重；有的正好相反；还有的采用 2 次均匀打水。

任务四　游泳卫生与救护

一、预防与自救

要防止溺水事故，就应了解发生事故的原因，掌握自救的方法。现将常见的几种事故以及预防、保护和自救的方法介绍如下。

（1）溺水事故大多数是由技术不好、惊慌、呛水等原因引起的，预防溺水事故，先要学会呼吸和放松，呛水时不要紧张，可用踩水等姿势排除呛水。

（2）如有容易出现突发性休克的疾病，如严重的癫痫病、心脏病，则不能游泳。

（3）随意潜水是造成不幸事故的隐患。即使是水性好的人，也会因潜水时间过长，脑部缺氧而突然休克。因此，在人多的游泳场合，不宜潜水。在教学中，做潜水练习时，应互相照顾和保护。

（4）游泳时，疲劳、寒冷和过度紧张都会引起肌肉痉挛（抽筋）。出现肌肉痉挛，应克服紧张害怕心理，尽量使肌肉痉挛部位伸展。遇严重的肌肉痉挛应立即呼救。

（5）游泳时过度疲劳，容易出现事故。这时，应借助别人的帮助，放松游出危险区。

（6）在游泳时，有时会因跳水或其他原因碰撞而发生事故，因此，不要在游泳场所跳水或互相追逐打闹。发生碰撞时必须停下来，观察情况，如有问题，立即采取应急措施。

（7）游泳时，由于水情不熟，落入危险水域，要沉着、冷静，如落入漩涡中，应保持平卧姿势，增大身体半径，逆漩涡而游出险区。

二、水上救护

为了保证游泳安全，不但要加强安全教育，采取有效的安全措施，而且还要掌握游泳的救护知识与方法。如发现溺水事故后，应根据情况当机立断，采取有效措施，沉着、勇敢、迅速进行救护。

由于水域的不同，出现事故的情况也不一样，因此对不同的情况要采取相应的救护方法。水上救护分间接救护和直接救护。

（一）间接救护

间接救护是救护人员利用救生器材的一种救护方法。这种方法适用于溺水者神志较清醒的情况。其使用的器材有竹竿、绳索、泳板、救生圈、救生衣、浮球等。救护应根据现场情况，使用相应的救生器材，可在岸上或船上使用，也可携带入水，在游近溺水者时使用。在江河中用救生圈、浮球等浮物救护较清醒的溺水者，应向溺水者的上游准确地掷去，这样才能使溺水者稳当而快速地脱险。

（二）直接救护

直接救护是救护者不用任何救护器材、徒手对溺水者施救的一种救护方法。在溺水者神志不清或救护者没有救生器材的情况下，要果断、迅速地采用直接救护。直接救护可分为观察、入水、游近溺水者、解脱、拖运、出水上岸、抢救等过程。

（1）观察：为了以最快的速度和最短的距离尽快地游近溺水者，救护者在入水前应简单观察周围的环境，如溺水者落水地点、水流的方向和流速等情况，迅速选好入水地点，脱去衣服、外裤和鞋袜。

（2）入水：入水要快，目标要准。对熟悉的水域可采用头先入水的出发动作，入水后出水动作要快。不熟悉水域或距溺水者较近时，可采用跨跳式入水动作。入水后，两腿向下夹水，手臂迅速压水。使身体处于较高位置，以便观察目标。

（3）游近溺水者：入水后，一般用抬头爬泳迅速游近溺水者。当游至溺水者 2 ~ 3 米处时，深吸一口气，再接近溺水者。接近时应用突然果断的动作拉住溺水者的手腕用力向右（或左）边一拉，使溺水者背向自己，再进行拖运。

（4）解脱：救护者如被溺水者抓住或抱住，应立即解脱，解脱时利用反关节和杠杆的原理，动作要迅速、突然。解脱的方法依被抓或抱住的情况不同而异。一般有虎口解脱法、扳指解脱法、推扭解脱法、托肘解脱法。

虎口解脱法：两臂或两手被溺水者抓住时，救护者两手握拳，用力由里向外扭转，同时用力下压，即可从其虎口解脱。

扳指解脱法：救护者被溺水者以背后抱（抓）住，但两臂未被束缚时，可分别用左右手抓住溺水者的左右手中的一指，反向扳开，即可解脱。

推扭解脱法：若被溺水者从前面抱住腰、背等部位，但两臂未被束缚，可一手按住溺水者的后脑，另一手托其下颌向外扭转溺水者的颈部解脱。

托肘解脱法：凡是被溺水者从前面或后面把身体和两臂都抱（抓）住时，都可采用将溺水者的肘部上托的方法解脱。

（5）拖运：拖运时，一般采用侧泳或反蛙泳技术。采用反蛙泳拖运法可用单手或双手托住溺水者的后脑或肩、腋部位，用反蛙泳蹬腿前进。采用侧泳拖运法可托溺水者后脑或同侧肩腋部，或穿过一腋扶其下颌、腋下，侧泳游进。无论采用哪种方法拖运都要时刻注意让溺水者的脸部露出水面。

（6）出水上岸：如果溺水者处于昏迷状态，那么他全身是松弛的，这时救护人员就不能采取往上托的办法，而应采用由下往上拉的办法。

（7）抢救：上岸后，应先排除气管、胃内积水和口、鼻内的杂物。方法是：救护者单腿跪地，将溺水者腹部放在自己屈膝的大腿上，使其足高头低，用手捶拍溺水者背部，加速排水。若溺水者牙关紧闭，可用两手拇指顶住溺水者下颌骨，使其张口。若溺水者已清醒，应穿好衣服休息；若昏迷不醒，应立即实施心肺复苏。

三、现场急救

时间就是生命，现场急救一定要做到动作迅速，方法正确。检查程序可分为8个步骤，即判断意识→高声呼救→急救体位→打开气道→心肺复苏→人工循环→紧急止血→保护脊柱。

（一）判断意识

轻拍伤病者肩部（或面部），并在其耳边大声呼唤："喂，你怎么啦！"以试其反应。

（二）高声呼救

溺水者对轻拍、呼唤无反应，表明其已丧失意识，立即在原地高声呼救："救命啊！快来人呀！"倘若有他人，先拨打急救电话，后参与现场抢救。

现场要组织好对溺水者的脱险救援工作，抢救人员既要有分工，也要有合作。

呼救电话语言必须精练、准确、简单明了。

（三）急救体位

如果溺水者俯卧或侧卧，在可能的情况下应将其翻转为仰卧，放在坚硬平面上，如木板床上、地板上或背部垫上木板，如此，才能使心脏按压行之有效。不可以使溺水者平仰在柔软的物体，如沙发或弹簧床上，以免直接影响胸外心脏按压的效果。

翻身的方法：抢救者先跪在溺水者肩、颈部的一侧，将其两上肢向头部方向伸直，然后将离抢救者远端的小腿放在近端的小腿上，两腿交叉，再用一只手托住溺水者的头、颈部，另一只手托住溺水者远端的腋下，使头、颈、肩、躯干呈一整体同时翻转成仰卧位，最后，将其两臂还原放回身体两侧。

1. 单人抢救体位

抢救者位于溺水者肩部一侧，两腿自然分开与肩同宽，跪于溺水者该侧肩腰部水平位。避免在实施人工呼吸与胸外心脏按压时来回移动膝部，便于操作。

2. 双人抢救体位

一人跪于溺水者头部水平位，进行人工呼吸，另一人跪于溺水者胸部水平位，进行胸外心脏按压。

（四）打开气道

气道是指气体从鼻腔、口腔、咽喉、气管到肺脏的通道。

1. 畅通气道的重要性

畅通气道是复苏成功的重要环节。不少人只要畅通了气道，就恢复了自主呼吸。如果气道不畅通，则对口吹气无效，胸外按压无用，后期处理（如用药除颤、脑复苏等）也将失败。

2. 气道阻塞的原因

气道是气体进出肺的必经之道。溺水者意识丧失，舌肌松弛，舌根后坠，会厌下坠，头部前倾或有其他异物堵住，都会造成咽喉部气道阻塞。

3. 开放气道的方法

抢救者应先将溺水者衣领扣、领带、围巾等解开，同时迅速清除溺水者口鼻内的污泥、土块、痰、涕、呕吐物等，以使气道畅通。

（五）心肺复苏

1. 判断有无自主呼吸

在保持气道通畅的情况下，抢救者用耳贴近溺者的口鼻，采取一看、二听、三感觉的方法，必须判定溺者有无自主呼吸。

看：观看溺者胸部（或上腹部）有无起伏。

听：聆听溺者口、鼻有无呼吸的气流声。

感觉：抢救者用面颊感觉有无气息吹拂面颊感。

如果溺者有自主呼吸，则应继续保持气道通畅；如果无自主呼吸，则应检查有无异物阻塞气道，如有异物阻塞，立即迅速清除。待清除异物后，再继续观察。如溺者在打开气道和清理口腔异物后仍无呼吸，要立即采取心肺复苏的方法。

要求：判断有无呼吸要在 3 ～ 5 秒内完成。

2. 心肺复苏方法

胸外按压：心肺复苏时，首先应进行胸外按压。按压部位为两乳头与胸廓连线的交点，须连续按压 30 次。

开放气道：做完 1 次胸外按压后，应立即清理并开放患者气道，即尽可能将患者头部向后仰，使患者的下颌角与耳垂的连线垂直于地面。

人工呼吸：开放气道后，应立即进行口对口人工呼吸，将气通过口腔吹进患者肺部。

心肺复苏时，一般 30 次胸外按压后再进行 2 次人工呼吸为 1 个循环，通常需要在 2 分钟内进行 5 个循环。进行 5 次循环后，应立即查看患者的意识、呼吸是否恢复。若并未恢复，还须继续心肺复苏。

（六）人工循环

1. 判断有无脉搏

判断溺者心跳是否停止，常用触摸颈动脉或肱动脉来确定（成人、儿童触摸颈动脉，婴儿触摸肱动脉）。

（1）检查方法。

部位：颈动脉位于胸锁乳突肌前缘中点、平喉结的环状软骨高处；肱动脉位于上臂内侧，肘和肩之间。

方法：成人和儿童——抢救者用一只手在溺者前额持续保持其头部后仰的同时，另一只手的食指和中指尖并拢置于溺者的喉部，平喉结从靠近抢救者一侧的颈部滑动到胸锁乳突肌前缘的凹陷处，检查颈动脉是否搏动。婴儿——抢救者用一手拇指置于婴儿上肢外侧，肘和肩之间，再用食指、中指轻轻压在内侧，检查肱动脉是否有搏动。

（2）注意事项。

①因脉搏可能缓慢、不规则或微弱而快速，可触摸颈动脉 5 ~ 10 秒来确定。

②检查颈动脉应该轻柔触摸，不可用力压迫，避免刺激颈动脉窦引起迷走神经兴奋而反射性地引起心跳停止。

③为判断准确，可先后触摸双侧颈动脉，但禁止两侧同时触摸，以防阻断脑部血液供应。

④正确判断有无脉搏很重要。因为对有脉搏的溺者进行胸外心脏按压，会引起严重的并发症。如果有脉搏而无呼吸，则只需要进行人工呼吸。如摸不到脉搏，则可确定心跳停止，方可进行胸外心脏按压。

2. 人工循环

抢救者判断溺者无脉搏，心脏跳动停止，应立刻实施人工循环——胸外心脏按压救治，成人与儿童、婴儿按压手法略有不同。

（七）紧急止血

抢救者对有严重外伤的溺者，还应检查溺者有无严重出血的伤口，若有，应当采取紧急止血措施。避免因大出血引起休克导致死亡。

1. 止血意义

止血是防止休克、挽救溺者生命的重要措施，有效地止血能赢得将溺者转送到医院进行抢救的宝贵时间。

2. 止血方法

（1）伤口压迫止血。

（2）指压止血。

（3）止血带止血。

（八）保护脊柱

因意外事故造成严重外伤（如跳水时头碰池底，颈部受伤），在现场救治中，要特别注意保护脊柱，并在医护人员监护下进行搬动转运，避免脊髓受伤或脊柱受伤进一步加重，造成截瘫甚至死亡。

—— 思政小课堂 ——

受浮力、压力等因素的影响，人在水下陌生环境中，容易出现行为、意识错乱情况。尤其是对游泳初学者而言，环境变化导致其难以适应，出现恐惧、不安等情况。在进入水中后，因身体失去支撑，也无可攀附的物体，出现身体不受控制、失衡等情况，且人在水中受水压影响，其胸腔受到压迫后可造成呼吸困难，导致初学者害怕出现溺水、窒息等。学习游泳的过程是一个克服畏惧心理、战胜自我的过程。游泳运动可以提升大学生的自信心，增强大学生的耐心，有助于大学生更好地学习和生活。

项目九　新兴体育项目——电子竞技

学习目标

1. 了解电子竞技运动的概念、特征和功能。
2. 熟悉电子竞技赛事的赛制。

任务一　电子竞技运动

一、电子竞技运动的概念

电子竞技运动是利用高科技软、硬件设备作为运动器械进行的人与人之间的智力对抗运动，可以锻炼和提高参与者的思维能力、反应能力、四肢协调能力和意志力，培养团队精神。

二、电子竞技运动的特征

电子竞技运动作为电子游戏发展到竞技层面的运动，兼具电子游戏与竞技运动的特征。作为一项竞技运动，电子竞技运动具备竞技性和娱乐性的特征。电子竞技运动在虚拟世界中进行，具备虚拟性特征。此外，电子竞技需要在一定的规则条件下进行，由此也具备规则性。

1. 竞技性

竞技性是竞技运动区别于其他运动的基本特性，竞技性是竞技运动的重要特性。竞技运动中充满了激烈的竞争，高水平的运动员针锋相对，胜负结果难以预测，竞技过程充满了不断博弈所带来的魅力，展现了运动员超越自我的竞技追求，激发观众产生强烈共鸣从而获得观赛的乐趣。

2. 娱乐性

电子竞技运动同其他竞技运动一样，都是人们在高速发展的信息社会中减轻压力、自我放松的一种方式。电子竞技运动具备便利性，几乎不受场地限制。

3. 虚拟性

电子竞技运动是基于虚拟空间进行的运动，通过鼠标、键盘、手柄等设备对虚拟空间中的事物进行控制，从而进行对抗。这一点与其他竞技运动有着显著的区别。

4. 规则性

规则是游戏概念中十分重要的因素，所有的游戏都有自己的规则，玩家只有尊重规则才能享受到游戏的节奏与和谐，也只有公平、公正、公开、透明的规则才能赢得真正的认可。

三、电子竞技运动的功能

随着科技的进步和社会的发展，以计算机技术与互联网技术为依托的信息时代蓬勃发展，电子竞技运动作为这个时代的产物，具备了高科技的属性，很好地展现了信息技术的力量。虽然现在仍然存在对电子竞技运动的负面看法，但是我们更应该意识到电子竞技运动所具备的正面功能，通过正确的引导，发挥电子竞技的文化功能、娱乐功能、教育功能等。

（一）文化功能

竞争对人类是不可或缺的，而竞技运动自古以来就是一种和平竞争的手段。电子竞技运动一方面作为竞技运动，能够传递竞技精神，传播正能量；另一方面作为现代国家之间交流的一种方式，能够推动民族文化的国际传播。

（二）娱乐功能

电子竞技运动的娱乐功能体现在社交与生活娱乐两方面。在社交方面，电子竞技游戏需要玩家之间的互动交流以获得最后的胜利。玩家既可以通过游戏拓展社交圈，也可以通过电子竞技比赛加深朋友间的友谊，因此，电子竞技运动具备社交功能。在生活娱乐方面，参与电子竞技游戏、观看电子竞技赛事、购买电子竞技衍生产品已经成为人们工作之余的重要娱乐生活。

（三）教育功能

电子竞技运动的教育功能体现在很多方面，主要表现在帮助实现个体社会化上。由于电子竞技运动具备竞技性的核心特征，参与者可以在运动中感受团队合作、公平竞争的精神，可以通过这项运动开拓自己的思维，培养坚持不懈的奋斗精神。电子竞技运动经历了从个人项目到团队项目的发展，现在主流的电子竞技运动都以团队形式表现出来，能够有效地培养青少年的团结协作精神。

四、电子竞技运动项目

（一）按是否有现实参照物划分

按照电子竞技运动是否有现实参照物，电子竞技运动项目可以分为虚拟化的电子竞技运动与虚构化的电子竞技运动。

（二）按竞技参与人数划分

按照竞技参与人数，电子竞技运动项目可以分为单人项目和团队项目。单人项目是指在比赛中以 1 对 1 的形式进行的项目，多人项目指对战人数超过 2 人、以团队形式进行的项目。单人项目更加强调选手的个人能力与反应能力，而团队项目更加需要选手之间的配合。

（三）按竞技性划分

电子竞技运动按照竞技性可以分为对抗性电子竞技运动与休闲电子竞技运动。休闲电子竞技运动也被称为轻电竞，是休闲游戏竞技化的结果。

任务二 电子竞技运动场馆

电子竞技运动场馆是指能够进行电子竞技运动训练、比赛以及相关活动的场所，是电子竞技运动不可或缺的发生场所，包括被用于电子竞技运动赛事的传统体育场馆、专用于电子竞技运动竞赛与训练的专业电竞馆以及用于群众娱乐休闲活动的小型电竞馆。

根据场地面积以及可容纳人数，电子竞技运动场馆可以分为不同等级。2017 年 6 月，中国体育场馆协会发布了竞技场馆建设标准《电子竞技场馆建设标准》。在这份标准中，专业电竞馆按照主要用途、建筑面积、比赛区净高以及内外场座位数被分为 A、B、C、D 共 4 级，同时，该标准对电竞馆的选址，功能分区，软、硬件系统作出了明确的规定。

在电子竞技运动场馆的实际应用中，电子竞技运动训练、比赛的场馆主要由 3 种场馆构成：传统体育场馆、专业电竞馆以及小型电竞馆。

一、传统体育场馆

传统体育场馆是指为了满足运动训练、运动竞赛和大众体育消费需要而专门修建的各类运动场所的总称，主要包括对社会公众开放并提供各类服务的体育场、体育馆、游泳池，体育教学和训练所需的田径棚、运动场以及其他各类室内外场地，群众体育健身娱乐休闲活动所需的体育俱乐部、健身房、体操房和其他简易的健身娱乐场地等。

二、专业电竞馆

专业电竞馆是指主要用于电子竞技运动训练、比赛及相关活动的场馆。其中，主场电竞馆是电子竞技运动主客场制度推行的新产物。

三、小型电竞馆

随着互联网产业的发展，网吧、网咖等上网场所升级，融入了社交、竞技娱乐、餐饮等功能，也发展成具备电子竞技赛事举办能力的小型电竞馆。

任务三 电子竞技赛事的赛制

在电子竞技运动当中，为了保证赛事的公平性以及增加观赏性，需要根据赛事的级别、目的和任务等要求选择相适应的赛制。电子竞技赛事主要赛制包括循环制、淘汰制和混合制。

一、循环制

不同电子竞技赛事使用循环制的计分方法各不相同，循环制的计分方法必须在比赛规则中清晰地说明。一般来说，循环制使用积分来排序名次，而积分是根据胜负场次来决定的。例如，胜一场得 3 分，负一场得 0 分，平局则两队各得 1 分。在循环赛所有对局都结束时，积分越高的队伍则名次越前，如果出现积分相同的队伍，一般按照以下方式决定名次。首先，看积分相同队伍的净胜场，净胜场多的队伍名次在前。其次，如果净胜场数一样，则根据积分相同队伍的相互比赛结果决定，相互比赛胜场多的队伍名次在前。最后，如果积分相同队伍的相互比赛结果也一致，则进行加赛，胜者名次在前。

二、淘汰制

淘汰制主要包括了单败淘汰和双败淘汰，单败淘汰是指在比赛中输掉一场就失去比赛资格的赛制；双败淘汰是指在比赛中输掉两场就失去比赛资格的赛制。

三、混合制

混合制是电子竞技赛事中比较常用的赛制，重大电子竞技赛事往往会采用。在赛事中先使用循环制后使用淘汰制是最常用的混合制。比赛制在赛事前期能够给予更多的机会让各个参赛队伍相互切磋学习，随着赛事进程的推进，在赛事高潮阶段又能激励参赛队伍的热情。

项目十　职业体能

学习目标

1. 了解职业体能的概念。

2. 掌握职业体能的锻炼方法。

任务一　职业体能概述

一、职业体能的概念

不同职业对人体身体素质（包括心理）的不同要求，称之为职业体能。也就是说，职业体能是与职业（劳动）有关的身体素质以及在不良劳动环境条件下的耐受力和适应能力，是经过特定的工作能力分析后所需要具备的身体活动能力，包括重复性操作能力、背肌承载静态力的能力、其他肌群能达到维持工作姿势要求的能力，以及人体对工作环境的忍耐程度等能力。

二、职业体能的分类

（1）静态坐姿类：主要包括会计、文秘、行政办事员、IT 行业从业人员等岗位。

（2）静态站姿类：主要包括营业员、酒店前厅接待、空中乘务员等岗位。

（3）流动变姿类：主要包括营销（推销）员、导游等岗位。

（4）工场操作姿态类：主要包括机械、生产线操作工等岗位。

（5）特殊岗位姿态类：主要包括警察、野外作业人员等岗位。

三、职业体能实践体系一般内容

职业体能实践体系一般内容具体见表 10–1–1。

表 10–1–1 职业体能实践体系一般内容

岗位姿态	岗位名称	对应专业	身体素质要求	应有素养
流动变姿类	市场管理员、营销员、导游	行政管理、国贸、市营、金融、房产	腰、腿力量，耐久力	交往能力、形态气质、团队精神
静态站姿类	前厅接待、营业员、空乘	酒管、会计、文秘、空乘	腰、腿力量	形态气质、交往能力
静态坐姿类	会计、秘书、行政内勤	会计、文秘、企管、网络、投资、电商	颈、肩部力量，上肢力量，指腕力量	心理调节、坐姿、团队精神
工场操作姿态类	汽修工、机械工、建筑工、电焊工	汽检、汽修、汽电、物流	上肢力量	注意力、心理调节能力

任务二 职业体能的锻炼方法

一、站姿类职业岗位的体能养成

（一）站姿的解剖学特征

1. 腰腹部

自然站立时，躯干部位的重量经过腰椎向下传导，需要腰部肌肉力量予以支撑，才能保持腰椎的正常生理前凸。腹肌力量较弱的人，如肥胖者，特别是腹部肥胖者，由于大量脂肪组织在腹部堆积，肌肉组织相对较少，且较松弛，因此对腹部的支撑较弱，进而加重了腰部肌肉的负荷，肚子越往前凸，腰部肌肉的负担便越大，久之，就会造成腰部肌肉紧张。

2. 脊柱

脊柱的负荷为某段以上的体重、肌肉张力和外在负重的总和。不同部位的脊柱节段承担着不同的负荷。腰椎由于处于脊柱的较低位，负荷相当大。

当人体处于静态任意式站位时，因为要维持正常的站姿，即保持躯干的相对竖直，所以腰椎相对静态坐位时只能有很小程度的前屈或后伸，脊柱须保持自然弯曲度。挺腹而立是人们常见的站姿，此时腰椎处于后伸位，承受很大的压力负荷。

3. 下肢

人体维持某种姿势，均需要一定的肌张力。人体走动或站立时，小腿肌肉等张收缩以维持身体姿势并保持身体平衡。但长时间保持站立不动，会令下肢血液循环欠佳，导致下肢肿胀，甚至导致静脉曲张。

人体在正常的站姿下，全身的体重均匀地从脊柱、骨盆传向下肢，再由下肢传至足部，因此人类的双脚具有负载体重的重要功能。另外，从解剖学观点来看，人体共有206块骨头，其中双脚就占了52块，俨然是全身的支柱。但长时间站立工作以及过度负重状态可诱发平足症。

（二）站姿劳动（工作）的生理负荷

站姿也是一种静力性工作，对血液循环的影响与坐姿相同。但因为维持站姿比维持坐姿时肌肉的静力性紧张更大，即有更多的肌纤维处于静力性等长收缩状态，肌张力一般超过该肌肉最大随意收缩时的15%～20%。相关调查显示，一旦肌张力超过最大随意收缩的15%，就很容易导致肌肉疲劳。直立体位时，因血液重力的流体静力学作用，血液滞留在心脏水平以下的血管中，由于静脉管壁薄而易于扩张，其容积可大为增加，滞留大量血液，而使静脉回流量下降。故站立时间较长，血液回心障碍，会出现脚背浮肿、趾关节炎或静脉曲张等症状。其发病时间一般为6～8年，妇女更易发生；位于心脏以上部位的颈、脑部也易供血不足，出现头痛、头昏等症状。

（三）站姿劳动（工作）的心理负荷

与坐姿类职业岗位相比，站姿类职业岗位职工的心理负荷相对较小，但该工种对责任心的要求相对较高，工作环节要求细致严密，服务敏感性强，职业人员必须精神饱满、情绪稳定，有较强的自我控制能力和排除干扰的能力，还要有比较强的应变能力和应急能力。

（四）腰腹肌力量耐力锻炼方法

1. 搁腿半仰卧起坐

目的：主要发展腹直肌上部力量。

要领：仰卧于垫子上，两小腿平行搁于凳面上，双手交叉抱于头后。慢慢使双肩向膝部弯起，直至肩胛骨离地 3 ～ 5 厘米，保持这个姿势 1 ～ 3 秒，然后还原。

2. 直腿上举

目的：主要发展腹直肌、髂腰肌的力量。

要领：仰卧于垫子上，两腿并拢伸直，双手放于体侧。双腿伸直并拢靠腹部的力量将腿慢慢举起，保持躯干与大腿成 120° 左右，静止 5 ～ 10 秒，然后还原。

3. 仰卧侧提腿

目的：主要发展腹内、外斜肌的力量。

要领：仰卧于垫上，然后侧提右膝碰右肘，然后侧提左膝碰左肘。反复练习。

4. 屈膝举腿

目的：主要发展腹直肌下部力量。

要领：屈膝，两踝交叉，两掌心下放在臀侧，仰卧于垫上，然后朝胸的方向举腿，直到两膝收至胸上方，还原后重新开始。

5. 燕式平衡

目的：增强后背和腹部主要肌肉的力量及稳定性。

要领：由站立开始，右脚向前一步，上体前倾，左腿后上举高于头，抬头挺胸，两臂侧举成燕式平衡。站立的腿要伸直，两脚交替进行。

6. 静止搭桥

目的：增强后背和腰部主要肌肉的力量及稳定性。

要领：平躺，脚着地，手臂放在体侧。臀部、大腿和躯干肌肉用力提起骨盆，直到肩膀与膝盖连成直线。身体缓慢下降，回到起始位置。

7. 借球搭桥

目的：主要发展躯干的主要肌肉，如发展腘绳肌、臀部肌肉和股四头肌的力量以及脊柱的稳定性。

要领：平躺，双脚放在健身球上，膝关节微屈，手臂置于体侧，做搭桥练习，脚跟用力压球面，保持身体平衡，然后慢慢放下身体，回到初始位置。

8. 借球仰卧

目的：主要发展躯干的主要肌肉，如发展腘绳肌、臀部肌肉和股四头肌的力量以及脊柱的稳定性。

要领：跪姿，背对健身球，两脚分开夹球，手臂置于体侧，然后上体尽量往后仰，肩膀触球静止 6～8 秒。

（五）下肢力量耐力锻炼方法

1. 踏板弓箭步

目的：主要发展股四头肌、股二头肌、小腿三头肌的力量。

要领：身体直立，面对踏板，左腿屈膝成弓箭步踏踏板，右腿伸直，同时两手叉腰。还原后，交换腿连续做。

2. 抱膝触胸

目的：主要发展股四头肌、小腿三头肌的力量。

要领：身体直立，面对踏板，然后右腿支撑站立，左脚踏在踏板，接着用力蹬踏，腿伸直，同时右腿屈膝高抬，两手抱膝触胸。还原后，交换腿连续做。

3. 踏板提踵

目的：主要发展小腿三头肌的力量。

要领：两脚站立于踏板上，脚跟提起，脚尖点地，两手侧平举，保持 6～8 秒。

4. 屈膝直腿

目的：主要发展股四头肌、股二头肌的力量。

要领：两手叉腰站立于踏板上，左腿半蹲，右腿伸直前举，停 6～8 秒，还原。交换腿继续做。

5. 搁腿深蹲

目的：主要发展股四头肌、股二头肌的力量。

要领：面对椅子，左腿深蹲，右腿伸直前举，脚跟放在椅子上，做上体前屈、两臂前平举动作。

6. 踮脚跳跃

目的：主要发展小腿腓肠肌、比目鱼肌、股四头肌的力量；对提高身体平衡能力也有锻炼价值。

要领：两脚并拢站立，两膝微屈，两手撑腰，双脚前掌原地向上纵跳，膝关节绷直，下落时，先前脚掌着地，然后全脚掌着地，再踮脚起跳。

（六）站姿类职业性疾病的预防与运动疗法

1. 扁平足

（1）扁平足简介。

扁平足就是足弓塌陷。长期保持站立姿势，会使足部负担过大，若加上鞋子不合适，容易引起足部疼痛，严重时会引发扁平足。

（2）运动疗法的作用。

通过运动疗法，可以改善和加强小腿、踝、足部的血液循环，增强胫骨前肌、腓肠肌、胫骨后肌、屈指长肌及足部肌肉韧带的力量与弹性，以维持足弓的正常生理曲度，加强足弓对生理负荷的承受能力。此外，还应同时加强腰、腿部肌肉的锻炼。

（3）预防与运动疗法。

防治扁平足的主要方法是做矫正体操。矫正体操的重点是锻炼胫骨前肌、腓骨长肌、胫骨后肌、屈指长肌及足部肌。例如，练习足尖走、足跟走、足外侧走、踢毽子等，以及坐位时进行足内翻、足趾屈伸和分开并拢、足趾钳物等。每日锻炼 1 ～ 2 次，每次 20 ～ 30 分钟。

下面介绍一套立位矫正体操。

（1）在斜坡上步行。

（2）走足尖步。

（3）用足外侧缘步行。

（4）在屈趾状态下用足外侧缘步行。

（5）在鹅卵石、沙滩或凹凸不平的路上行走。

注意事项：

（1）痉挛性平底足有明显疼痛时，不宜做操。

（2）有些患者不仅足部肌肉软弱，而且臀肌、股四头肌，甚至腹肌和背肌也较软弱，这时应配合进行下肢和躯干运动，相应地训练这些部位的肌肉。

2. 下肢静脉曲张

（1）下肢静脉曲张简介。

下肢静脉曲张是指下肢浅静脉系统处于伸长、蜿蜒而曲张的状态。

（2）运动疗法的作用。

从血流动力学的角度进行观察，在体育锻炼过程中，通过肌肉规律性的收缩，可以使深部静脉血液回流加速，皮下静脉的压力可能较静止时还低。运动可增加足踝关节的柔软度，而足踝关节的柔软度有助于减少下肢静脉曲张。可见，体育锻炼有助于预防和改善下肢静脉曲张症状。

（3）预防与运动疗法。

①平时要多做双腿上下摆动或蹬夹练习，多做腿部按摩。

②站立时，不要总用两条腿一起支撑全身重量，可有所侧重，让两条腿轮换休息。站立时，要经常踮起脚来，让脚跟一起一落活动，或经常进行下蹲练习。上述动作都能引起小腿肌肉强烈收缩，减少静脉血液积聚。

③每晚睡觉前，养成用热水洗脚的习惯，忌用冷水洗脚。用热水洗脚，能消除疲劳，有利于睡眠，更能活血化瘀。

二、变姿类职业岗位的体能养成

（一）变姿类职业岗位特征

从事兼有伏案、站立特征的综合类型职业者，如营销、导游、记者等，该类人员劳动（工作）以坐、站、行走、乘车等相交替的姿势进行，时而是静力性工作，时而是动力性工作，静力性工作与动力性工作交替进行，且没有一定的规律。因此，该类职业岗位介于坐姿类与站姿类之间。

（二）大学生变姿类职业体能培养方法之耐力素质

该职业人群有的没有固定的工作时间，长期在市内或城际奔波，工作不像办公室人员那样规律，随时可能要应对突发或者紧急事件，所以这类员工必须具备较强的体魄、充沛的体力、敏捷的反应能力、良好的心理素质以及在不利环境中保持职业性工作的能力。

耐力素质是指人体在长时间进行工作或运动中克服疲劳的能力，是反映人体健康水平和体质强弱的一个重要标志。这里特指心肺耐力（心肺功能）。

下面以导游职业为例，介绍如何增强耐力素质。

作为一名导游，在旅游旺季几乎每天要行走数十公里，因此需要具备较强的腿部力量及耐力素质。在选择运动项目时，可考虑健美操、游泳、长跑、健身走、健身跑、爬山、跳绳、越野、障碍跑、攀登、爬楼梯等项目。

1. 耐力素质训练的基本方法

耐力素质训练的方法较多，而且各种练习方法都有其各自的特点。目前，常用的耐力素质练习手段主要有持续练习法、重复练习法、间歇练习法、变换练习法、循环练习法、比赛游戏练习法、高原训练法等。

（1）持续练习法。

持续练习法是指在相对较长的时间里（不少于30分钟），以较为恒定的强度持续地进行练习的方法。持续练习法具有持续刺激机体的作用，有利于改善大脑皮层神经过程的均衡性，提高心血管系统和呼吸系统的功能，能较经济地利用体内储备的能量，有利于发展有氧耐力和一般耐力。

（2）重复练习法。

重复练习法是指不改变动作结构和外部负荷表面数据，在相对固定的条件下，按照既定间歇要求，在机体完全恢复的情况下反复进行练习的方法。重复练习法能使能量物质的代谢活动得到加强，并产生超量补偿与积累，既有利于发展有氧耐力，又有利于发展无氧耐力。

（3）间歇练习法。

间歇练习法是指在一次（或一组）练习之后，按照严格规定的间歇负荷和积极性间歇方式，在机体未完全恢复的情况下从事下一次（或一组）练习的方法。间歇练习法的持续时间与练习强度之间形成一种对应关系，强度大、时间少；强度小、时间稍长。不同的练习目的对这些要素的组合变化要求也不相同。

（4）变换练习法。

变换练习法是在变换各种因素的条件下反复进行练习的方法。这种练习法通过提高运动员的练习兴趣和积极性，从而提高练习的效果。

2. 耐力素质的单人练习方法

（1）1 分钟立卧撑。

（2）立卧撑接蹲跳起。

（3）10 ～ 15 分钟定时跑。

（4）原地间歇高抬腿跑。

（5）单腿连续跳跃。

3. 耐力素质的双人练习

（1）交替追逐跑：两人前后相距 30 米，同时起跑，在 1000 ～ 2000 米距离内后者追赶前者，赶上后两人放松慢跑 200 米。然后交换位置进行第二轮练习。

（2）竞走追逐：两人前后相距 10 米，听口令开始做竞走追逐练习。每组 400 米，做 3 ～ 4 组。必须按竞走技术标准要求练习，每组结束后放松跑 2 分钟。

（三）大学生变姿岗位类职业体能培养方法之灵敏素质

灵敏素质是人体综合能力的反映。例如，导游长期在城际间奔波，时常面对高山峻岭、惊涛骇浪，在旅途中随时可能碰到突发事件；营销员经常到处游说，常要对顾客的各种问题做出最敏捷最准确的反应。

发展灵敏素质的途径主要包括徒手练习、器械练习、组合练习和游戏等（以下介绍前两种）。

1. 徒手练习

（1）单人练习：主要有弓箭步转体、立卧撑转体、前后滑跳、屈体跳、腾空飞脚、跳起转体、快速后退跑、快速折回跑等练习。

（2）双人练习：主要有躲闪摸肩、手触膝、过人、模仿跑、撞拐、巧用力等练习。

2. 器械练习

（1）单人练习：主要包括各种形式的个人运球、传球等练习。

（2）双人练习：主要包括各种形式的传球与接球、运球中的抢球等练习。

（四）心理素质

变姿类职业员工工作负荷大，工作时间不稳定，随时处于待命状态，心理无法完全放松。因此，该类员工除了要加强身体素质练习外，还必须增强自我健身意识，提高心理素质，这样才能适应现代社会快节奏、强压力的挑战。该类职业的心理素质训练方法主要围绕抗压力、敏思路、善调整、早发泄来进行。

（五）变姿类职业性疾病的预防与运动疗法

变姿类职业主要以坐姿、站立、行走为主。因此，变姿类职业岗位易发生的职业病有下背疼、肩周炎、下肢静脉曲张等。另外，变姿类的职业人群在室外工作时，要承受严寒酷暑。例如，对负责岩洞讲解的导游来说，岩洞内长年低温、潮湿、空气不好，极易使其患风湿性关节炎、咽喉炎等职业病。此外，变姿类职业岗位工作人员工作压力大，任务繁重，工作时间不稳定，随时处于待命状态，心理上无法完全放松。因此，这类人员要学会释放心理压力，过度疲劳后也要学会放松，如唱歌、喝茶都是很好的放松方式。

（1）要坚持定期体检。

（2）要定期进行心理测评。

（3）要制订健身计划，在工作间隙进行身体锻炼。

（4）要尽量避免刺激性强的饮食和烟酒。

（5）要定期休假，避免长期超强负荷工作。

三、坐姿类职业岗位的体能养成

（一）坐姿解剖学特征

1. 头颈部

坐着工作时，一般头部成前俯或后仰姿势。肩颈部肌肉是支持颈部活动的基础，其中以斜方肌、胸锁乳突肌为主要的受力肌。斜方肌位于颈部和背部，呈扁平三角形，左右二肌合成斜方形，主要控制颈部的前屈、后伸，头颈部若过分下垂或颈椎前屈，会使斜方肌处于紧张状态。胸锁乳突肌属颈浅肌群，在颈阔肌的深面，起于胸骨柄和锁骨的内侧 1/3 处，斜向后上方，止于乳突。其作用是两侧同时收缩，头向后仰；一侧收缩，头颈向同侧倾斜，面部转向另侧并向上仰。

坐位时颈部肌肉受力与颈角大小相关，颈部受力随颈角增大而增加。颈部损伤患病率随颈角增加而升高。坐位作业时，颈部保持在前倾 0° ～ 10° 较为适宜。

2. 胸部

长期静坐，低头含胸，胸廓得不到充分的扩张。长期保持这种姿势，一方面会影响肺的通气功能，另一方面会使胸廓变形，造成驼背。

3. 背部

人体在坐着的时候，一般呈弓起背部向前微倾状态。在该姿势下工作，椎骨角度和椎间盘高度的活动使背部（主要是背阔肌）所承受的压力不均匀。另外，人体背部的伸肌在一天的运动中几乎没有主动用力的动作，大多数时间在被动拉长中，起着维持人体运动平衡和协调的作用。相对其他肌群，人的背部肌肉相对工作时间最长，因此，所受疲劳是“首当其冲”的。这种疲劳容易引起小肌肉纤维损伤，从而造成背部的多种不良反应，如酸、胀、痛、麻等。

背部与颈部、腰部有着“楼上、楼下”的密切关系，如果颈部或腰部的肌肉因不良姿势而紧张或疼痛，常易累及背部。此外，人在心理紧张时，背部肌肉也是心理性紧张的“靶子”。心理性紧张，往往会造成背部肌肉的紧张与疼痛。

4. 腰部

人体在坐着的时候，腰椎承受着上身的重量。腰肌和腹肌像是一个夹板，保持一定的张力以稳定腰椎。工作姿势对腰肌受力有很大的影响。研究表明，腰部受力与躯干角大小关系密切，躯干角小则腰部受力小。另有一项研究调查表明，电脑操作者一般习惯将电脑屏幕置于右前方或左前方，导致工作时呈侧身或扭腰等不良姿势。为了维持身体平衡，腰部的某一处肌肉就需要特别用力，以致受力肌容易疲劳。

5. 手腕部

从事计算机行业或电子行业者由于其腕部经常需要重复用力活动或反复弯曲、伸展，参与活动的小肌群不足全身肌肉总量的 1/7，肌肉活动频率高于 15 次 / 分钟，操作键盘输入汉字时，手指击键高达 100 次 / 分钟，频繁收缩活动的小肌群能耗不高却容易疲劳，甚至在用力时直接压迫腕管内正中神经而导致腕管综合征。

6. 脊柱

成年人的脊柱由 26 块形状不规则的椎骨组成，按所在位置不同分成颈椎、胸椎、腰椎、骶骨和尾骨。脊柱从侧面看，有 4 个生理弯曲：颈椎、腰椎前凸，胸椎、骶椎向后凸。

久坐使上身体重长时间压在椎骨底端，不符合人体脊柱最佳受力状态。坐姿不良，脊柱两侧肌肉受力不均，易导致脊柱某区域肌肉骨骼力学负荷过重，久之可能引起脊柱侧弯。此外，紧张的工作节奏使人往往不由自主地塌腰，不但增加了腰椎的负担，破坏脊柱正常的生理弯曲，使腰椎部位后凸，而且会阻碍血液循环，从而引起腰部肌肉酸疼甚至腰椎病变。

（二）坐姿劳动（工作）的心理负荷

取坐姿劳动（工作）的工种繁多，但不同工种工作人员心理负荷的大小相差甚远。如以坐姿劳动的职业司机、财会人员、电脑操作员，其劳动的特点是精神高度集中、紧张，心理负荷极大。长期紧张的脑力劳动以及精神负担过重会导致神经衰弱和其他一些心血管疾病。

（三）心肺功能

心肺功能即心肺耐力，是指人体的心脏、肺脏、血管、血液等组织的功能，与氧气、营养物质的输送以及代谢物的清除有关。

坐姿工作人员工作时间长，且相对固定地保持一种姿势，易使身心产生疲劳。此外，坐姿工作时常低头含胸，胸部和心血管得不到发展，选择运动项目时，应充分考虑到职业的特点，多选择有氧代谢的运动项目，如健美操、游泳、跳绳、步行、爬山等有大肌群参与的慢节奏运动，以弥补运动不足，锻炼心肺，矫正体形。除加强全身锻炼外，还应选择养生的练习方法，如太极拳、气功等消除神经疲劳。

（四）大学生坐姿类职业体能培养方法之耐力素质

1. 腰背部肌群力量耐力练习

（1）体后屈伸。

目的：主要发展伸展躯干和伸髋的肌肉力量。

要领：俯卧在垫子或长凳上。以髋部支撑，脚固定，两臂前举连续做上体后屈伸动作或者保持上体屈伸 6 ～ 8 秒。

（2）俯卧两头起。

目的：主要发展伸展躯干和伸髋的肌肉力量。

要领：俯卧在垫子或长凳上，两臂前伸，两腿并拢伸直。两臂和两腿同时向上抬起，腹部与坐垫成背弓，然后积极还原。连续练习，15 ～ 20 次为一组。

（3）仰卧过顶举。

目的：主要发展斜方肌力量。

要领：仰卧在地板或垫子上，两腿并拢伸直。双手重叠握住哑铃把的一端。开始时将哑铃提起，两臂伸直，重量承受在胸部上端，然后慢慢从头顶上下放，直至两臂能舒适伸张到头顶的后下方，然后开始举回成原来的姿势。

（4）哑铃单臂划船运动。

目的：主要发展背阔肌上、中部以及斜方肌、三角肌的力量。

要领：两脚前后开立，身体前屈，一只手支撑于椅面上，另一只手提起哑铃。吸气用力，持哑铃手侧上提至胸部高度，再呼气放下。连续 8 ～ 12 次之后，再换另一只手练习。

（5）高翻。

目的：主要发展背阔肌、斜方肌、竖脊肌的力量。

要领：两脚开立，约与肩同宽，双手正握杠铃，握距同肩宽，挺胸别腰，将杠铃提起至大腿中下部，迅速发力翻举至胸部。还原后，再反复进行。

（6）持铃耸肩。

目的：主要发展斜方肌的力量。

要领：身体直立，正握杠铃，然后以肩部斜方肌的收缩力使两肩胛向上耸起（肩峰几乎触及耳朵），直至不能再高时为止。还原后，反复进行练习。

（7）俯立划船。

目的：主要发展背阔肌上、中部以及斜方肌、三角肌的力量。

要领：上体前屈近 90°，抬头，正握杠铃。然后两臂从垂直姿势开始，屈臂将杠铃拉近小腹后还原，再重新开始。上拉时应注意肘靠近体侧，上体固定，不屈腕。

（8）直腿硬拉。

目的：主要发展骶棘肌、背阔肌、斜方肌、臀大肌以及股二头肌、半腱肌、半膜肌、大收肌等伸展躯干和伸髋的肌肉力量。

要领：两腿伸直站立，上体前屈，两手正握杠铃，握距约同肩宽，两臂伸直，然后伸髋，展体将杠铃拉起至身体挺直。还原后重新开始。每组练习 2 ～ 5 次。上拉时应注意腰肌群要收紧，杠铃靠近腿部。

2. 颈肩部肌群力量耐力练习

（1）屈伸探肩。

目的：主要发展胸锁乳突肌、斜方肌的力量。

要领：坐立均可，上背挺直，双手叉腰，眼睛正视前方。头缓缓地向左偏，努力接近左肩，保持 6 ～ 8 秒，还原；以相同的姿势换方向做，还原。

（2）摸耳屈伸。

目的：主要发展胸锁乳突肌、斜方肌的力量。

要领：坐立均可，两手自然放于体侧，眼睛正视前方。右手叉腰，同时将左手侧上举，越过头顶去摸右耳，同时头向左侧倾斜，还原；再用右手以同样的姿势去摸左耳，还原。

（3）手侧压颈屈伸。

目的：主要发展胸锁乳突肌、斜方肌的力量。

要领：坐立均可，上背挺直，眼睛正视前方。左手按头左侧，右手叉在右侧腰间。左手用力把头向右侧推压，而颈部则用力顶住，不让轻易压倒，但逐渐被压倒。然后，颈部用力把头向上向左抬起，而左手则用力压住头部，不让其轻易抬起，但逐渐完全竖直。练习完一侧，换练另一侧练习。

（4）双手正压颈屈伸。

目的：主要发展斜方肌的力量。

要领：坐立均可，上背挺直，眼睛正视前方，双手十指交叉，按在脑后。双手用力压头部，使其向前下屈，颈部则用力顶住，不让轻易下压，但逐渐被压到颈部触及锁骨柄。然后，颈部用力把头向上抬起，而两手则用力压住头部，不让其轻易抬起，但逐渐抬到原位。

（5）耸肩。

目的：主要发展斜方肌的力量。

要领：坐立均可，上背挺直，双手叉腰，眼睛正视前方。双肩缓缓往上耸，尽力去碰耳朵，保持 6 ～ 8 秒，然后放下。

（6）肩绕环。

目的：主要发展斜方肌的力量。

要领：坐立均可，上背挺直，双手叉腰，眼睛正视前方。双肩经前向后展，做以肩关节为中心的绕环动作。

3. 腕部肌群肌肉力量耐力训练

（1）屈伸腕动态练习。

目的：主要发展前臂伸肌和屈肌的力量。

要领：立正，一手持哑铃，掌心朝上。另一手微托持哑铃手肘关节，靠于腰部，手紧握哑铃以 2 秒钟 1 次的频率做屈伸腕运动。

（2）屈伸腕静态练习。

目的：主要发展前臂伸肌和屈肌的力量。

要领：立正，一手持哑铃，手掌朝上。另一手微托持哑铃手肘关节，靠于腰部，手紧握哑铃充分屈腕静止 15 秒，休息 5 秒，再充分伸腕静止 15 秒。

（3）“8”字绕环。

目的：主要发展肱桡肌的力量。

要领：立正，一手持哑铃（男生可以双手持哑铃），掌心朝上。持哑铃手做“8”字绕环运动。

（五）大学生坐姿类职业体能培养方法之柔韧性

柔韧性是指身体某个关节或关节组活动范围的幅度以及肌肉、肌腱、韧带等软组织跨过关节的弹性与伸展能力。良好的柔韧性能使人的动作舒展，帮助肌肉轻松高效地活动，并有助于减少某些运动损伤。柔韧性练习对于需要长久静坐的人尤为重要，典型的例子就是办公室白领。进行伸展性练习有助于提高办公室白领关节的灵活性，使其头部转动自如，避免关节僵硬。

下面简单阐述发展颈、肩部，腰背、胸部，臂部和腕部柔韧性的方法与手段。

1. 腰背、胸部柔韧性的练习方法

（1）坐位拉背。

目的：拉伸背部。

要领：坐在椅子上，双膝微屈，躯干贴在大腿上部，双手抱腿，肘关节在膝关节的下面。呼气，上体前倾，双臂从大腿上向前拉背，双脚保持与地面接触，保持 6 ~ 8 秒。

（2）坐椅胸拉伸。

目的：拉伸胸部。

要领：坐在椅子上，双手头后交叉，椅背高度在胸中部。吸气，双肩后移，躯干上部后仰，拉伸胸部。动作缓慢进行，保持 6 ～ 8 秒。

（3）仰卧团身

目的：拉伸腰部。

要领：在垫上仰卧，屈膝，双脚滑向臀部。双手扶在膝关节下部。呼气，双手将双膝拉向胸部和肩部，并提起髋部离开垫子。重复练习。动作幅度尽量大，动作保持 6 ～ 8 秒。

（4）俯腰。

目的：拉伸腰部和躯干两侧。

要领：并步站立，两腿挺膝夹紧，两手十指交叉，手心向上，伸直上举。上体收腰前俯，两手心尽量向下贴紧地面，两膝挺直，髋关节屈紧，腰背部充分伸展。两手直臂分别握住同侧踝关节，使胸部贴紧双腿，充分伸展腰背部。持续一定时间后再放松起立。还可以在双手触地时向左右侧转腰，用两手心触及两脚外侧的地面，增强腰部伸展时左右转动的柔韧性。

（5）体侧屈。

目的：拉伸腰部和躯干两侧。

要领：并步站立，上身挺直。右手叉腰，左手伸直，上体尽量向左侧倾斜，保持 6 ～ 8 秒。还原，换方向做。注意上体不要有扭转动作。

2. 颈肩部柔韧性练习方法

（1）扭转望月。

目的：伸展侧颈部。

要领：坐立均可，上背挺直，双手叉腰，眼睛正视前方。头缓缓地向左后旋转，目光注视前上方，尽最大努力保持 6 ～ 8 秒，还原。然后以相同的姿势换方向做，再还原。

（2）低头沉思。

目的：伸展颈后部。

要领：坐立均可，上背挺直，双手叉腰，眼睛正视前方。缓慢低头，下颌尽量靠近胸骨，抻拉颈部肌肉，持续 30 秒。还原，向后屈伸，保持 30 秒。

（3）“米”字形弯曲。

目的：伸展全颈部。

要领：坐立均可，头部依次向前弯—复位—向左弯—复位—向后弯—复位—向右弯—复位，然后依次做左前弯—复位—左后弯—复位—右后弯—复位—右前弯—复位。

（4）肩膀上提。

目的：拉伸肩部。

要领：坐在椅子上，两脚稍分开，屈肘。两手中指分别放松按于肩膀上，肩部用力往上提，上体充分舒展，在个人关节活动最大范围处静止 20 ～ 30 秒。还原，放松。

（5）正压肩。

目的：拉伸背部和肩部。

要领：分腿站立，体前屈，两手扶于椅背，挺胸低头（或抬头），身体上半部上下振动。同伴可帮助压肩，把肩拉开。练习时要求手臂伸直，肩放松。

（6）上臂颈后拉。

目的：拉伸上臂后部和肩部。

要领：坐立均可，左手屈肘上举至头后，左肘关节在头侧，左手下垂至肩胛处。同时右手屈肘上举，右手在头后部抓住左臂肘关节。呼气，在头部向右拉左臂肘关节，保持 6 ～ 8 秒，还原后换另一臂拉伸。

3. 臂部和腕部柔韧性的练习方法

（1）背后拉毛巾。

目的：拉伸臂部。

要领：坐立均可，一臂肘关节在头侧，另一臂肘关节在腰背部。吸气，双手握一条毛巾逐渐互相靠近。换臂重复练习。动作幅度尽量大，每次保持 10 秒左右。

（2）跪撑正压腕。

目的：拉伸腕部。

要领：双膝着地，双臂直臂撑地，双手间距约与肩同宽，手指向前。呼气，身体重心前移。恢复开始姿势重复练习。动作幅度尽量大，每次保持 10 秒左右。

（3）跪撑反压腕。

目的：拉伸腕部。

要领：双膝着地，双臂直臂撑地，双手间距约与肩同宽，手指向后。呼气，身体重心前移。恢复开始姿势重复练习。动作幅度尽量大，每次保持 10 秒左右。

（4）向内旋腕。

目的：拉伸腕部。

要领：站立，双手合掌。呼气，尽量内旋双手手腕，双手分离。重复练习。动作幅度尽量大，每次保持 6 ～ 8 秒。

（六）自我放松与相互按摩练习

1. 按揉颈肌

目的：放松颈肌。

要领：坐立均可，双目微闭。双手五指交叉放于颈后两侧，自下而上用掌根按揉颈肌。主要用两拇指大鱼际按揉颈肌，动作有节奏，根据个人情况选择按揉力度。

2. 穴旋肩

目的：放松肩颈肌。

要领：两脚自然站立，稍分开，屈肘，双目微闭。两手中指分别点按肩颈穴，前后环绕各 4 拍。

3. 轻揉腰肌

目的：放松腰部肌肉。

要领：坐立均可。先用双手轻揉腰部肌肉，直至有发热感，再以双手掌根推拿腰肌 10 次，最后握空拳轻轻叩击腰部。

4. 放松背部肌肉

目的：放松背部肌肉。

要领：两脚自然站立，稍分开，与肩同宽。双手在背后十指交叉握住，肩膀打开，尽量往后仰至自己的极限。

5. 办公室椅子操

长时间以一种较为固定的姿势坐在办公椅上从事办公室工作，容易造成颈、背、腰等部位的骨骼病变和肌肉劳损等，同时下肢活动少、血液循环不畅易引起下肢关节僵直、小腿浮肿等症状，因此创编了椅子操。椅子操以办公椅为中心，通过绕环、旋转、屈伸、起踵等动作活动颈、背、腰、下肢等部位来放松肌肉，活动关节，增强肌力，预防劳损，达到健身的目的。

具体工作如下。

预备姿势：坐于椅子上，双腿并拢，两手扶椅边。

第一节　头部屈、转、绕环（4×8 拍）

第二节　肩部绕、提、沉（4×8 拍）

第三节　胸部含、展、上体转（4×8 拍）

第四节　外侧坐下腰（4×8 拍）

第五节　腿部屈伸交替做（4×8 拍）

第六节　腹部收屈、挺仰撑（2×8 拍）

第七节　单双腿提踵、摆动交走做（4×8 拍）

第八节　抬头挺胸，展臂舒身体（2×8 拍）

项目十一 健康管理

学习目标

1. 掌握运动损伤的预防和运动保健的方法。
2. 了解运动保健的方式及运动营养物资。

任务一 运动损伤的预防

一、运动损伤的概念

在体育运动中，造成人体组织或器官在解剖上的破坏或生理上的紊乱，称为运动损伤。运动损伤不同于一般的工农业生产和日常生活中的损伤，它多与体育运动项目、技战术动作特点密切相关，为此常有些运动损伤便以其运动项目冠名，如“网球肘”“足球踝”“跳跃膝”。运动损伤也常与运动训练水平、运动环境与条件等因素有关。

二、运动损伤的分类

（一）按受伤的组织结构分类

运动损伤按受伤的组织结构分为皮肤损伤，肌肉、肌腱损伤，关节软骨损伤，骨及骨骺损伤，滑囊损伤，神经损伤，血管损伤，内脏损伤等。

（二）按运动损伤的时间分类

运动损伤按运动损伤的时间分为新伤和旧伤。

（三）按运动损伤的病程分类

急性损伤：直接或间接外力一次作用而致伤者，伤后症状迅速出现，病程一般较短。

慢性损伤：陈旧伤，急性损伤后因处理不当而致反复发作者；劳损伤，由于局部运动负荷量安排不当，长期负担过重超出了组织所能承受的能力，局部过劳致伤，症状出现缓慢，病程迁延较长。

（四）按运动损伤的性质分类

开放性损伤：伤后皮肤和黏膜的完整性遭到破坏，受伤组织有裂口与体表相通，例如，擦伤、刺伤、切伤、撕裂伤及开放性骨折等。

闭合性损伤：伤后皮肤或黏膜仍保持完整，无裂口与体表相通。例如，挫伤、关节韧带扭伤、肌肉拉伤、闭合性骨折等。

（五）按运动损伤的程度分类

轻度损伤：伤后锻炼者仍能按计划参加体育锻炼。

中度损伤：伤后不能按计划进行训练，需要停止患部活动。

重伤：受伤后不能训练。

这种分类方法适合运动队或体育院校。

（六）按运动技术与训练的关系分类

运动技术伤：与运动项目、技战术动作密切相关的损伤，如“网球肘”“投掷肘”等，多为局部组织过劳。

非运动技术伤：多为运动中的意外伤。

三、运动损伤的预防

（一）身体上的准备

运动之前做好充分热身活动，对身体各关节以及肌肉软组织适当进行拉伸，可以防止运动过程中出现运动损伤。运动结束后要注意进行拉伸活动，可以防止肌肉处乳酸堆积，从而降低肌肉损伤的发生概率，同时能够避免肌肉酸痛。

在运动时要注意选择合适的运动场地，如阴雨天不建议在场地湿滑处进行运动，否则易造成损伤，同时在运动前要配备良好的装备，如关节部位使用护具保护，同时穿合适的运动鞋，可在一定程度上降低运动损伤的概率。

（二）心理上的准备

对具体运动的项目要充分了解，明确相关运动知识，在运动时要注意选择合适的姿势以及标准的动作，有效降低运动损伤发生概率。运动时对运动项目不了解或使用的姿势、动作不标准，容易导致运动损伤。平时在运动时要注意根据自身情况，循序渐进地进行运动锻炼，避免运动量过大造成身体损伤，如肌肉劳损等。当身体出现疲劳感时，要注意适当休息。

任务二　运动保健的方法

一、运动保健的概念

运动保健是指在体育锻炼、运动训练和比赛中运用临床医学和体育学的理论知识和方法对体育运动者进行监督与指导的过程。它包括体育卫生、医务监督、运动创伤及医疗体育等方面的内容。运动保健也指通过运动的方式来达到保持健康的目的，“运”的含义是指体内的、整体的、全身的，而“动”的含义是指体外的、局部的，“保健”包含西方的“健身”和东方的“养生”两层含义。

二、运动保健的分类

（一）健身功法——太极拳

太极拳是以中国传统儒、道哲学中的太极、阴阳辩证理念为核心思想，集颐养性情、强身健体、技击对抗等多种功能为一体，结合易学的阴阳五行之变化、中医经络学、古代的导引术和吐纳术形成的一种内外兼修、柔和、缓慢、轻灵、刚柔相济的中国传统拳术，对人的心理活动有显著改善，对人的神经系统、运动系统、心血管系统、呼吸系统、消化系统及免疫系统的功能有明显改善。

（二）耐力训练——有氧训练

运动保健的耐力训练主要为有氧训练，如持续 30 分钟以上的慢跑或者定时的有氧操运动。

（三）力量训练

动力性向心克制性工作：肌肉在做动力性向心克制性工作时，肌肉长度逐渐缩短，所产生的张力随着关节角度的变化而改变，因此，练习时根据专项运动的需要，掌握好发挥最大肌力的关节角度，可得到事半功倍的训练效果。

动力性离心退让性工作：实验表明，肌肉做离心收缩时所产生的张力比肌肉做向心收缩时所产生的张力大 40%。股四头肌做离心收缩时所承受的负荷是做向心收缩时所承受负荷的 2 倍。由此，人们利用离心收缩的原理创造了“退让训练法”。肌肉退让工作是指肌肉在紧张状态中逐渐被外力拉长的工作，即肌肉的起止点彼此向分离方向移动，故又称离心工作。如用杠铃做的两臂弯举中，当臂部积极用力将杠铃往上举起后，再用手抵抗回降动作慢慢地将杠铃放下就属于此种性质的工作。

与向心力量训练相比，离心力量训练能克服更大阻力，更有效地发展“制动力量”，这是因为离心收缩能动员更多的运动单位参与工作。做离心收缩练习时，动作要慢，所需时间应比向心收缩的时间长 1 倍左右。

（四）放松训练

放松训练是一种有效缓解压力的技巧，放松主要是指消除肌肉的紧张，由身体带动精神，由紧张状态朝向松弛状态转变的过程。当压力出现时，紧张不断积累，压力体验逐渐增强。此刻，持续几分钟的完全放松比 1 小时睡眠效果更好。

三、运动保健的方式

（一）现代运动保健的常见方式

1. 散步

要想进行养生，就必须在饭后适当地进行散步。一般来说，散步需要在吃完饭的半个小时之后进行，这样不但能够收到良好的保健效果，还能够提高人体的消化能力。在睡觉之前适当地进行散步，能够帮助人们有更好的睡眠。

2. 按摩

自我按摩是指自己对身体的某个部位或者是某个穴位来进行按摩。它适合人们自己进行防病和治病，每个人都可以进行。适当的自我按摩不仅能够润滑关节和消除疲劳，还能够促进人体的气血流畅，也能够起到调节肠胃的作用。

以上是常见的现代运动养生方法。除了这些养生的方法之外，大家还可以通过其他的运动来进行养生，如跑步和游泳，还可以去健身房进行一些特殊的锻炼。这些运动方法都能够收到良好的养生效果，从而让身体时刻都处在健康的状态下。

（二）运动放松的常见方式

1. 呼吸放松法

呼吸放松法是一种在家里便可自主练习的放松技巧，是通过躺在床上觉察自己的呼吸状态，逐渐放松身心。

2. 音乐疗法

音乐元素可以帮助缓解负面情绪。美国心理协会的研究发现，音乐可以帮助人们探索自己的思想和感受。美国国家卫生研究院也发现，音乐疗法可以缓解、治疗焦虑症等相关疾病，对于抑郁症患者来说有不小的益处。

3. 舞蹈运动疗法

舞蹈运动疗法是一种以身体运动为“语言”的心理治疗方法。临床心理学家、舞蹈运动治疗师西尔维亚·伯克林说，在这种治疗环境中，动作以及其运动方式是情感的一种表达。在这种疗法中，治疗师可能会使用一种被称为“镜像”的技术，以非语言的方式指导并调和患者的身体节奏。人的身心是一体的，心理上的问题会反映在身体上、肢体语言上，人们可以通过调整肢体运动方式来调节情绪问题。

4. 生态疗法

生态疗法包含多种治疗方法。例如，在森林中进行简单的散步（森林浴），或者在户外进行一次长时间的骑行，或者与亲朋好友一起攀登某座山峰。只要能将自己置于户外的环境，那么自然的力量就会帮助你驱散心中的负面情绪。

任务三　运动营养

一、运动营养的概念

运动营养是指人体根据不同的运动项目特点从外界摄入各种营养素，以满足由于运动而对各种营养素的需求。

二、运动营养食品的分类

缓解疲劳的关键在于保证机体运动水平，科学合理的饮食与运动营养补充是主要途径。国内外对于运动营养食品的分类各不相同，但大部分是根据人群对运动营养食品的需求来分类的。

中国发布的 GB 24154-2015 中则针对运动营养食品提出了 2 种不同的分类方法：一种是根据特征营养素分为补充能量类、补充蛋白质类、控制能量类；一种是根据运动项目分为速度力量类、耐力类和运动后恢复类。

（一）按特征分类

运动营养食品按营养素特征可分为补充能量类、补充蛋白质类和控制能量类。其中补充能量类以碳水化合物为主要成分，能够快速或持续提供能量，主要产品类型为食用葡萄糖粉、能量胶、运动（固体）饮料等。控制能量类主要特征为满足控制体重需求，包括促进能量代谢和能量替代，主要产品分为能量饮料、减重代餐、运动营养补剂、低碳水食物等类别。补充蛋白质类以蛋白质或蛋白水解物为主要成分，主要特征为满足机体组织生长和修复需求，主要产品有蛋白粉、支链氨基酸、谷氨酰胺。

（二）按运动项目分类

运动营养食品按运动项目主要分为速度力量类、耐力类、运动后恢复类 3 种。速度力量类以肌酸为主要成分，主要特征为适用于无氧运动练习人群，主要产品有一水肌酸、谷氨酰胺等。耐力类以维生素 B1 和维生素 B2 为主要成分，适用于有氧运动练习人群，主要产品包括运动（固体）饮料等。运动后恢复类以肽类为主要成分，适用于中高强度运动后恢复人群，主要产品有支链氨基酸、谷氨酰胺。

三、运动所需的营养物质

运动与运动能力在很大程度上受营养因素的影响，但相同营养素及营养补剂在不同个体之间的效果差异显著，受年龄、种族、运动水平及运动目标等多种因素制约。

（一）运动前所需物质

运动前食品的摄入能够在一定程度上防止运动中出现体力不支的情况。运动前饮食的时间和具体食品种类是运动前需要考虑的重要因素，理想的运动前饮食能够优化身体的新陈代谢和耐受力。碳水化合物是最常见的运动前摄入营养素，可使人体血糖升高，胰岛素转化能力增强，且减少脂肪氧化。改性淀粉是良好的碳水化合物供给来源，水热改性淀粉、化学改性淀粉等都能提高运动过程中碳水化合物的利用率。高脂肪餐是高糖类物质的优秀替代品，运动前食用高脂肪的食物能够使血液中游离脂肪酸含量增加，提高脂质代谢，储存糖原。

在运动前食用含咖啡因食品能够增加机体耐受力，抑制不适感和疼痛感，降低运动中的劳累程度。在消耗碳水化合物后，补充外源性碳水化合物和咖啡因不会阻碍原糖原或大糖原的产生，并且碳水化合物和咖啡因的组合可以加快糖原合成速率以恢复运动水平；咖啡因是持续高强度耐力活动的有效辅助剂，对提高机体耐力非常有效。运动前摄入咖啡因可增强卧推力量训练的适应性。

甜菜根汁中富含硝酸盐，在运动前服用可延缓疲劳时间且提高运动表现。未经训练的受试者在运动恢复期间，摄入单剂量的甜菜根汁可以改善肌肉的氧合作用，但是氧的提取量、血容量和运动耐量没有变化。研究发现，急性摄入甜菜根汁会促进血液循环，使人体机能增强，在低氧情况下摄入甜菜根汁能够提高运动强度。目前，咖啡因、甜菜根汁一般添加到运动能量饮料中，制成运动前饮品。

（二）运动中所需物质

运动期间人体易脱水，而脱水会抑制血管功能，阻碍氧气和葡萄糖运输到肌肉细胞，更会对胃肠造成严重损伤。运动中人体水分的流失还会引起电解质的流失。Na^+、K^+ 流失会导致低钠血症和低钾血症，Ca^{2+}，Mg^{2+} 流失会导致心脏和骨骼损伤，Cl^-、P^{3+} 流失会导致肠胃疾病和营养不良。因此，运动期间适当饮水，能够很好地保持身体机能。而碳水化合物－电解质饮料能够防止胃肠损伤，为人体补充能量，所以在运动过程中补充电解质也极其重要。与水相比，低能量的质量分数 2% 的碳水化合物－电解液能够提高 45% 的体液摄入量，而在成年人的模拟锻炼中，碳水化合物－电解质饮料比水更能促进水分的摄入。研究发现，一般足球比赛中会通过提供质量分数 10% 的碳水化合物－电解质饮料来给运动员供能，有时也会为足球运动员提供质量分数 12% 的碳水化合物－电解质饮料，而后者能提供 60g 的碳水化合物供运动员使用，大大提高碳水化合物的摄入水平，补充丢失电解质。在运动中补充质量分数 6% 的碳水化合物－电解质饮料，可以提高女子马拉松运动员的运动成绩。

（三）运动后所需物质

运动结束后人体肌肉细胞受损，机体能量缺失，急需补充蛋白质，恢复机体功能。乳清蛋白是一种常见的蛋白质类运动营养食品，含有人体所需的 20 多种氨基酸，可以提高免疫力，增强人体氧化活性，提高抗疲劳度。乳清蛋白易于消化，可迅速增加血浆中氨基酸的浓度，促进组织中蛋白质的合成，增强肌肉活性，可改善肌肉性能和有氧运动能力，防止肌少症发生，降低跌倒的风险；还可显著降低心血管疾病的风险，改善代谢状况和心肺功能。牛奶蛋白是常见的乳清蛋白饮品，摄入牛奶蛋白后血浆氨基酸利用率持续增加，肌肉蛋白合成速率加快。长期饮用人参乳清蛋白饮料能够延缓衰老，增强免疫力，预防高血糖等疾病。大豆多肽即“肽基大豆蛋白水解物”，是饮食中蛋白质的优质来源，具有抗高血压、抗磷酸溶解、抗氧化和抗癌等多种生物活性，存在着较高的营养价值，大豆多肽类食品已逐渐成为 21 世纪的健康食品，香蕉汁大豆多肽运动饮料、木瓜大豆多肽饮料均具有很好的口感和抗疲劳性。

项目十二　体育锻炼科学方法

学习目标

1. 了解体育锻炼的基本原则。
2. 掌握身体练习和发展素质的几种方法，能以科学理论指导自己的体育锻炼。

体育锻炼是指人们运用各种身体练习的内容、手段及方法，结合自然力和卫生因素，以发展身体、增强体质、增进健康、陶冶情操、丰富文化生活为目的的身体活动。

任务一　体育锻炼的基本原则

体育锻炼原则是体育锻炼中客观规律的反映，是人们谋求最佳锻炼效果的经验总结，是进行体育锻炼所必须遵循的基本要求和指导原理。

一、自觉性原则

自觉性原则是指参加体育锻炼者对行为目标的追求所采取的一种自觉主动的行为。体育锻炼是人们认识自我、完善自我的一种有目的、有意识的健身活动。人体的发展，身体素质的提高都是一个长期积累的过程。“坚实在于锻炼，锻炼在于自觉”“欲图体育之有效，非动其主观，促其对体育之自觉不可”。由此可以看出，体育锻炼是一个自我锻炼、自我完善，也是自我养成良好习惯的过程。要提高参加体育锻炼的自觉性和积极性，这就要求锻炼者必须有明确的目的，确信锻炼的价值和作用，并以此作为自己行为的动力，长期不懈地坚持下去，最终获得到良好的锻炼效果。自觉性原则是进行体育锻炼的指导性原则，也是长期坚持体育锻炼的前提，必须始终坚持这一原则，使参加体育锻炼有一个正确的指导思想。

二、经常性原则

经常性原则是指进行体育锻炼是一个长期的、经常的行为，必须持之以恒，把它作为日常生活中不可缺少的一项重要内容。人体的结构和功能的变化是逐渐积累、逐渐提高和逐渐完善的过程。只有坚持经常性的体育锻炼，才能使这些变化巩固和扩大。

体育锻炼对人体的影响是遵循“用进废退”学说和“超量恢复”原理的。人体在运动时，机体将发生一系列生理机能变化。机体对这些变化有一个适应过程，而这个过程总是按照工作阶段（活动）—相对恢复阶段（休息）—超量恢复阶段—复原阶段的规律在变化的。当进行一次身体练习时，刺激使机体新陈代谢的异化作用加强，进而获得恢复过程同化作用的加强，加快机体内部新物质的合成，使机体内部物质得到补充、增加和积累，形成“超量恢复”，人体机能水平达到一个新的高度。但是，在“超量恢复”阶段，若不施加新的刺激，这种由锻炼所产生的良性反应，就会随时间的推移而逐渐消退，直至恢复到运动前原有的机能水平。因此，只有在“超量恢复”的基础上，不断对机体施加良性刺激，才能使“超量恢复”得到量的积累，从而使人体体质逐渐增强。这就是体育锻炼要坚持经常性原则的原因之所在。另外，各种运动技术的掌握和运动技能的形成，也是在不断地强化运动条件反射的基础上建立的，若长期停止锻炼，这种已经形成的条件反射也会因得不到强化而逐渐消退。因此，进行体育锻炼，应制订出能够实现自我体育锻炼目标的长期计划并严格执行。

三、渐进性原则

渐进性原则是指在进行体育锻炼时，必须遵循人体生理机能活动的规律，科学地安排锻炼内容、方法、负荷、难度等。由于体育锻炼的过程是人体对内外环境变化适应的过程，是较缓慢的由量变到质变的过程，肌肉活动时对机体刺激使各器官、系统的结构、机能逐渐适应，取得平衡，因此不能急于求成，只有逐步提高才能获得良好的效果，才能避免运动损伤和运动疾患的发生。

（一）学习动作要由易到难、由简到繁、由慢到快、逐步掌握

在体育锻炼过程中，运动量的安排应由小到大，逐步增加，因为运动量的大小不同，引起机体机能反应程度也不同。开始参加体育锻炼时，强度要小，时间要短，待机体在各方面适应后再逐渐加大运动量。只有这样，才能把逐渐形成的条件反射作为基础，并建立起较复杂的新的条件反射，动作技能才能掌握得更快、更好，运动器官和其他系统才能逐步适应动作的要求。应按照提高—适应—再提高—再适应的规律有节奏地上升，使人体机能和能源物质的储备达到更高水平，从而不断地增强体质。

（二）每次锻炼也要循序渐进

在参加体育锻炼时，从相对安静状态进入较剧烈的运动，机体不可能一开始就发挥出最高工作能力，要有一个动员、适应过程。因此，体育锻炼之前要作适应性的准备活动，并把强度大、动作复杂的练习放在充分的准备活动之后。

四、全面性原则

全面性原则是指体育锻炼时，应从人的整体出发，使人的身心得到全面和谐的发展。人体是由各个局部组成的有机整体。各个组织、器官、系统之间相互联系、相互制约。

只有认真贯彻全面性原则，才能使人体达到相对的完善和完美。

在体育锻炼时，既应着眼于有效地改善身体形态、机能和心理素质，不断地增强适应环境和抵抗疾病的能力，达到形与神的和谐统一；也要注意将身体形态和内脏器官的锻炼紧密结合，达到身体形态锻炼和内脏器官锻炼的内外统一；还要根据自己的年龄特征，有效地提高身体素质。在体育锻炼中，坚持全面性原则应做到以下几点。

（1）锻炼形式、手段要多样化，全面提高身体机能。体育锻炼的项目很多，但不同的体育项目对身体机能的影响作用不同。

（2）锻炼项目应多样化，全面提高身体素质，防止身体发展偏颇和畸形。

（3）锻炼条件应勤变化，提高人体的适应能力。人体对外界环境的适应能力是人体健康状况、体质好坏的重要标志之一。因此，在进行体育锻炼时，应注意加强人体对外界环境适应能力的锻炼。

五、区别性原则

区别性原则是指体育锻炼的内容方法、运动负荷选择与制定，应从个人身心状况实际出发，因人而异，区别对待。人体生理结构和发展规律虽然基本相同，但由于年龄、性别、身体功能、基本活动能力以及心理等方面都存在个体差异，对体育的认识不尽一致，其可塑性也不相同。因此，应从个人的实际出发，制订符合个人特点的锻炼计划，才能达到身心发展的目的。

六、适量性原则

适量性原则是指体育锻炼者身体承受的适量生理负荷。运动可使身体产生一定的疲劳，但这种疲劳必须是适宜的，人体能够承受并通过积极恢复产生 “超量恢复”的现象才行。运动负荷安排得是否恰当合理，直接影响到锻炼的效果，负荷过大或过小对人体都不会产生良好的刺激。运动负荷主要受运动量和强度的影响，运动量是指完成练习的数量、次数、组数、时间、距离和重量等，运动强度是指完成练习所用的力量的大小和机体的紧张程度。人体在不同时期内，生理机能都有相应的负荷极限，锻炼时的运动负荷应控制在极限范围之内。

通常采用基础脉搏测量法来控制运动量的大小，即在每天早晨起床前测量自己的一分钟脉搏，如果锻炼后的晨脉已恢复到和前一天一样，说明身体反应正常。如果次日晨脉每分钟比往常增 5 次以上，身体有不适感，而且脉搏持续增多在 3 天以上，则表明身体没有恢复正常，就应适当减小运动量。

体育锻炼的基本原则是相互联系、相互制约的，不能片面强调某一原则，而应把各项原则紧密结合起来，体育锻炼才能收到显著效果。

任务二 体育锻炼的基本内容

一、散步

散步是一种简单易行、活动量容易掌握又可使全身都得到活动的健身方法。

普通散步法：多用于保健，一般为慢速散步，每小时 3 ~ 4 千米，每分钟 60 ~ 90 步，每次散步 30 ~ 60 分钟。

快速散步法：一般用于增强心肺功能和减轻体重，要求每小时 5 ~ 7 千米，每分钟 90 ~ 120 步，每次进行 30 ~ 60 分钟，最高心率控制在 120 次 / 分。

定量散步法：适用于心血管系统慢性病或肥胖症患者，也叫医疗步行，在平地或坡地进行，如在 3° ~ 5 ° 度斜坡路面上散步 15 分钟，接着在平地散步 15 分钟。

摆臂步行法：步行时两臂用力前后摆动，可增加肩带和胸廓活动，适用于患有呼吸系统慢性病者。

二、跑步

跑步是一种深受欢迎、锻炼价值较高的健身方法。可根据不同年龄、性别等具体情况，选择适当的跑步方法进行锻炼。

走、跑结合法：根据不同的体质情况确定距离，逐步增加跑速和跑距。运动负荷应控制在自我感觉不疲劳，第二天脉搏可恢复到平时状态的程度。

全程耐力跑：可采取跑一定距离或一定时间的两种方法进行。

除此以外，还可采用越野跑、自然地形跑、原地跑、登山跑等各种形式的跑步锻炼。

三、球类

球类包括篮球、排球、足球、乒乓球、羽毛球、网球、棒球、垒球等，是深受学生喜爱并对身体全面锻炼有良好影响的体育运动项目。经常参加锻炼，能使身体素质增强、促进内脏功能的提高、全面增强体质。所以，不同性别、年龄和身体状况的人都可以参加球类运动。

四、体操

竞技体操：能改善和提高中枢神经系统和分析能力，对发展力量和提高健康水平有很大作用。体操的锻炼方法很多，有单杠、双杠、高低杠、技巧、山羊、跳箱（马）、平衡木、吊环等。在练习体操时一定要注意安全，加强保护与帮助，防止伤害事故的发生。

广播体操：中国推行的各套广播体操，每一套、每一节都有它的实际锻炼价值，对增强体质和提高内脏功能有良好的作用。应坚持早操、课间操的制度，养成习惯。

健美操及街舞：健美操和街舞是近些年来深受广大群众喜爱的运动项目，在改善人体心血管系统的有氧代谢能力、提高身体的协调性、培养良好的艺术素养、愉悦身心、美体修型等方面都有很好的作用。

五、武术

武术是具有中华民族特色的传统体育项目，是健身和技击相结合的一项运动，不仅有助于培养勇敢顽强的品质，并有实用技能，运动量可大可小，不受场地、器材、气候条件等的限制，不同年龄、性别和体质的人均可参加锻炼。

六、其他

游泳、登山、自行车远行、野外郊游、攀岩、轮滑等都是很好的运动项目。

任务三 体育锻炼的基本方法

体育锻炼方法是指运用各种体育锻炼手段和自然因素，有效地增强体质的途径和方法，是贯彻体育锻炼原则、实现锻炼目的的桥梁，是人类根据人体发展规律，长期科学实践的经验总结。

一、身体练习的基本方法

（一）重复练习法

重复练习法是一种要求在不改变动作结构及其外部运动负荷数据的情况下，按照既定要求，反复进行练习，各次练习间的间歇时间较充分并能使机体基本恢复的训练方法，也即下一次练习是在上一次练习完全恢复或超量恢复的情况下进行的训练法。

重复练习法的主要功能：对同一动作的多次重复，不断强化运动条件反射的过程，有利于练习者掌握和巩固技术动作；相对稳定的负荷强度的多次刺激，可使机体尽快产生较高的机能适应，有利于练习者发展和提高身体素质；不同类型的重复训练，可分别使磷酸原系统、酵解能系统、氧化能系统的供能能力得以发展和提高。在采用重复练习法进行练习时，运动强度可达极限强度的 90%～100%，使其达到锻炼负荷的有效价值范围（大学生脉搏率达 150～170 次 / 分。采用重复练习法时应注意以下问题。

（1）合理确定重复要素，包括重复练习的总次数，每次重复练习的距离、时间和强度。

（2）保持预定的负荷强度。应切实保证每次重复练习的质量，不能因为重复次数多或运动强度大而降低要求。强度的确定通常应以练习者本人所能承受的最大负荷强度为限。重复次数的确定，应以练习者按照预定强度进行练习并不致使技术动作出现许多错误为基本条件。

（3）保证充分的间歇时间。间歇时间的确定应以机体基本恢复为准，再进行下一次（组）的练习。间歇时间一般为练习时间的 3 倍以上，心率应降至 100 次 / 分以下，甚至更低，使机体得到充分的恢复。

（二）间歇练习法

间歇练习法是一种对练习动作结构和运动负荷强度、间歇时间具有严格的要求，以使机体处于不完全恢复状态下，反复进行训练的练习方法。

间歇训练法受 5 种因素制约，即每次练习的时间和距离、练习重复的次数和组数、每次练习的负荷强度、每次（组）练习的间歇时间、间歇时的休息方式。间歇训练法根据人体在运动时心率保持在 120 ～ 140 次 / 分为最理想，在这个幅度内的每搏输出量及氧气运载量均达最佳效果。在进行间歇训练时应注意以下方面。

（1）合理安排运动负荷。运动负荷大小的确定应根据练习者的实际情况而定，身体状态好，运动水平高，负荷可大些；反之，身体状态差，运动水平低，则负荷应小些。

（2）确保一定的适应过程。在间歇训练方案实施时应使机体逐步适应后，再通过变换各因素参数，确定新的方案。从而达到机体的适应—提高—再适应—再提高的目的。

（3）掌握科学的间歇时间。训练过程中间歇时间的控制是该训练方法的关键因素，它影响着负荷强度、负荷量以及练习组数的安排，同时也影响着练习的质量。间歇时间的长短要根据自己的身体状态和锻炼的负荷而定，一般在 40 ～ 90 秒为宜。通过间歇不要使脉搏低于 120 次 / 分钟即可再次锻炼。

（三）连续练习法

连续练习法是一种负荷强度较低、负荷时间较长、练习过程不中断的练习方法。

连续练习法重点发展有氧代谢水平。该方法十分强调一次持续运动的负荷时间应该长些，负荷强度适中，平均负荷心率指标应在 130 ～ 170 次 / 分。这是因为，机体内脏器官的功能惰性较大，约需要运动 3 分钟后才能发挥出最高功能水平。因此，为了提高机体内脏器官的功能水平、有氧工作能力，一次负荷运动的持续时间应在 5 分钟以上，甚至更长的时间。只有这样，才能最大程度地发展有氧代谢水平及其工作能力。就运动负荷安排特点而言，连续练习法与重复练习法、间歇练习法相比，最明显的不同之处就是：负荷强度较低，负荷时间较长。该方法常用于发展一般耐力，如较长时间的匀速跑；在非周期项目中常用于巩固某一技术动作和发展专门耐力，如篮球投篮训练中连续作原地起跳投篮的练习等。

连续练习法的功能：连续练习法对强化负荷强度不高但过程细腻的技术动作的条件反射具有独特的功能，有利于使该类技术动作形成技巧化；可使机体运动机能在较长时间的负荷刺激下，产生稳定的训练适应，内脏器官产生适应性的变化；可提高氧化能系统供能能力以及该供能状态下有氧运动的强度；可为进一步提高无氧代谢能力及无氧工作强度奠定坚实的基础。

（四）变换练习法

变换练习法是一种对运动负荷、练习内容、练习形式实施变换，以提高练习者积极性、趣味性、适应性及应变能力的练习方法。

变换练习法通过采用不同的动作要素、不同运动负荷、不同间歇、不同外界环境、不同的器材重量等来有效地调节运动负荷，使机体产生适应性变化，并可激发锻炼者的兴趣和提高锻炼者的积极性，达到增强机体能力、提高锻炼效果的目的。

变换练习法的功能：通过变换运动负荷，可使机体各机能产生与有关运动项目相匹配的适应性变化，从而使之具有能够迅速进入运动状态的应激能力，以及具有承受专项比赛时不同运动负荷刺激的能力；通过变换练习内容，可使练习者各种运动素质、运动技术、运动战术得到系统的训练和协调的发展，从而使之具有多种运动能力和实际应用的应变能力；通过变换练习形式，可使练习者在不同的状况下，高质量、高数量、高效率地完成某一训练内容和任务。

（五）综合练习法

综合练习法是各种练习法的综合运用，要因人、因时、因任务而异。在采用综合练习法时应注意练习手段、练习量和强度、练习间歇及练习程序的安排，要从实际出发。

循环练习法是综合练习法的一种形式，是一种根据训练具体任务，建立若干练习站（点）后，练习者按照既定顺序、路线依次完成每站（点）练习任务并周而复始、循环往复地进行训练的方法。

循环练习法的基本结构因素：每站的练习内容、每站的运动负荷、练习站的安排顺序、练习站之间的间歇、每站循环之间的间歇、练习的站数与循环的遍数。

（六）游戏法和比赛法

游戏法：指在身体练习过程中以游戏的方式组织练习的方法。该方法具有竞争性和娱乐性，可充分发挥个人与集体的才智和创造力，在紧张、活泼、愉快的气氛中使身心得到锻炼和发展，提高人们对体育知识、技能的运用能力。在采用游戏法进行练习时，应注意场地环境的要求，按规定和要求进行，以防止运动损伤。

比赛法：指在近似、模拟或真实、严格的比赛条件下，按照比赛的规则和方法，以提高训练质量为目的的练习方法。该方法能最大限度地发挥机体能力，有效地提高身体素质，巩固提高技术，提高中枢神经系统的协调性和灵活性，培养良好的意志品质和道德作风。

二、发展身体素质的锻炼方法

（一）发展力量素质的方法

力量是克服反作用力和保持肌肉紧张的能力。肌肉力量是在加大阻力的条件下增加的，锻炼肌肉的抗阻能力即在肌肉收缩时给予负荷、达到增强肌肉力量的目的。

发展绝对力量：以最大负荷重量的 85%～100%，重复 1 ~ 3 次进行锻炼，完成最大重量或接近最大重量的练习。

发展速度力量：用中等强度负荷（最大负荷重量的 10%～80%）以最快的速度完成，而重复次数较少的练习。

发展爆发力：用较轻的重量，以最快的速度做最多重复次数的练习。发展爆发力必须以绝对力量和速度力量为基础，所以应与以上 2 种练习结合进行，效果较好。

发展力量耐力：用最大负荷量的 60%（或稍轻）重复练习在 12 次以上，不要求速度，但重复次数和坚持时间应达到极限。

增大肌肉体积的方法：以中、小重量（一次可连续举起 6～8 次的重量），使肌肉工作达最大限度，充分发胀，产生适应性变化，对增长肌肉体积效果较好。

用对抗性静力练习发展力量的方法：根据某部位肌肉力量发展的需要，使身体处于特定位置，站立或仰卧，推或蹬住固定物或器械，用肌肉最大收缩力量坚持 8～10 秒（初练者坚持 4～5 秒）做一定次数，对增加肌肉力量效果较为显著。

以上只介绍几种常用的发展力量的方法。在锻炼力量时，要因人而异，使重力量和轻力量、一般力量和速度力量、整体力量和局部力量、发展大肌群和小肌群的力量练习互相配合，防止片面发展。发展力量素质的练习，不应急于求成，要合理安排时间，以隔日训练为好。要坚持经常锻炼，一般 5 天以上不坚持锻炼，力量就会开始消退。

（二）发展速度素质的方法

发展速度素质通常是指发展周期性运动的位移速度。不同类型的速度素质练习方法各不相同，可采用突发信号练习提高反应速度；利用缩短时间、距离和减轻器械重量来提高动作速度等。以短跑为例简要介绍如下。

短跑速度取决于步频、步幅和保持步频、步幅的能力，采用重复练习法效果较好，但要根据实际需要配合其他方法进行锻炼。

发展步频练习时，采用高频率练习较为有效，如快速高抬腿跑、听信号快速跑、快速摆臂等练习，必须有一定的强度和运动负荷。

发展步幅应提高腿部爆发性后蹬力量。可采用在不降低速度的情况下加大负荷；在不减小力量的条件下加快速度和在加大力量的同时加快速度，以第一种方法为好。其主要手段有徒手及负重的各种跳跃练习、负重蹲起等。重量上要轻重结合，轻负荷练习在于提高肌肉的收缩速度。

提高、保持步频、步幅的能力，主要通过经常的重复锻炼，以改善神经、肌肉对无氧代谢的承受能力。

速度素质的提高较为缓慢，往往发展到一定阶段会产生停顿不前的现象，因此，除应坚持经常系统地锻炼外，还要采取突破“界限”的措施，建立更高的速度条件反射。

（三）发展耐力素质的方法

发展耐力素质多采用各种形式的中长跑（走）、长距离游泳、滑冰等周期性动作和长时间进行某些内容的身体锻炼，在练习过程中逐步加长练习时间并提高练习强度和密度。

提高耐力的主要原则是使机体的负担超过原来能负担的耐力水平。应从一定时间、距离和数量开始，逐步加长时间和距离以达到或接近个人“极限负荷”水平。强度通常为运动最大强度的70%～85%，通过心率测定来调节，以140～160次/分左右为宜。强度要因人、因目的而异。如为了提高运动成绩，强度应大些；为了保持身体健康，强度应小些。发展耐力素质应着眼于心血管系统机能的提高。间歇练习法是较好的方法。在采用间歇练习法时，间歇时间不应超过负荷时间。当获得一定耐力后，必须适当增加运动负荷。长时间的匀速持续跑能较快地改善呼吸系统和心血管系统的机能，对神经系统亦有好处。持续练习法对发展耐力也有明显效果。

（四）发展灵敏素质的方法

灵敏素质是指人在复杂、突变的条件下，能快速、准确、灵活、协调地完成动作的能力，是动作技能熟练程度、身体素质和大脑皮层灵活性等多种因素在运动过程中的综合表现。发展灵敏素质应采用多种练习方法。动作技能掌握得多而熟练则更灵敏。各项球类活动、体操、技巧、游戏及一些专门辅助练习，都是发展灵敏素质的有效手段。但灵敏素质的发展依赖于各项素质的发展，因此，应与各项素质的发展结合进行锻炼。

（五）发展柔韧素质的方法

柔韧素质是指人体的关节活动幅度、肌肉和韧带的伸展能力。柔韧素质取决于骨的结构，关节周围组织的体积，韧带、肌腱、肌肉、皮肤的伸展和弹性。特别是中枢神经的调节，对抗肌之间协调性的改善，以及对肌肉紧张和放松的调节能力的提高，都有利于柔韧素质的发展。发展柔韧素质通常采用伸展练习。练习前要做充分的准备活动，动作幅度要逐渐增大，速度由慢到快，用力由小到大，使肌肉和结缔组织充分拉长，以承受得住“拉痛”为限，并保持一定时间，有意识放松对抗肌。要合理安排时间、次数和练习顺序，以预防运动损伤。

三、利用自然力锻炼身体的方法

自然力锻炼法是指正确地利用阳光、空气、水等自然力因素的作用，改善机体的调节机能，提高人体对自然环境变化的适应能力的锻炼方法。

空气的温度、湿度、压力、风速及其中的负离子含量等，对机体都有较大作用。经常利用自然力锻炼法可减小各种不良气象因素（冷、热、阳光辐射、低气压）对人体的影响，增强人体的抵抗力，改善人体血液循环和中枢神经系统功能，使物质代谢正常化，提高工作能力，增进健康。自然力锻炼法有以下 3 种。

（一）日光浴

日光浴是按一定顺序和要求，使人体皮肤直接在阳光照晒下进行身体锻炼的方法。日光浴好处很多。紫外线能刺激人体的造血机能，使血液中红血球增多，皮肤里麦角固醇转为维生素 D，促进钙和磷的吸收利用，因此，进行日光浴能防止骨质疏松或佝偻病。紫外线还能增加皮肤的抵抗能力，杀灭皮肤和空气中的细菌、刺激骨髓产生更多的红细胞。红外线对人体血液循环、呼吸、新陈代谢都有很好的刺激作用。经常坚持日光浴能使人体血管扩张、血流加快，血液循环得到改善，增进人体体温的调节能力。

1. 日光浴的方法

身体姿势一般取坐、卧位或漫步式，采用坐、卧位时须常换体位，同时禁止阅读书报、睡眠和抽烟。阳光不宜直射头部，应用浴巾、草帽或伞遮挡头面，戴上墨镜更好。

日光浴的时间应选择一天中光热合适的时候，一般夏季在上午 10 点以前，下午在 4 点以后；春秋季节一般以上午 11—12 点为宜。晒太阳的时间长短可由 11 分钟增至 1～2 小时。开始时，持续时间短些，如果身体反应良好，可逐渐增加日照时间。

2. 日光浴的注意事项

①日光浴宜从天气转暖时开始，并在夏季坚持下去。因夏季阳光强烈，锻炼时应特别注意掌握日照和时间强度，防止过量紫外线对人体产生的不良影响，如皮肤灼伤和中暑。②日光浴禁忌症：发高烧等急症、有出血现象的疾病、皮肤有炎症、心脏功能不全、日光过敏以及妇女经期和分娩后 1 月内等，不宜月光浴。③在空腹、饱腹、身体过度疲劳、情绪不佳时，均不宜进行日光浴。

（二）空气浴

空气浴是让皮肤广泛接触新鲜空气，利用气温、气流和温度形成对人体的刺激，通过神经反射作用改善体温调节，从而提高机体的适应能力的一种锻炼的方法。

空气对人体的影响是多方面的。空气中更含有带负电荷的负离子，由于新鲜空气中氧气丰富，负离子浓度高，对身体各器官、系统，特别是神经系统有良好的刺激作用，可改善血液循环、提高新陈代谢、增强机体的抵抗能力、预防呼吸系统的各种疾病。

空气浴的注意事项：①一天中空气浴最好的时机是清晨；②空气浴最好在树木茂盛、长满庄稼的地方或江河湖畔进行，人口稠密的公共场所不适合空气浴；③遇大风、大雾、大雨和寒流天气时，不宜进行空气浴；④饭后 1 小时内，大汗或身体过度疲劳时都不宜进行空气浴。

（三）冷水浴

1. 冷水擦身

此方法为初级阶段采用，开始水温可高些，之后逐渐降低。先从上肢开始，依次用冷水擦颈部、胸部、腹部、背部及下肢，然后用干毛巾擦干全身的水迹，并按血液回心方向摩擦皮肤到发红，最后穿衣保暖。其时间应不超过 5 分钟。

2. 冷水沐浴

冷水沐浴应先从四肢开始，再淋躯干，后淋头部。淋浴的时间不要太长，浴前做好准备活动，使身体发热，不要带着寒意去淋浴，以防感冒。浴后用力擦身，使皮肤发红，尽快穿衣服保暖。开始沐浴时，水温以 30℃～ 35℃度为宜，沐浴时间不超过 1 分钟。之后水温逐渐降低到 15℃或更低，时间也可增到 2 分钟。

3. 冷水浸浴

冷水浸浴时，空气、水、日光能给机体以综合作用。一般应从夏季和秋季开始，以早上和晚上为宜。应注意水浴的主要因素是水温，而不是时间的长短。每次持续的时间要因人而异，以不出现寒噤和口唇青紫为度。浸浴后擦干身体，穿好衣服跑跑步或做做操，使身体发暖。

冬泳是冷水浴的最高阶段。冬泳时能量消耗大，时间不宜太长，入水前应做好充分的准备活动，出水后迅速擦干、擦热全身，穿衣服保暖进行整理活动。另外，还有森林浴、沙滩浴等。总之，要根据实际情况选择自然力锻炼方法。

附录 大学生体质健康标准

大学男生身体机能和身体素质评分表见表 1，大学女生身体机能和身体素质评分表见表 2。

表 1 大学男生身体机能和身体素质评分表

项目		肺活量 / 毫升		50 米跑 / 秒		坐位体前屈 / 厘米		立定跳远 / 厘米		引体向上 / 次		1000 米跑	
等级	单项得分	大一大二	大三大四	大一大二	大三大四	大一大二	大三大四	大一大二	大三大四	大一大二	大三大四	大一大二	大三大四
优秀	100	5040	5140	6.7	6.6	24.9	25.1	273	275	19	20	3'17"	3'15"
	95	4920	5020	6.8	6.7	23.1	23.3	268	270	18	19	3'22"	3'20"
	90	4800	4900	6.9	6.8	21.3	21.5	263	265	17	18	3'27"	3'25"
良好	85	4550	4650	7	6.9	19.5	19.9	256	258	16	17	3'34"	3'32"
	80	4300	4400	7.1	7	17.7	18.2	248	250	15	16	3'42"	3'40"
及格	78	4180	4280	7.3	7.2	16.3	16.8	244	246			3'47"	3'45"
	76	4060	4160	7.5	7.4	14.9	15.4	240	242	14	15	3'52"	3'50"
	74	3940	4040	7.7	7.6	13.5	14	236	238			3'57"	3'55"
	72	3820	3920	7.9	7.8	12.1	12.6	232	234	13	14	4'02"	4'00"
	70	3700	3800	8.1	8	10.7	11.2	228	230			4'07"	4'05"
	68	3580	3680	8.3	8.2	9.3	9.8	224	226	12	13	4'12"	4'10"
	66	3460	3560	8.5	8.4	7.9	8.4	220	222			4'17"	4'15"
	64	3340	3440	8.7	8.6	6.5	7	216	218	11	12	4'22"	4'20"
	62	3220	3320	8.9	8.8	5.1	5.6	212	214			4'27"	4'25"
	60	3100	3200	9.1	9	3.7	4.2	208	210	10	11	4'32"	4'30"
不及格	50	2940	3030	9.3	9.2	2.7	3.2	203	205	9	10	4'52"	4'50"
	40	2780	2860	9.5	9.4	1.7	2.2	198	200	8	9	5'12"	5'10"
	30	2620	2690	9.7	9.6	0.7	1.2	193	195	7	8	5'32"	5'30"
	20	2460	2520	9.9	9.8	–0.3	0.2	188	190	6	7	5'52"	5'50"
	10	2300	2350	10.1	10	–1.3	–0.8	183	185	5	6	6'12"	6'10"

表 2　大学女生身体机能和身体素质评分表

项目		肺活量 / 毫升		50 米跑 / 秒		坐位体前屈 / 厘米		立定跳远 / 厘米		1 分钟仰卧起坐 / 次		800 米跑	
等级	单项得分	大一 大二	大三 大四	大一 大二	大三 大四	大一 大二	大三 大四	大一 大二	大三 大四	大一 大二	大三 大四	大一 大二	大三 大四
优秀	100	3400	3450	7.5	7.4	25.8	26.3	207	208	56	57	3'18"	3'16"
	95	3350	3400	7.6	7.5	24	24.4	201	202	54	55	3'24"	3'22"
	90	3300	3350	7.7	7.6	22.2	22.4	195	196	52	53	3'30"	3'28"
良好	85	3150	3200	8	7.9	20.6	21	188	189	49	50	3'37"	3'35"
	80	3000	3050	8.3	8.2	19	19.5	181	182	46	47	3'44"	3'42"
及格	78	2900	2950	8.5	8.4	17.7	18.2	178	179	44	45	3'49"	3'47"
	76	2800	2850	8.7	8.6	16.4	16.9	175	176	42	43	3'54"	3'52"
	74	2700	2750	8.9	8.8	15.1	15.6	172	173	40	41	3'59"	3'57"
	72	2600	2650	9.1	9	13.8	14.3	169	170	38	39	4'04"	4'02"
	70	2500	2550	9.3	9.2	12.5	13	166	167	36	37	4'09"	4'07"
	68	2400	2450	9.5	9.4	11.2	11.7	163	164	34	35	4'14"	4'12"
	66	2300	2350	9.7	9.6	9.9	10.4	160	161	32	33	4'19"	4'17"
	64	2200	2250	9.9	9.8	8.6	9.1	157	158	30	31	4'24"	4'22"
	62	2100	2150	10.1	10	7.3	7.8	154	155	28	29	4'29"	4'27"
	60	2000	2050	10.3	10.2	6	6.5	151	152	26	27	4'34"	4'32"
不及格	50	1960	2010	10.5	10.4	5.2	5.7	146	147	24	25	4'44"	4'42"
	40	1920	1970	10.7	10.6	4.4	4.9	141	142	22	23	4'54"	4'52"
	30	1880	1930	10.9	10.8	3.6	4.1	136	137	20	21	5'04"	5'02"
	20	1840	1890	11.1	11	2.8	3.3	131	132	18	19	5'14"	5'12"
	10	1800	1850	11.3	11.2	2	2.5	126	127	16	17	5'24"	5'22"

参考文献

[1] 王润平. 体育锻炼与心理健康 [M]. 桂林：广西师范大学出版社，2005.

[2] 邓树勋，陈小蓉. 现代大学体育理论教程 [M]. 广州：广东高等教育出版社，2006.

[3] 杨文轩. 当代大学体育 [M]. 北京：人民体育出版社，2005.

[4] 陈瑜，徐广华. 体育与健康教程：南方版 [M]. 长春：吉林大学出版社，2010.

[5] 邹继豪，孙麒麟. 体育与健康教程：修订版 [M]. 沈阳：辽宁大学出版社，2007.

[6] 朱征宇，陈卓源. 排球 [M]. 广州：中山大学出版社，2003.

[7] 中国乒乓球协会. 乒乓球竞赛规则（2022）[M]. 北京：北京体育大学出版社，2022.

[8] 孙卫星. 现代网球技术教学法 [M]. 北京：北京体育大学出版社，2007.

[9] 杨忠令 . 现代网球教程 [M]. 杭州：浙江大学出版社，2011.

[10] 杨宁. 网球底线技术图解 [M]. 北京：北京体育大学出版社，2003.

[11] 周文胜，闫美怡. 网球：基础与实战技巧 [M]. 成都：成都时代出版社，2007.

[12] 易勤，赵俊浩，王忠，等. 大学体育教程新编 [M]. 武汉：武汉大学出版社，2008.

[13] 林志超. 大学体育标准教程 [M]. 北京：北京体育大学出版社，2007.

[14] 艾扬格. 艾扬格瑜伽 [M]. 莫慧春，译 . 天津：天津社会科学院出版社，2010.

[15] 赵彦. 祖本瑜伽大全 [M]. 北京：华文出版社，2010.

[16] 钱永健. 拓展 [M]. 北京：高等教育出版社，2009.

[17] 毛振明，王长权. 学校心理拓展训练 [M]. 北京：北京体育大学出版社，2004.

[18] 刘梅，杜勇，邓财林. 体教融合下大学生体育与健康教育指导 [M]. 北京：北京体育大学出版社，2021.

[19] 黄伟，张茂松，朱玲，等. 新时代大学生体育与健康教育指南 [M]. 北京：北京体育大学出版社，2021.